한일언어 속
일본어

한일언어 속
일본어

초판 1쇄 발행 2025년 11월 26일
지은이 하타나카 아이 · 박민용
펴낸곳 (주)에스제이더블유인터내셔널
펴낸이 양홍걸 조순정

주소 서울시 영등포구 영신로166 705 북플레이트
구입 문의 02)2014-8151
고객센터 02)6409-0878

ISBN 979-11-7550-041-9 13730

이 책은 저작권법에 따라 보호받는 저작물이므로 무단복제와 무단전재를 금합니다.
이 책 내용의 전부 또는 일부를 이용하려면 반드시
저작권자와 (주)에스제이더블유인터내셔널의 서면 동의를 받아야 합니다.

북플레이트는 작가가 주인이 되어 직접 기획하고 책을 만드는, 작가가 주인공이 되는
공간입니다.
책을 만드는 일에 동참하실 작가님들을 모집합니다.
www.bookplate.co.kr

한일언어 속

일본어

한자문화권
4개국 언어와
함께

공저 하타나카 아이(경희대) · 박민용(전 연세대)

북플레이트

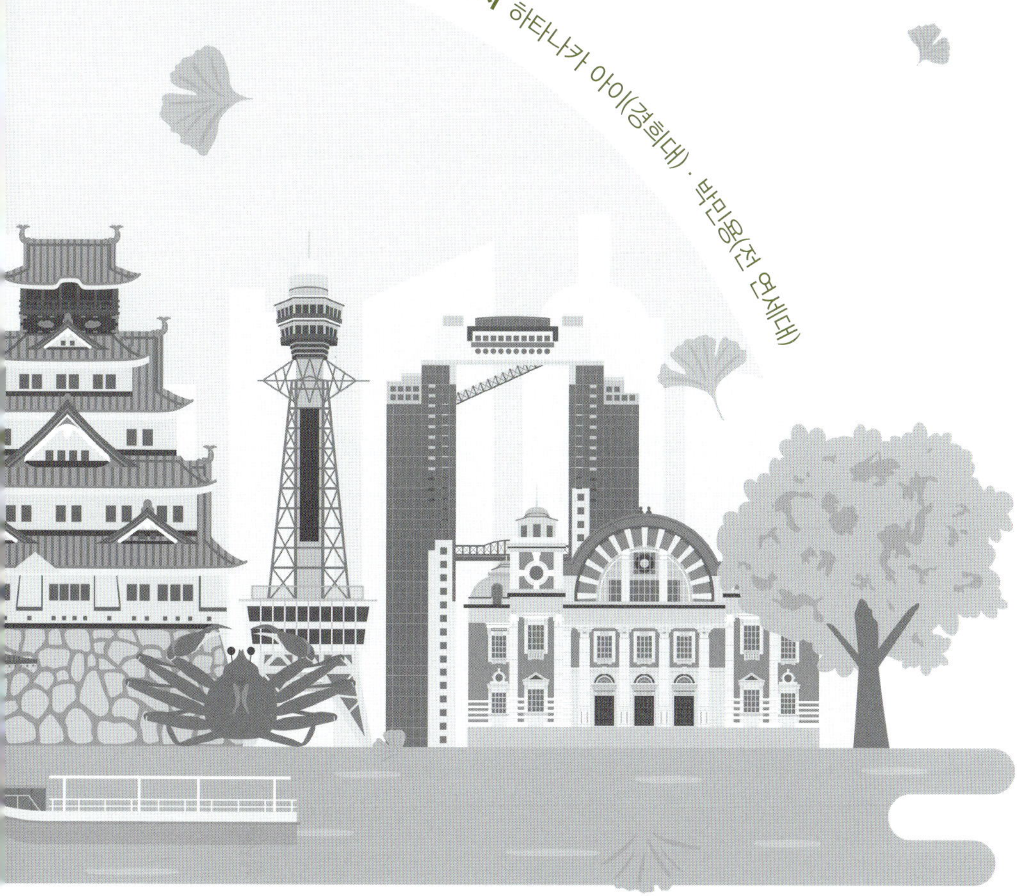

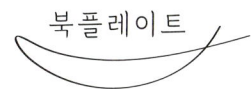

차례

머리말   006

1   개요   (박민용)

1-1. 이 책의 목적   010
1-2. 이 책의 구성 및 기대효과   011
1-3. 한자의 이해   012

2   한국어와 한자 문화권 3개국 발음관계   (박민용)

2-1. 한국어 한자와 일본어 발음관계   016
2-2. 한국어 한자와 중국어 발음관계   019
2-3. 한국어 한자와 베트남어 발음관계   022
2-4. 한자권 4개국 단어의 발음 비교   025

3 역사적 한일관계 중심의 언어학습   하타나카, 박민용

3-1. 일본어속의 고대 조선어   030
3-2. 인명, 지명, 기업명 등을 통한 학습   031
3-3. 근대 우리 생활 속의 일본어   033

4 한국어-일본어 단어의 유사발음 및 변환법칙   하타나카

4-1. 발음이 유사한 단어들   038
4-2. 몇몇 특수 변환법 학습   043
4-3. 주요 기본 변환 법칙들   053

5 한국어-일본어 한자 단어 변환
(중국어 및 베트남어 변환 포함)   하타나카, 박민용

(중국어 및 베트남어 변환 포함)   060

 **머리말**

하타나카 아이(畑中 愛)는 2003년 일본에서 한국으로 유학을 와서 경희대학교 일반대학원에서 석-박사과정을 마치고 현재는 경희대학교 일본어학과 강사로 재직 중이다. 필자 자신도 한국어 학습자로서 한국어를 연구해왔으며, 또 일본어 강사로서 일본어를 배우는 학생들과 마주하는 과정에서, 한일 양국의 한자어가 서로의 언어 학습에 매우 유리하게 작용한다는 점을 깨닫게 되었다.

그럼에도 불구하고 일본어의 한자는 한국어와는 달리 여러 가지 읽는 방법이 존재한다는 점에서, 한국인 일본어 학습자에게는 일본어를 마스터하는 데 있어 하나의 큰 장벽이 된다는 것도 사실이다.

그러나 한일 양국의 한자어를 더 자세히 비교해 보면, 유사한 발음 변화의 규칙이 있다는 점도 알게 되었다. 따라서 이 책의 발간 취지와 같이 한자가 그 나라 말에 수용되면서 그 발음이 변환된 규칙을 안다면 한국어, 일본어, 중국어, 베트남어를 처음 공부하는 학습자들이 보다 쉽게 각 언어들을 익히는 데 도움이 되었으면 하는 바람에서 일본어를 중심으로 집필하게 되었다.

특히, 한일 간의 언어 관계를 다년간 조사하면서 얻은 지식은 양국은 물론, 더 나아가 문화 교류 전반에도 기여할 수 있으리라고 기대한다. 그런 의미에서, 한국에 유학하면서 한국인 학생들에게 일본어를 가르쳤던 필자의 많은 경험들이 이 책을 출판하는데 큰 힘이 되었다.

아울러, 중국어 및 베트남어 내용을 검토해 주신 중국의 장훼이메이 교수님과 베트남의 호티 롱안 교수님께도 이 자리를 빌려 깊은 감사를 드린다.

공저자 박민용은 일본 유학 중에 양국 공용한자들 사이에 규칙적인 발음변환 법칙이 있음을 곧 알게 되었다. 그리고 1990년부터 중국을 여러 번 방문하면서 한-중 단어들 사이에도 막연하지만 유사한 발음변환 법칙이 있음을 알았다.

한편 2018년 초 베트남 출장 중, 베트남어가 역사적인 이유로 서양 알파벳으로 표기하고는 있지만 수많은 단어의 어원이 한자이고, 그 지역 나름대로의 한자발음 변환규칙이 있음을 찾게 되었다. 이런 연유로 2021년 4월에는 한자권 4개국 언어 학습용 "한자로 이해하는 베트남어" 책을 발간하였으며, 이를 계기로 하여 한자변환 방법을 이용한 중국어 학습책을 2023년 10월에 발간하게 되었다.

특히 지난 2년 반 전부터는 하타나카 교수님의 구체적인 집필 주도로 한일간의 언어 학습책을 구상하게 되었고, 여러 한일 언어관계를 찾게되어 이 책을 완성할 수 있었다. 이 자리를 빌어 교수님께 감사의 말씀을 전합니다.

아모쪼록 이 책이 한국과 일본 언어의 교류는 물론 양국 및 4개국의 언어 및 문화를 비롯한 다양한 형태의 교류에 조금이라도 도움이 되기를 바란다.

1-1. 이 책의 목적
1-2. 이 책의 구성 및 기대효과
1-3. 한자의 이해

1
개요

1 개요

1-1 이 책의 목적

이 책은 (1)한국어를 모국어로 하는 사람 중에 일본어에 관심이 있는 사람이나 (2) 일본어(중국어, 베트남어)를 이해하는 사람 중에 한국어를, 유사한 한자를 이용하여 좀 더 효율적으로 배우려 하는 사람들을 위한 책이다.(같은 한자권인 대만, 싱가포르 등에 관하여서는 이 책에서 다루지 않겠다.) 즉 위에 언급한 4개국은 한자를 기본으로 한 언어구조를 갖추고 있기 때문에 본인의 모국어를 중심으로 한자의 발음 차이를 잘 이해한다면 글로벌 시대에 위 한자권 국가들 언어의 발음을 쉽게 이해할 수 있음을 보여 주고자 한다.

그 중에서도 특히 일본어를 모국어로 하는 사람으로서 한국어를 많이 알거나 알려고 하는 사람과, 한국인으로 일본어를 배우려는 사람을 위하여, 한자를 이용하여 양국의 언어를 좀 더 긴밀하게 이해시키는 데 그 목적을 두고 있다. 그러나 위 4개국 중에 유독 베트남만이 역사적인 여러 이유로 현재 한자를 전혀 사용하지 않고 있어서, 한자권 다른 나라들과 유사한 단어인 모국어의 발음과 기타 3국 한자 발음을 연결하는 데 어려움을 겪고 있기에 우선 관련 한자의 학습을 권유한다.

서구의 알파벳 글자는 약5천 년 전에 페니키아인들로부터 시작되었다고 하고, 지금은 서구 여러 나라 및 베트남 글자의 근간이 되고 있지만 지금에 와서는 그 알파벳이 그 어느 나라의 글자라고 말하지는 않는다. 이제 한자도 중국대륙을 넘어서 위 4개국이 직접 또는 간접적으로 사용하거나 이해해야 만 하는 중요한 글자가 되어 있다. 서구 알파벳의 어근을 보면 대부분 그 의미를 찾아 낼 수 있듯이 한자를 이해하는 여러 나라 사람들은 그 의미를 찾으면 더욱 확실히 이해하게 되리라 본다.

1-2 이 책의 구성 및 기대효과

이 책은 어느 정도 한국어를 이해하고 있는 독자를 중심으로, 한자 발음을 매개로 하여 일본어 단어를 배울 수 있도록 한 단어 학습서이다. 그리고 이와 유사한 관계성을 가지는 일본 및 베트남 단어를 동시에 배울 수 있도록 구성하였다.

이를 위하여 제2장에서는 4개국 간의 한자 발음 관계를 소개하였다. 물론 한자를 이해하고 있거나 중국어나 베트남어의 필요성을 못 느끼는 독자들은 4개국 발음 관계 부분(2-2와 2-3)을 생략할 수도 있지만, 한국어와 일본어 단어 관계를 좀 더 쉽게 이해하기 위해서 중국어 및 베트남어 단어의 발음 이해는 매우 중요하므로 가능하면 대략적으로 라도 이 부분을 확인하기를 권한다.

여러 독자들이 느끼고 있듯이 한일 간의 한자발음에는 유사한 발음을 가지는 경우가 많음을 알고 있다. 제3장에서는 한일간의 한자발음들이 역사적으로 어떻게 서로 발음이 되고 있는가를 간단한 예들을 들어 알아본다.

제4장에서는 한일간의 오랜 역사적인 관계로 수 많은 단어들이 서로 관련을 가지고 있으며 이를 잘 검토해 본다면 현재 쓰이고 있는 일본어 단어들의 학습이 매우 쉽게 이루어 짐을 알게 된다. 그리고 발음 차이를 좀 더 쉽게 이해할 수 있도록 한-일 간의 유사한 단어들의 전개와 변환 법칙에 관하여도 자세하게 소개하였다. 제5장에서는 이 책의 주요 내용인 한자를 매개로 한일 양국 간의 단어 발음 관계와 함께 이를 활용한 단어 그룹을 예문으로 첨가하였다. 아울러 중국어 및 베트남어 변환들을 추가적으로 제시하여 4개국 언어 간의 관계를 쉽게 이해하도록 구성하였다.

이 책을 통하여 얻을 수 있는 효과는 앞에서도 여러 번 언급했으므로 그 구체적인 내용들을 나열하지는 않겠다. 이를 한마디로 다시 요약해 본다면 일본은 물론 한국이 글로벌 시대에 한자권 국가 언어들을 습득하고자 할 때에, 각 나라 마다의 한자 발음을 잘 찾아서 연결시킬 수만 있다면 짧은 시간에 4개국은 물론, 여러 한자권 언어들을 효율적으로 공부할 수 있는 큰 소득을 얻을 수 있으리라 기대된다.

1-3 한자의 이해

한자는 한국인, 중국인, 일본인들이 잘 이해하고 있는 현존하는 세계 언어 중 가장 중요한 표의 문자의 하나로서 중국대륙을 중심으로 오래 전부터 형성되어 왔다. 한자는 자연의 수많은 사물들의 모습을 담아낸 것은 물론, 언어소통 및 문화의 축적에 따라 그 형태, 뜻, 소리(발음) 등을 갖추게 되었다.

예를 들면 각종 사물의 모양 및 특징 등을 본 따서 人(사람, 인-in), 女(여자, 여-jyo), 子(아들, 자-si), 口(입, 구-kou), 水(물, 수-sui), 天(하늘, 천-ten), 日(해, 일-nìchi), 月(달, 월-getsu), 米(쌀, 미-mai), 大(큰, 대-dai)와 같은 수 백 개의 단순 표의 문자가 아주 오래 전 초기에 형성되었다.

그리고 그와 동시에 이들이 조합되면서 새로운 뜻을 지닌 새로운 한자들이 점점 더 늘어나 지금의 수만 자의 한자들을 이루게 되었다. 이러한 한자들의 간단한 예를 몇 가지 들어 보면 다음과 같다.

해와 달의 모습을 한 한자인 日과 月을 조합함으로써 "明(명-mei)"이라는 새로운 한자를 만들어 "밝다-akarui"라는 뜻을 부여하였다. 또한 커다란(大, 대-dai) 양(羊-you)은 아름답기에 아름다울 미(美-bi)가 만들어졌고, 밭(田, 전-den)에서 힘(力, 력-lìki)을 쓰는 사람에서 남(男-dan) 라는 글자가 만들어지기도 하였다. 그리고 이 두 글자가 합쳐져서 아름다운 남자인 미남(美男-binan)라는 단어가 형성되었다. 또한 비(雨)가 오는 날 연(電)을 날려서 얻어지는 에너지(電, 전-den)와 가마솥에 쌀(米, 미-mai)을 넣고 찜으로써 얻어지는 기운(氣, 기-kì)을 합쳐서 전기(電氣-denkì)라는 단어가 비교적 최근에 만들어지기도 하였다.

이러한 한자는 수천 년을 거치면서 결국 넓은 중국대륙 및 주변지역으로 퍼져 나가게 되었고, 각 지역이 기존에 가지고 있는 발음들과 섞이면서 같은 글자라도 조금씩 다른 발음을 가지게 되어 서로 알아듣기 어려운 상황에까지 이르게 되었다. 그리고 국가들의 형성과 함께 경우에 따라서는 한자의 모양에도 조금씩 차이가 생겼으며, 근세기 중국에서 인위적으로 만든 간체자(簡體字)는 때로는 원래 한자와

의 연결이 어려울 정도의 글자들을 만들기도 하여 현재는 중국, 홍콩, 싱가포르 등에서 사용하고 있다.

그러나 주로 오래전에 만들어진 한자는 중국(대만 포함), 한국, 일본어의 기본이 되고 있으며, 심지어 지금은 한자 대신 알파벳을 사용하고 있는 베트남이라 하더라도 그 본래 한자의 의미와 유사발음을 가지는 영문형식의 알파벳 글자들이 쓰이고 있으므로 한자를 통해 위 4개국의 발음관계에 연결고리를 만들 수 있게 된다.

중국대륙에서는 중국을 중심으로 통일이 되면서 한자의 사용도 주변국가의 언어에 지대한 영향을 미치게 되었다. 이러한 한자의 영향으로 거란문자, 여진문자, 서하문자(위구르), 쯔놈문자(베트남), 가나문자(일본) 등이 만들어졌으나 그나마 일본 외에는 역사에서 거의 사라지게 되었다. 한편 이러한 지리적인 차이와 시대의 변천에 따라 한자발음이 서로 알아듣지 못할 정도로 바뀌어 왔으며 현대에 와서는 국가마다의 표준발음 정책 등으로 이제는 국가마다 거의 통일된 한자발음이 쓰이게 되었다. 그 결과 중국과 일본은 한자 사용 중심의 국가들이 되었고, 한국만은 한자와는 전혀 다른 자모문자(한글)의 발명으로 15세기부터 점차 한자 없이도 불편하지 않은 새로운 문자사용 국가로 변화되었다.

그러므로 이러한 한자 사용 국가들 간에는 시대와 지리적인 위치에 따라 한자사용과 그 발음의 정착에 자연스러운 차이가 발생하게 되었고 그 발음들은 현존하는 한자들의 의미에 따른 각자의 고유한 발음들을 잘 유지하고 있다. 그리고 그 발음들 차이에는 어느 정도의 변환 법칙들이 있어서 이것을 잘 이해한다면 각자의 모국어를 중심으로 하여 다른 나라들의 한자 발음들을 많이 이해할 수가 있어서 다른 한자 권 나라들의 한자 발음을 이해하는 데에 커다란 도움이 된다. 단지 모국어의 발음 종류에 따라 다른 나라 발음 변환을 이해하는 데에 큰 차이를 보일 수는 있어서, 결국 모국어 자모의 발음이 다양할수록 다른 나라 한자발음을 습득하는 데에 매우 유리하게 되었다.

2-1. 한국어 한자와 일본어 발음관계
2-2. 한국어 한자와 중국어 발음관계
2-3. 한국어 한자와 베트남어 발음관계
2-4. 한자권 4개국 단어의 발음 비교

2

한국어와 한자 문화권 3개국 발음관계

2   한국어와 한자 문화권 3개국 발음관계

4개국 한자 단어들의 발음 표현 사이에는 밀접한 관계를 가지고 있으며 어느 정도의 변환 법칙들을 가지고 있다. 각 국가 간의 관계를 고려하면 12종류의 변환방법이 필요하겠지만 이 책에서는 한국어를 기본으로 한-일 단어변환을 중점으로 작성하였다. 그리고 이를 좀 더 쉽게 이해하기 위하여 이 곳에서는 중국어 및 베트남어 발음변환 방법을 병행하여 설명하고자 한다.

2-1 한국어 한자와 일본어 발음관계

일본어는 한국어와 마찬가지로 우랄·알타이어에 속하지만 그 글자는 이미 5~6세기부터 성립되기 시작하였다. 처음에는 "이 로 하 니"로 시작되는 글자체계도 있었으나 결국은 "아 이 우 에 오"로 시작되는 글자체계를 갖추게 되었다. 과거에는 5개 이상의 모음체계를 유지하기도 하였으나 현재는 결국 5개 모음체계로 축소되어 정립이 되었다.

그리고 글자의 구조는 한자의 일부만을 이용하여 표현하였기에 모양이 단순해 보이는 장점이 있는 반면에 그 발음의 표현 영역이 매우 제한되었고, 결국은 기존 발음 표현을 확장하기 위하여 탁음(濁音, だくおん)을 적절하게 이용하기에 이르렀다.

한국어와 일본어 한자단어 발음 변환규칙은 〈표1〉과 같으며 때로는 매우 상호 체계적이고 알기도 쉽다.

이 변환 학습에 관해서는 4장, 5장에서 좀더 구체적으로 배우게 된다.

		첫 자음 (초성)				
ㄱ, ㅋ	か, が g, k	国家 こっか	器具 きぐ	気管 きかん	快楽 かいらく	機会 きかい
ㄴ	な, だ n, (d)	念頭 ねんとう	農民 のうみん	納入 のうにゅう	男女 だんじょ	努力 どりょく
ㄷ(ㅌ)	だ d, (t)	道理 どうり	独断 どくだん	担任 たんにん	打力 だりょく	卓球 たっきゅう
ㅁ	ば(ま) b, (m)	万里 ばんり	忘年 ぼうねん	文学 ぶんがく	盲点 もうてん	民心 みんしん
ㅂ	は(ば) h, (b)	反対 はんたい	犯人 はんにん	秘書 ひしょ	番号 ばんごう	備考 びこう
ㅅ, ㅈ	さ, ざ (어려움) s, j	ㅅ, ㅈ의 일본 발음은 섞여 있으므로 한자 마다의 발음을 参照바람.				
ㅊ	さ((た)) s((t))	差異 さい	参加 さんか	祝福 しゅくふく	天気 てんき	超過 ちょうか
ㅍ	は h	表記 ひょうき	疲労 ひろう	皮膚 ひふ	品評 ひんぴょう	破片 はへん
ㅎ	か, が k, g	韓国 かんこく	学校 がっこう	夏期 かき	現在 げんざい	cf.和 わ(예외)
		모음 (중성)				
애, 외	あい ai	内容 ないよう	毎日 まいにち	再開 さいかい	財界 ざいかい	回想 かいそう
어, 요	いよ(う) iyo 등	巨大 きょだい	序文 じょぶん	表現 ひょうげん	教会 きょうかい	cf.低能 ていのう
		받침 (종성)				
ㄴ, ㅁ	ん n	温度 おんど	案内 あんない	存在 そんざい	南極 なんきょく	減少 げんしょう
ㄹ	つ th	発明 はつめい	達人 たつじん	脱退 だったい	実験 じっけん	結婚 けっこん
ㅇ	う - (長音)	望郷 ぼうきょう	想像 そうぞう	放送 ほうそう	将来 しょうらい	cf.工夫 くふう
ㅂ	う - (長音)	集会 しゅうかい	急増 きゅうぞう	法律 ほうりつ	業務 ぎょうむ	給食 きゅうしょく

			합성어			
앙, 양, 왕	おう, いよう o, iyo	創業 そうぎょう	講義 こうぎ	両面 りょうめん	往復 おうふく	黄金 おうごん
영	えい, いよう ei, iyo	栄養 えいよう	明白 めいはく	経営 けいえい	領土 りょうど	競争 きょうそう
새[자]	し, じ si, ji しゃ, じゃ sya, jya	使者 ししゃ	事実 じじつ	子孫 しそん	自動 じどう	神社 じんじゃ

〈표 1〉 한-일 한자단어 변환

이 표를 잘 관찰해 보면 기본적으로 10개 정도의 기본변환 법칙들만 잘 습득한다면 한국어를 모국어로 하는 사람은 일본어 한자단어 발음(音讀)의 70% 이상을 쉽게 발음할 수 있게 된다. 즉 첫 자음에서 "ㅁ"은 대부분이 "b" 발음으로 바뀌며 "ㅊ, ㅂ, ㅍ, ㅎ"은 거의 모두 각각 "s, h, h, g 또는 k"로 변환된다. 그리고 이중모음들은 모두 풀어서 단모음들로 발음을 하게 되며 이는 다른 두 나라에서도 마찬가지이다. 그리고 받침에 있어서 "ㄴ, ㅁ"은 유사하게 "ん(n 또는 ng)"으로 발음이 되나, "ㄹ"은 모두 "つ(th)"로, "ㅇ", "ㅂ"은 모두 長音(-)으로 없어지는 커다란 특징이 있다. 단지 "ㅅ", "ㅈ"의 구분이 양국 간에 혼재되어 있어서 이를 위해서는 때로는 한자 마다의 발음 변환을 학습할 수밖에 없다.

전반적으로 볼 때 일본어 발음종류는 한국어에 비하여 대단히 적으므로(흔히 한국어 발음은 약 11,000개, 일본어 약 300개라고 말하기도 함) 한국어를 모국어로 하는 사람에게는 일본어를 습득하는 일이 매우 쉽다. 즉 한국어의 다양한 한자발음들이 표1과 같이 일본어로는 간단히 축소되어 변환되기 때문이다. 이러한 일본어는 같은 우랄·알타이어 구조인 한국어를 모국어로 하는 사람들에게는 매우 습득하기 쉬우며 언어구조상 중국어 습득보다는 훨씬 더 유리한 셈이다.

단지, 한글 발음 "가, 카, 까" 사이에 존재하는 것으로 느껴지는 발음인 일본어의 "ga(으가), ka(으카)" 같은 발음은 조금씩 의식적으로 발음할 필요가 있다. 그리고 탁음이 붙은 발음들을 위해서는 "으"나 "아"를 속으로 미리 발음하고 발성한다면 혀가 아래로 내려가 원음에 매우 가까운 발음을 할 수 있게 된다. 그리고 이러한 일본어의 음독(音讀; 발음으로 읽는 단어)의 한자를 이해하기는 쉬우나 훈독(訓讀; 뜻으로 읽는 단어)의 한자를 이해하는 데는 별도의 학습이 필요하다.

2-2 한국어 한자와 중국어 발음관계

한국은 중국과 달리 우랄·알타이어를 근간으로 하기에 그 언어체계가 중국어 구조와는 전혀 다르지만 지정학적인 관계로 인하여 중국어의 문화적인 영향을 받을 수밖에 없었다. 같은 대륙에 존재했던 오(吳)나라와 한(漢)나라의 문화적인 단어들은 서로 발음의 차이가 컸는데, 이 두 나라의 발음이 주변 여러 나라 한자 발음의 근간이 되었다. 그리고 이러한 발음들은 여러 한자권 나라들이 가지고 있는 고유한 언어와 함께 그 나라에 동화되어 쓰이고 있다.

중국어의 구조는 24개의 자음과 39개의 모음으로 되어 있어서 한국어와의 명확한 변환법칙이 적용되지 않는 경우가 많은 편이지만 가장 큰 차이는 한국어의 종성(받침)에 해당하는 부분이 음절 구조상 매우 빈약하다는 점이다. 그리고 중국어는 그 음절구조가 매우 뚜렷하여 한국어의 중요한 특징의 하나인 연음 현상이 존재하지 않는다는 점이다.

이렇게 서로 다른 언어체계의 한국과 중국이 문화 역사적 변천을 겪어 오면서 공통으로 사용하고 있는 단어들 사이에는 〈표2〉와 같은 변환이 대체적으로 형성되었다.

첫 자음 (초성)

ㄱ, ㅋ	j, g, q, k 등	가교 jiāojiào	국가 guógē	기관 qìguān	개방 kāifàng	쾌락 kuàilè
ㄴ	n, l	농림 nónglín	남극 nánjí	농림 nónglín	노화 lǎohuà	논문 lùnwén
ㄷ(ㅌ)	d, (t)	독단 dúduàn	대리 dàilǐ	단독 dāndú	담판 tánpàn	동감 tónggǎn
ㅁ	w, (m)	만리 wànlǐ	무례 wúlǐ	모방 mófǎng	몽롱 ménglóng	무리 wúlǐ
ㅂ	f, b, p, ((m))	활발 huópō	변론 biànlùn	보관 bǎoguǎn	봉건 fēngjiàn	부모 fùmǔ
ㅅ	sh, ch, x, s 등	상쾌 shuǎngkuai	성심 chéngxīn	신혼 xīnhūn	선조 xiānzǔ	소송 sùsòng
ㅇ	y, l, n, w, r, d	야만 yěmán	양로 yǎnglǎo	유의 liúyì	여공 nǚgōng	위치 wèizhì
ㅈ	z, zh, j, d, x, c	공자 Kǒngzǐ	지식 zhī·shi	지도 dìtú	조조 Cáo Cāo	
ㅊ	ch, t, zh, q, c	처리 chǔlǐ	축복 zhùfú	출구 chūkù	천생 tiānshēng	청렴 qīnglián
ㅍ	p, f, b 등	평탄 píngtǎn	품행 pǐnxíng	판결 pànjué	풍부 fēngfù	표준 biāozhǔn
ㅌ	t, ((d))	탐험 tànxiǎn	타향 tāxiāng	통치 tǒngzhì	토론 tǎolùn	투쟁 dòuzhēng
ㅎ	x, h	하마 hémǎ	한도 xiàndù	한국 HánGuó	항공 hángkōng	현금 xiànjīn

모음 (중성)

ㅐ	ai, a, (ei, ui) 등	매복 máifu	대개 dàgài	애정 àiqíng	대내 duìnèi	태양 tàiyáng
ㅚ	ui, ai	회담 huìtán	외화 wàihuò	회춘 huíchūn	최신 zuìxīn	퇴위 tuìwèi

받침 (종성)						
ㄴ, ㅁ	n	간염 gānyán	겸손 qiānxùn	담론 tánlùn	면죄 miǎnzuì	점진 jiānjìn
ㅇ	ng	강병 qiángbīng	공용 gōngyòng	방향 fāngxiàng	영원 yǒngyuǎn	황망 huāngmáng
ㄱ	없어짐	국적 guójí	극복 kèfú	박복 bófú	복직 fùzhí	학식 xuéshí
ㄹ	없어짐	발열 fārè	활발 huópō	결합 jiéhé	돌입 tūrù	의술 yīshù
ㅂ	없어짐	집합 jíhé	합법 héfǎ	합심 héxīn	입학 rùxué	잡록 zálù

합성어						
사	shi, si, (ci, xi)	사관 shǐguān	사명 shǐmìng	사지 sìzhī	사전 cídiǎn	사례 xièlǐ
자	zi, (xu, ci)	자동 zìdòng	자만 zìmǎn	자부 zìfù	자문 xúnwèn	자선 císhàn

〈표 2〉 한-중국어 단어 발음 변환

한국어 입장에서 보면 첫 자음(초성)의 중국어 발음은 다양하기에 일률적인 법칙을 적용하기에는 매우 어려운 점이 있으나 한-중 단어발음의 가장 큰 특징 중 하나는 받침에 있다. 받침(종성)의 발음표현 중 한국어는 대부분의 발음이 다 살아 있으나, 중국어 받침 발음에는 한국어에서 표현되는 중요한 받침 발음인 "ㄱ, ㄹ, ㅂ" 받침의 발음이 모두 없어진다는 큰 차이가 있다. 이는 한국어가 가능한 사람이 중국어를 배울 때에 큰 도움이 되는 부분이기도 하다.

전반적으로 볼 때에 중국어 발음종류는 위에서 언급한 받침 구조들이 한국어에 비하여 대단히 적으므로 (흔히 한국어 기본발음은 약11,000개, 중국어는 약 400개라고 한다.) 한국어를 모국어로 하는 사람에게는 중국어를 습득하는 일이 때로는 매우 쉽다. 즉 한국어의 다양한 한자발음들이 〈표2〉를 보면 쉽게 이해할 수 있듯이 중국어로는 간단히 축소되어 변환되기 때문이다.

단지 중국어는 마치 많지 않은 발음들로 서로 소통을 원활하게 하기 위한 듯 4성조(聲調)를 이용하여 발성하기에, 성조가 특별히 없는 한국어를 모국어로 하는 사람에게는 하나의 장벽이 되기도 한다. 그리고 중국어나 서구어에서 흔히 쓰이는 "v, f, z, th" 등의 음소가 현대 한국어에는 없다는 점도 중요한 차이점이다.

2-3 한국어 한자와 베트남어 발음관계

현재 베트남어가 표기되는 알파벳에만 익숙한 베트남 사람들에게는 한자가 매우 생소하게 느껴지겠지만, 베트남어의 근간이 한자인 만큼, 상형문자로 되어 있는 기본 한자들을 조금만 익힌다면 이 책을 통하여 현 베트남어 알파벳으로부터 쉽게 한자를 유추할 수 있으리라 본다.

베트남은 지정학적으로 중국 남방과 깊은 교류를 가질 수 밖에 없었고 결국 베트남어도 초기에는 중국 한자의 영향을 받게 되었다. 이 때문에 19세기 로마자로 된 베트남어가 완전히 만들어지기 전까지는 베트남의 대부분의 기록을 한자에 의존한 셈이다. 그러기에 베트남의 인명과 지명은 물론 수많은 언어 중에는 비록 알파벳으로 표기되어 있기는 하지만 한국, 일본 및 중국에서 흔히 사용하는 동일한 단어가 무수히 존재한다.

베트남은 오래전에 문자의 독립을 이루기 위하여 한자의 뜻과 발음을 조합하여 만드는 방법을 이용하여 자신들의 문자인 쯔놈을 만들기도 하였다. 1500년대에는 포르투갈과 프랑스가 베트남 선교활동 등을 효율적으로 하기 위해 베트남 말의 서구 문자화에 전념하여 결국 17세기에 라틴어로 된 베트남어가 만들어졌다. 그러나 이 베트남어는 베트남인들의 한문 숭배 사상에 밀려 오랫동안 경시되어 왔다. 19세기 프랑스의 베트남 식민 완성 이후 프랑스 식민당국은 지배의 효율화를 위하여 그때까지 사용되고 있던 한자를 자신들의 선교사들이 예전에 만들었던 베트남어로 대체하였으며, 과거제도를 폐지하고 근대적 교육제도를 도입하는 등의 형태로 베트남 교육을 개혁하면서 국민 속에 널리 뿌리를 내리게 되었다. 결국 이러한 베트남어의 특징은 기존 알파벳에서 "F · J · W · Z"가 없고 "Đ"가 추가되었으며 다양한 표현으로 소통하기 위해서는 6성조(聲調)가 자연스럽게 도입되었다.

한국어 한자단어와 베트남어 발음의 기본 변환 관계는 〈표3〉과 같다.

우선 양국 간 한자단어 관계를 쉽게 이해하기 위해서 여기에는 한자표기를 하지 않았다. 동일 발음의 한자들이 여럿 있을 수 있기에 베트남어로는 다른 발음도 나올 수도 있지만 여기서는 그 흐름만 파악하고자 생략하였다.

앞에서 일본어 발음과 한글 한자 발음의 관계를 통하여 이해를 하였듯이 베트남어의 수많은 단어들이 한자를 통하여 한국어 단어들과 연결되어 있다. 즉 〈표3〉을 통하여 이해할 수 있듯이 몇몇 기본적인 단어들의 발음변환 법칙들만 이해한다면 양국의 언어습득이 매우 용이하게 된다. 예를 들면 "자음+외"와 같은 경우 한자가 많지 않기 때문에 주로 oi 나 oai로 바뀌는 그 발음들을 일일이 기억해 둔다면 양국단어들 발음변환에 큰 도움이 되리라 본다. 단지 앞 2-2 중국어와의 발음 변환에서도 느꼈듯이 양국의 첫 자음(초성) 발음이 다양하게 이루어져 있는 것이 조금 어려운 점이다. 자세히 들여다보면 "ㄷ, ㄹ"은 거의 그 발음을 유지하는 셈이며, "ㄴ, ㅁ, ㅂ, ㅅ"은 두세 가지 발음을 중심으로 변환되고 있다. 그러나 대체적으로 "ㄱ, ㅇ, ㅈ, ㅊ"은 다양한 발음을 가지고 있어서 이 표를 잘 관찰하면 한국어의 "ㅅ, ㅊ"이 베트남어로는 "th, t, s" 발음으로 혼재되어 있으며, "ㅂ, ㅍ"이 "ph, b"로 혼재되어 있음을 알 수 있다. 대신에 받침(종성)은 거의 비슷하게 변환되는 셈이지만 단지 한국어의 "ㄹ" 받침이 베트남어 경우는 대부분 "t" 발음으로 변환되는 점이 커다란 특징이다.

앞에서도 언급하였지만 "ㄱ"이 "ㄲ"로 발음되는 경우가 많으며, 전반적으로 한국 발음의 많은 모음이 단순 모음인 "a, i, u"나 단순 모음인 "inh", "anh", 중모음인 "ia, uo, ua" 등으로 간략화 됨을 쉽게 발견할 수 있다.

한편 베트남어의 발음수가 적은 관계로 형성된 6성조에 관해서는 별도의 학습과정이 필요하다고 보며, 베트남어와 중국어의 사이에는 다양한 첫 자음(초성)이 존재하기에 이에 관한 변환에도 중요한 법칙이 있으리라 보며 이는 추후 연구되어야 할 과제라 본다.

	첫 자음 (초성)					
ㄱ, ㅋ	c, g, k, q 등	국가 quốc ca	기관 kỳ quan	가교 gia giáo	쾌락 khoái lạc	가무 ca vũ
ㄴ	n, l 등	농림 nông lâm	논문 luận văn	노화 lão hóa	남극 Nam Cực	노력 nỗ lực
ㄷ	d	독단 độc đoán	대리 đại lý	단독 đơn độc	담판 đàm phán	동감 đồng cảm
ㄹ	l	가례 gia lễ	격리 cách ly	내란 nội loạn	보류 bảo lưu	연락 liên lạc
ㅁ	m, v, (d)	만리 vạn lý	명령 mệnh lệnh	모방 mô phỏng	몽롱 mông lung	무례 vô lễ
ㅂ	ph, b	반감 phản cảm	변론 biện luận	보관 bảo quản	봉건 phong kiến	부모 phụ mẫu
ㅅ	th, t, s 중심	세기 thế kỷ	사례 tạ lễ	사막 sa mạc	사례 tạ lễ	상고 thượng cổ
ㅇ	d, l, v, ng, y	야만 dã man	여관 lữ quán	운동 vận động	위급 nguy cấp	엄호 yểm hộ
ㅈ	t, ch, đ, th	자만 tự mãn	잡음 tạp âm	정론 định luận	참고 tham khảo	주동 chủ động
ㅊ	th, s, t 등	참화 thảm họa	축복 chúc phúc	출고 xuất kho	천생 thiên sinh	치안 trị an
ㅌ	th, (đ)	탐험 thám hiểm	타향 tha hương	통계 thống kê	통신 thông tin	투항 đầu hàng
ㅍ	b, ph	평탄 bình thản	포병 pháo binh	풍부 phong phú	품행 phẩm hạnh	풍토 phong thổ
ㅎ	h	하마 hà mã	한도 hạn độ	한국 Hàn Quốc	항공 hàng không	현금 hiện kim
	모음 (중성)					
애	ai, oi 중심	대개 đại khái	대내 đối nội	재발 tái phát	매복 mai phục	배합 phối hợp
외	oi, oai, ngoai	최고 tối cao	외래 ngoại lai	회관 hội quán	퇴위 thoái vị	죄인 tội nhân

받침 (종성)						
ㄴ, ㅁ	각각 n, m	온화 ôn hòa	담판 đảm phán	반감 phản cảm	산하 sơn hà	준비 chuẩn bị
ㄹ	t	결국 kết cục	발달 phát đạt	살해 sát hại	열반 niết bàn	출혈 xuất huyết
ㅇ	거의 일치	공공 công cộng	농학 nông học	동궁 đông cung	몽롱 mông lung	항공 hàng không
ㅂ	거의 일치	답례 đáp lễ	법제 pháp chế	압박 áp bức	잡념 tạp niệm	합법 hợp pháp

〈표 3〉 한-베트남 단어발음 변환

단지 베트남어를 모국어로 하는 사람들에게는 한자의 이해가 너무나 생소하기 때문에 그 연결을 찾기 어렵겠지만, 순수한 한국어를 이해하는 베트남인이나 한국인에게는 이러한 한자 단어들을 잘 이해한다면 양국의 단어연결 및 언어습득에 매우 큰 도움이 되리라 본다.

이러한 한국어와 베트남어 단어 관계를 구체적으로 이해하려면 이미 발간된 "한자로 이해하는 베트남어" 책을 참고하면 많은 도움이 되리라 본다.

2-4 한자권 4개국 단어의 발음 비교

동아시아를 중심으로 한 한자권 나라들을 4개국 이상으로 확대할 수도 있겠지만 이 책에서는 한국, 일본,중국, 베트남 4개국만을 중심으로 하여 그 한자단어들의 발음관계를 정리하였으며 이는 〈표4〉와 같다.

이 관계들은 특히 중국대륙의 오래전 몇나라들 (예를 들면 吳, 漢 나라 등)의 발음에도 크게 의존한다.

첫 자음 (초성)			
구분	일본어	중국어	베트남어
ㄱ, ㅋ	か、が g, k	j, g, q, k 등	g(ㅈ), c(ㅋ) 등
ㄴ	な、だ n, d	n, l	n(ㄴ), l(ㄹ)
ㄷ[ㅌ]	だ d, t	d, (t)	d(ㄷ)[t(ㅌ)]
ㅁ	ば(ま) b(m)	w, (m)	m, v, (d)
ㅂ	は(ば) h(b)	b, f, ((m))	ph, b
ㅅ, ㅈ	さ、ざ(어려움) s, j	th, s, ch, d / sh, ch, x, s 등	
ㅊ	さ(た) s(t)	ch, t, zh, q, c	th, s, t
ㅌ	は h	p, f, b 등	b, ph
ㅎ	か、が k, g	x, h	h

모음 (중성)			
구분	일본어	중국어	베트남어
애	あい ai	ai, a, (ei, ui) 등	ai, oi 등
외	あい ai	ui, ai	oi, oai

받침 (종성)			
구분	일본어	중국어	베트남어
ㄱ	k	없어짐	c, g, j, k, q
ㄴ, ㅁ	ん n	n	각각 n, m
ㄹ	つ th	없어짐	t
ㅇ	う – (長音)	ng	거의 일치
ㅂ	う – (長音)	없어짐	거의 일치

〈표4〉 4개국 단어발음 변환관계

앞에서도 말했듯이 한국어 한자단어에서 일본어 단어발음을 변환하여 찾는 일은 첫 자음(초성)의 "ㅅ, ㅈ" 구분 외에는 매우 쉬운 편이다. 〈표 4〉를 잘 관찰하여 보면 한국어 첫 자음과 베트남어 또는 중국어 간의 발음 변환 규칙을 찾는 일은 그리

쉬운 일이 아니다. 그러면서도 "ㅁ"이 일본어, 베트남, 중국어에서는 각각 주로 "b, v, w" 발음으로 변환되는 특징을 보인다. 또한 "ㅎ"은 각각 "g, k, h, x, h" 등으로 변환된다. 모음(중성)의 경우 한국어의 이중모음을 3개국은 모두 풀어 써서 "애" 또는 "외"를 ai 또는 oi 등으로 발음이 변환되며, 때로는 "에"가 각각 "ei, e, i, ui" 등으로 변환된다.

4개국어 발음 특징의 하나는 받침(종성)에 있다고 볼 수 있다. 언어학자들 표현에 의하면 모든 언어는 그 에너지 소모를 줄이는 방향으로 바뀌고 있다고 하지만, "ㄹ"을 중심을 보면 중국어는 완전히 없어지고 베트남어와 일본어는 매우 흡사한 발음인 "t" 또는 "th"로 변환된다.

특히 일반 합성어인 "사" 및 "자"는 국가에 따라 그 발음의 차이들이 있지만 거의 대부분 "sa"나 "ja"로 직접 발음되지 않으며 두 단어가 혼재되어 쓰이고 있다. 베트남어로는 한국어 "사"가 대부분 "tu" 또는 "su"로 골고루 변환되고 "자"는 모두 "tu"로 변환된다. 일본어는 "si, sya, ji, jya" 중 하나로 발음되며, 중국어는 "사"는 "si" 중심, "자"는 "ji" 중심으로 다양하게 전개된다.

한편 베트남어와 중국어는 역사적으로 그 음운과 어휘 등에 많은 연관이 있으면서 같은 고립어이기에 잘 관찰해 본다면 첫 자음을 비롯한 양국 간의 발음변환을 잘 찾아낼 수 있으리라 본다.

거듭 말하지만 베트남어만을 이해하는 사람에게는 한자가 매우 생소하겠지만 그 이외의 3개국 언어 중 하나를 중급정도라도 이해하고 있다면 상형문자인 한자를 이용하여 상대국 언어의 발음 이해는 물론 여기서 언급하는 4개국 한자단어들 발음 관계를 쉽게 이해할 수 있으리라 본다.

3-1. 일본어속의 고대 조선어
3-2. 인명, 지명, 기업명 등을 통한 학습
3-3. 근대 우리 생활 속의 일본어

3

역사적 한일관계 중심의 언어학습

3 역사적 한일관계 중심의 언어학습

한국어와 일본어 관계는 그 뿌리가 매우 깊다.

많은 어휘들이 고대 조선에서부터 일본으로 전달되었으며 그 관계는 매우 밀접하기에 역사적인 그 언어의 변천을 잘 관찰해 보고, 심지어 일본 강점기까지의 다양한 생활용어들을 연결시켜 본다면 일본어 언어학습에 큰 도움이 된다. 그러나 이 곳에서는 이에 관한 깊은 연구를 하는 것은 이 책의 범위를 벗어나므로 몇몇 참고 문헌들을 소개하는 것으로 그친다. (《고대 조선어》, 1978, 유상렬(일본어), 《일본으로 건너간 우리말》, 2010, 김세택, 《일본말 속의 우리말》, 2005, 김세택)

대신에 이와 같은 한일 간의 깊은 언어 관계를 다음에서와 같이 간단히 소개하므로써, 현재 일본어 학습을 위한 색다른 방법을 간단히 제시하고자 한다.

3-1 일본어속의 고대 조선어

고대 조선어나 현대 한국말의 변천속에서 그 연결 고리들을 잘 조사해 보면 수많은 곳에서 현재의 한국어가 일본어와 연결됨을 알 수 있게 되고, 이를 잘 검토해 보면 일본어 학습에 커다란 도움이 된다.

아래에는 고대 조선어에서 지금의 일본어들로 변천되어 가는 간단한 예들만 제시한다. (이러한 어휘들의 경우 맨앞에 접두사 あ, う 등을 덧붙이기도 한다.)

가엽소, 가여운 → かわいそう   걸(리다) → かかる
굴(리는) → くるくる   귀여운 → かわいい
거미 → くも(蜘蛛)   늪 → ぬま(沼)

닭 → とり(鳥)　　　　　　　어리석은 → おろ(愚)か
따뜻 → (あ)たたか(暖)い　　오모 → おも(母), おも(重)い
때문 → ため(為)　　　　　　우, 위 → うへ(上)
맛, 마시 → (あ)ま(甘)い　　섬 → しま(島)
맡끼다 → まか(任)す　　　　싸울아이 → さむらい(侍)
메(우다) → (う)(埋)める　　싹 → さ(咲)く
무리 → むら(村)　　　　　　쑤시다 → さ(刺)す
언니 → あに(兄)　　　　　　치다 → (う)(打)つ
어겨서 → おか(犯)す　　　　치마(아내) → つま(妻)

3-2 인명, 지명, 기업명 등을 통한 학습

일본어는 일본에서의 인명, 지명 등의 발음과 뜻만 이해하여도 일본어 이해에 큰 도움이 되기도 한다. 이 곳에서는 때때로 우리가 이해하고 있는 이러한 명칭들을 예로써 같이 학습해 본다. 이러한 인명, 지명 등은 때로는 서로 구분없이 쓰이기도 하기 때문에 이 곳에서도 특별한 구분없이 제시한다.

A. 연이은 명칭 학습 예

니혼(にほん／日本)　　　→　　니혼바시(にほんばし／日本橋)　　→
하시모토(はしもと／橋本)　→　　모토야마(もとやま／本山)　　　→
야마카와(やまかわ／山川)　→　　카와무라(かわむら／川村)　　　→
무라니시(むらにし／村西)　→　　니시하라(にしはら／西原)　　　→
가시와라(かしわら／柏原)　→　　가시와자키(かしわざき／柏崎)　→
쿠로사키(くろさき／黒崎)　→　　쿠로사와(くろさわ／黒沢)　　　→
카나자와(かなざわ／金沢)　→　　카나다(かねだ／金田)　　　　　→
타구치(たぐち／田口)　　　→　　타나카(たなか／田中)　　　　　→
나카모리(なかもり／中森)　→　　아오모리(あおもり／青森)

B. 이름을 통한 학습 예

小林(こばやし／코바야시)　　山口(やまぐち／야마구치)
木下(きのした／키노시타)　　岡本(おかもと／오카모토)
野口(のぐち／노구치)　　　　大谷(おおたに／오오타니)
田中(たなか／타나카)　　　　渡辺(わたなべ／와타나배)
高橋(たかはし／타카하시)　　井上(いのうえ／이노우에)
佐々木(ささき／사사키)　　　伊藤(いとう／이토오)
斎藤(さいとう／사이토오)　　林(はやし／하야시)
佐藤(さとう／사토오)　　　　藤原(ふじわら／후지와라)
鈴木(すずき／스즈키)

C. 지명을 통한 학습 예

카고시마(かごしま／鹿児島)　　미야자키(みやざき／宮崎)
카마쿠라(かまくら／鎌倉)　　　삿포로(さっぽろ／札幌)
카와사키(かわさき／川崎)　　　시모노세키(しものせき／下関)
코오베(こうべ／神戸)　　　　　아오야마(あおやま／青山)
쿠마모토(くまもと／熊本)　　　오키나와(おきなわ／沖縄)
나가노(ながの／長野)　　　　　오사카(おおさか／大阪)
나고야(なごや／名古屋)　　　　우에노(うえの／上野)
니이가타(にいがた／新潟)　　　요코하마(よこはま／横浜)
닛코(にっこう／日光)　　　　　하라주쿠(はらじゅく／原宿)
토야마(とやま／富山)　　　　　히로시마(ひろしま／広島)
모리오카(もりおか／盛岡)　　　후쿠오카(ふくおか／福岡)

D. 상호명 등을 통한 학습 예

카네보오(かねぼう／鐘紡)　　닛산(にっさん／日産)
닛케이(にっけい／日経)　　　닛신(にっしん／日清)

닌텐도우(にんてんどう／任天堂)　　메이지(めいじ／明治)
토요타(とよた／豊田)　　　　　　스미토모(すみとも／住友)
토우시바(とうしば／東芝)　　　　시세이도우(しせいどう／資生堂)
마츠다(まつだ／松田)　　　　　　아사히(あさひ／朝日)
마츠시타(まつした／松下)　　　　요미우리(よみうり／読売)
미츠이(みつい／三井)　　　　　　히타치(ひたち／日立)
미츠비시(みつびし／三菱)　　　　혼다(ほんだ／本田)
무라타(むらた／村田)

E. 단순 한자활용 (단순 한자 + する, じる, なる 등)

인명, 지명 등과는 달리 한자 하나로 표시되는 일본어들을 학습할 수 있다.

愛する　　食する　　属する　　感じる　　通じる
関する　　序する　　対する　　信じる　　単なる

3-3 근대 우리 생활 속의 일본어

지난 일제 강점기 때부터 우리 사회에는 직간접적인 일본어가 우리 생활 속에 들어왔으며, 심한 경우에는 1970~80년대까지 자주 쓰인 용어들이 때로는 아직도 우리 주변에서 자주 쓰이기도 한다.

A. 의생활 용어

카타마이(片前)　　　시보리(絞り)　　　　자부동(座布団)
코대(コテ)　　　　　마후라(マフラー)　　한소메(半袖)
몸빼(もんぺ)　　　　에리(襟)
소데나시(袖無し)　　우라카에시(裏返し)

B. 식생활 용어

칸즈메(缶詰め)	야키니쿠(焼き肉)	오봉(お盆)
타꾸앙(たくあん)	야키도리(焼き鳥)	우동(うどん)
타마네기(玉ねぎ)	오니기리(お握り)	히야시(冷やし)
텐뿌라(天ぷら)	와리바시(割り箸)	센베이(煎餅)
돈카츠(豚カツ)	요오지(楊枝)	치리(ちり)
모치(餅)	잇빠이(いっぱい)	다라이(たらい)
미즈와리(水割り)	츠키다시(つきだし)	나베(鍋)
사라(皿)	아나고(穴子)	소바(そば)
사시미(刺身)	와사비(わさび)	모치(餅)
스시(寿司)	짬뽕(ちゃんぽん)	낑깡(金柑)
아지노모토(味の素)	오뎅(おでん)	마호병(魔法瓶)

C. 주 생활(건축, 토목) 용어

카쿠목(角木)	텐조(天井)	마에가리(前借り)
코바이(勾配)	토비(とび)	마루타(丸太)
쿠루마(車)	토키다시(研ぎ出し)	마도(窓)
쿠사리(鎖)	바라시(ばらし)	메지(目地)
기레빠시(切れ端)	시마이(仕舞い)	하코방(箱部屋)
나라시(均し)	시아게(仕上げ)	하리(梁)
네지(ねじ)	시치부(七分)	하바키(幅木)
니야카(リアカー)	아시바(足場)	헤라(ヘラ)
노가다(土方)	오-비키(大引き)	헤배(平米)
타루키(垂木)	오사마리(収まり)	히사시(庇)
테코보코(デコボコ)	와꾸(枠)	함바집(飯場)
테나오시(手直し)	람마(欄間)	단스(箪笥)
테모토(手元)	렌가(煉瓦)	반셍(盤線)
테스리(手摺り)	루베(立米)	

D. 경제, 스포츠 용어

갸쿠(逆)　　　　오시(押し)　　　　아카지(赤字)
겐세이(牽制)　　　오이코시(追い越し)　카부시키(株式)
키레이(綺麗)　　　히끼(引き)　　　　똔똔(トントン)
나미(波)　　　　　요이똥(用意ドン)　　붐빠이(分配)
쇼부(勝負)　　　　쿠로지(黒字)　　　　와리캉(割り勘)

E. 기타 생활용어

카라오케(空オーケストラ)　반자이(万歲)
카오(顔)　　　　　사시코미(差し込み)
칸지(感じ)　　　　사바사바(サバサバ)
고도리(五鳥)　　　쓰리(摺り)
코붕(子分)　　　　시타(下)
곤색(紺色)　　　　신핑(新品)
곤조(根性)　　　　아싸리(あっさり)
구르마(車)　　　　유토리(ゆとり)
키리카에(切り替え)　엥꼬(エンコ)
키모치(気持ち)　　오야붕(親分)
키즈(傷)　　　　　츠메키리(爪切り)
나가레(流れ)　　　치라시(チラシ)
나와바리(縄張り)　후카시(吹かし)
다마(玉)　　　　　히야카시(冷やかし)
단도리(段取り)
데빵(鉄板)
뗑깡(癲癇)
만땅(満タン)
무데뽀(無鉄砲)
반까이(挽回)

4-1. 발음이 유사한 단어들
    4-1-1. 발음이 거의 같은 단어들
    4-1-2. 발음이 비교적 비슷한 단어
4-2. 몇몇 특수 변환법 학습
    4-2-1. 초성(첫자음) 발음들의 변환
    4-2-2. 중성(모음) 발음의 변환
    4-2-3. 받침들의 발음변환
    4-2-4. 몇몇 합성어들의 발음변환
    4-2-5. 복합적인 변환 단어들
4-3. 주요 기본 변환 법칙들

4

한국어-일본어 단어의 유사발음 및 변환법칙

4 한국어-일본어 단어의 유사발음 및 변환법칙

앞에서도 살펴본 대로 양국 간의 발음의 흐름을 보면 몇몇 중요한 변환특징이 있음을 알 수 있다. 특히 일본어의 발음 구조는 매우 단순하고 오래 전부터 우리나라와 밀접한 관계가 있었기 때문에 한국어 발음으로의 변환은 매우 쉽다. 이 곳에서는 양국 단어 발음들의 관련성을 좀 더 이해하기 위하여 유사한 변환을 갖는 단어들을 알아보고 이에 관한 구체적인 변환규칙들을 제시하였다. 특히 2-1.에서 알아본 내용들을 잘 숙지하면 여러 발음변환 규칙들을 쉽게 학습할 수 있다.

모음(중성)의 경우 한국어의 단모음은 물론 중모음들의 일본어로의 변환에는 일련의 중요한 법칙들을 찾을 수 있게 된다. 일본어의 모음 대부분은 "아,이,우,에,오"의 단모음으로 이루어져 있기에 다양한 발음으로 이루어진 한국어 발음을 축소시켜서 변환하면 매우 쉽게 그 변환 결과를 얻을 수 있다.

그리고 받침(종성)의 경우 전술한 바와 같이 일본어의 단순한 받침구조로 인하여 한국어를 이해하는 사람이 그 변환법칙을 학습한다면 일본어의 전반적인 발음의 변환구조를 쉽게 습득할 수 있다. 단지 정확한 일본어 발음을 위해서는 한자 하나 하나 마다의 정확한 탁음 발음 등을 습득해야 하며, 이를 위해서는 별도의 학습이 필요하지만 2-1.의 끝부분 내용을 다시 한번 검토하기를 바란다.

4-1 발음이 유사한 단어들

한국어 첫자음중에서 ㄱ,ㄴ,ㄷ,ㄹ,ㅇ,ㅋ과 단순모음 및 ㄱ, ㄴ, ㅁ 받침으로 이루어진 단어들 대부분은 아래에 작성한 바와 같이 양국간에 거의 같은 발음이 나오거나(4-1-1) 매우 유사한 발음(4-1-2)이 나오게 된다.(첫자음 ㄴ은 D발음이 나오기도 함)

일본어를 학습하다 보면 아주 많은 곳에서 유사한 단어들을 발견하게 된다. 여기서는 이 책에 나오는 단어들을 중심으로 그 일부 단어들 발음변환 만을 소개한다. 단지 일본어 발음 중에서 탁음 구별은 매우 중요 하나 한국어 발음에서는 이 구분이 잘 안되는 경우가 많아서 이곳에서는 이를 크게 고려하지 않음을 이해하기 바란다.

4-1-1 발음이 거의 같은 단어들

가옥	家屋	かおく	부락	部落	ぶらく
가요	歌謡	かよう	부분	部分	ぶぶん
가족	家族	かぞく	분리	分離	ぶんり
가치	価値	かち	산만	散漫	さんまん
간단	簡単	かんたん	속도	速度	そくど
간략	簡略	かんりゃく	시민	市民	しみん
간부	幹部	かんぶ	신약	新薬	しんやく
감시	監視	かんし	심사	審査	しんさ
고도	古都	こと	심판	審判	しんぱん
교구	教具	きょうぐ	악마	悪魔	あくま
국가	国歌	こっか	안심	安心	あんしん
국민	国民	こくみん	야심	野心	やしん
군무	軍務	ぐんむ	요소	要素	ようそ
군비	軍備	ぐんび	조약	条約	じょうやく
난민	難民	なんみん	준비	準備	じゅんび
단독	単独	たんどく	지리	地理	ちり
담론	談論	だんろん	지반	地盤	じばん
담판	談判	だんぱん	치안	治安	ちあん
도구	道具	どうぐ	토론	討論	とうろん
무산	無産	むさん	주의	注意	ちゅうい
무심	無心	むしん	치료	治療	ちりょう

야간	夜間	やかん	온도	温度	おんど
안마	按摩	あんま	기간	期間	きかん
독신	独身	どくしん	산보	散歩	さんぽ
유도	誘導	ゆうどう	도리	道里	どうり
가구	家具	かぐ	도로	道路	どうろ
고도	高度	こうど	간이	簡易	かんい
조화	調和	ちょうわ	주저	躊躇	ちゅうちょ
도시	都市	とし	기온	気温	きおん

4-1-2 발음이 비교적 비슷한 단어

가격	価格	かかく	견고	堅固	けんご
가곡	歌曲	かきょく	겸임	兼任	けんにん
가극	歌劇	かげき	고국	故国	ここく
가수	歌手	かしゅ	고난	苦難	くなん
가축	家畜	かちく	고의	故意	こい
간염	肝炎	かんえん	과감	果敢	かかん
감각	感覚	かんかく	과거	過去	かこ
감격	感激	かんげき	관계	関係	かんけい
감금	監禁	かんきん	관념	観念	かんねん
감사	感謝	かんしゃ	관리	管理	かんり
감탄	感嘆	かんたん	관심	関心	かんしん
객관	客観	きゃっかん	교수	教授	きょうじゅ
거주	居住	きょじゅう	교육	教育	きょういく
건의	建議	けんぎ	국어	国語	こくご
검도	剣道	けんどう	군복	軍服	ぐんぷく
검역	検疫	けんえき	권력	権力	けんりょく
검토	検討	けんとう	권위	権威	けんい
격리	隔離	かくり	귀족	貴族	きぞく

근거	根拠	こんきょ		선수	選手	せんしゅ
근본	根本	こんぽん		선임	先任	せんにん
근시	近視	きんし		선조	先祖	せんぞ
기관	器官	きかん		선포	宣布	せんぷ
기권	棄権	きけん		세기	世紀	せいき
기록	記録	きろく		세력	勢力	せいりょく
낙관	楽観	らっかん		소년	少年	しょうねん
남북	南北	なんぼく		소수	少数	しょうすう
다수	多数	たすう		속력	速力	そくりょく
단검	短剣	たんけん		수도	首都	しゅと
단순	単純	たんじゅん		수력	水力	すいりょく
담임	担任	たんにん		수렴	収斂	しゅうれん
독단	独断	どくだん		수신	修身	しゅうしん
독신	独身	どくしん		시력	視力	しりょく
목록	目録	もくろく		신기	神奇	しんき
무력	無力	むりょく		신념	信念	しんねん
무리	無理	むり		신도	信徒	しんと
무의미	無意味	むいみ		신비	神秘	しんぴ
무의식	無意識	むいしき		심리	心理	しんり
미신	迷信	めいしん		아악	雅楽	ががく
민족	民族	みんぞく		악연	悪縁	あくえん
변론	弁論	べんろん		안전	安全	あんぜん
분류	分類	ぶんるい		압도	圧倒	あっとう
분석	分析	ぶんせき		압력	圧力	あつりょく
분포	分布	ぶんぷ		야인	野人	やじん
산수	山水	さんすい		어민	漁民	ぎょみん
삼각	三角	さんかく		언론	言論	げんろん
선거	選挙	せんきょ		언어	言語	げんご
선견	先見	せんけん		엄격	厳格	げんかく
선례	先例	せんれい		엄금	厳禁	げんきん

여관	旅館	りょかん	위치	位置	いち
여권	旅券	りょけん	위탁	委託	いたく
여신	与信	よしん	유람	遊覧	ゆうらん
연구	研究	けんきゅう	유선	有線	ゆうせん
연극	演劇	えんげき	유의	留意	りゅうい
연락	連絡	れんらく	유익	有益	ゆうえき
연료	燃料	ねんりょう	육각	六角	ろっかく
연속	連続	れんぞく	은덕	恩徳	おんとく
연표	年表	ねんぴょう	음력	陰暦	いんれき
염치	廉恥	れんち	음악	音楽	おんがく
예감	予感	よかん	의견	意見	いけん
예산	予算	よさん	의논	議論	ぎろん
외과	外科	げか	의도	意図	いと
요구	要求	ようきゅう	의무	義務	ぎむ
우선	優先	ゆうせん	의문	疑問	ぎもん
우수	優秀	ゆうしゅう	의식	儀式	ぎしき
우주	宇宙	うちゅう	의식	意識	いしき
원리	原理	げんり	의약	医薬	いやく
원본	元本	がんぽん	이론	理論	りろん
원소	元素	げんそ	이산	離散	りさん
원시	原始	げんし	이유	理由	りゆう
원인	原因	げんいん	이주	移住	いじゅう
원점	原点	げんてん	인과	因果	いんが
원조	援助	えんじょ	인근	隣近	りんきん
위도	緯度	いど	인덕	仁徳	じんとく
위력	威力	いりょく	인도	人道	じんどう
위세	威勢	いせい	인류	人類	じんるい
위신	威信	いしん	인민	人民	じんみん
위원	委員	いいん	인식	認識	にんしき
위인	偉人	いじん	인심	人心	じんしん

임무	任務	にんむ		접점	接点	せってん
임시	臨時	りんじ		조목	条目	じょうもく
작가	作家	さっか		조약	条約	じょうやく
잔인	残忍	ざんにん		지구	地球	ちきゅう
잡기	雑記	ざっき		지식	知識	ちしき
잡음	雑音	ざつおん		지위	地位	ちい
전국	全国	ぜんこく		직감	直感	ちょっかん
전권	全権	ぜんけん		진압	鎮圧	ちんあつ
전면	全面	ぜんめん		천문	天文	てんもん
전문	専門	せんもん		천심	天心	てんしん
전부	全部	ぜんぶ		천운	天運	てんうん
전선	前線	ぜんせん		천지	天地	てんち
전신	全身	ぜんしん		특권	特権	とっけん
접견	接見	せっけん		특산	特産	とくさん

4-2. 몇몇 특수 변환법 학습

위 4-1.에서와 같은 유사한 발음이 나오지는 않지만 양국 간에는 아래와 같은 자음, 모음 및 받침에 따른 발음변환의 법칙들이 있기에 이를 잘 습득한다면 일본어 발음학습에 큰 도움이 된다.

4-2-1 초성(첫자음) 발음들의 변환

A. 초성 ㄴ의 な(n), (だ(d)) 발음변환

노력	努力	どりょく		난로	暖炉	だんろ
남자	男子	だんし		납득	納得	なっとく
노예	奴隷	どれい		날인	捺印	なついん

남방	南方	なんぽう		능력	能力	のうりょく
농업	農業	のうぎょう		두뇌	頭脳	ずのう
농도	濃度	のうど		승낙	承諾	しょうだく

B. 초성 ㅁ의 ば(ま)b, ((m)) 발음변환

계모	継母	けいぼ		무력	武力	ぶりょく
고목	古木	こぼく		사막	砂漠	さばく
고무	鼓舞	こぶ		야만	野蛮	やばん
논문	論文	ろんぶん		원문	原文	げんぶん
만리	万里	ばんり		인마	人馬	じんば
무곡	舞曲	ぶきょく		조문	弔文	ちょうぶん
무도	舞踏	ぶとう				

C. 초성 ㅂ, ㅍ(파열음들)의 は(ば)h, ((b)) 발음변환

가보	家宝	かほう		보관	保管	ほかん
가보	家譜	かふ		복수	復讐	ふくしゅう
강박	強迫	きょうはく		본국	本国	ほんごく
모범	模範	もはん		부귀	富貴	ふうき
반감	反感	はんかん		부근	附近	ふきん
반도	半島	はんとう		비관	悲観	ひかん
반박	反駁	はんばく		비극	悲劇	ひげき
반신	半身	はんしん		식품	食品	しょくひん
백금	白金	はっきん		약품	薬品	やくひん
백년	百年	ひゃくねん		어부	漁夫	ぎょふ
번역	翻訳	ほんやく		위반	違反	いはん
범위	範囲	はんい		특파	特派	とくは
범인	犯人	はんにん		파산	破産	はさん
보검	宝剣	ほうけん		판단	判断	はんだん

표류	漂流	ひょうりゅう		품격	品格	ひんかく
표어	標語	ひょうご		품위	品位	ひんい

D. 초성 ㅊ의 さ s 발음변환

약초	藥草	やくそう		참극	惨劇	さんげき
원칙	原則	げんそく		참여	参与	さんよ
참가	参加	さんか		처리	処理	しょり
참고	参考	さんこう		추세	趨勢	すうせい
참관	参観	さんかん		침략	侵略	しんりゃく

E. 초성 ㅎ의 か, が k, g 발음변환

가훈	家訓	かくん		하류	下流	かりゅう
개화	開花	かいか		학문	学問	がくもん
기후	気候	きこう		학식	学識	がくしき
무한	無限	むげん		한국	韓国	かんこく
무효	無効	むこう		한도	限度	げんど
분화	分化	ぶんか		해독	解毒	げどく
산하	山河	さんが		헌신	献身	けんしん
소화	消化	しょうか		험악	険悪	けんあく
신학	神学	しんがく		현금	現金	げんきん
신호	信号	しんごう		호의	好意	こうい
신혼	新婚	しんこん		혼돈	混沌	こんとん
암호	暗号	あんごう		혼약	婚約	こんやく
유학	留学	りゅうがく		화교	華僑	かきょう
유한	有限	ゆうげん		화력	火力	かりょく
유효	有効	ゆうこう		화문	花紋	かもん
은하	銀河	ぎんが		화학	化学	かがく
하관	下官	げかん				

F. 초성 ㅅ, ㅈ의 さ, ざ(구분이 어려움) s, j 발음변환

이 두 발음들은 특별한 법칙이 없이 서로 혼재되어 있기 때문에 일일이 학습해야 한다.

G. 초성 ㄱ, ㅋ, ㄷ, ㅌ, ㄹ, ㅇ의 유사발음 변환

앞에서 구체적으로 언급하지 않은 이 자음들은 양국간에 각각 유사한 발음변환을 그대로 가지고 있으며 이곳에서는 그 예들을 일일이 다루지 않겠다.

4-2-2 중성(모음) 발음의 변환

A. 모음 "애", "외"의 あい ai 발음변환

개막	開幕	かいまく		애국	愛国	あいこく
개선	改善	かいぜん		연대	年代	ねんだい
고대	古代	こだい		온대	温帯	おんたい
국제	国際	こくさい		외래	外来	がいらい
군대	軍隊	ぐんたい		위대	偉大	いだい
내과	内科	ないか		인애	仁愛	じんあい
내란	内乱	ないらん		재난	災難	さいなん
대개	大概	たいがい		재산	財産	ざいさん
대내	対内	たいない		최고	最高	さいこう
대란	大乱	たいらん		최신	最新	さいしん
대의	大義	たいぎ		쾌락	快楽	かいらく
무죄	無罪	むざい		태도	態度	たいど
배심	陪審	ばいしん				

B. 모음 "어", "요"의 いょ(う), えい iyo, ei 등 발음변환

거인	巨人	きょじん		저항	抵抗	ていこう
서문	序文	じょぶん				

C. 기타 모음들의 발음변환

일본어의 중성은 단순 모음구조로 이루어져 있기에 다양한 모음들로 이루어진 한국어 발음들을 유사한 발음으로 축소하듯이 학습해 나가면 그 변환법칙들을 쉽게 배울 수 있게 된다.

4-2-3 받침들의 발음변환

일본어 발음 변환의 중요한 핵심중 하나는 받침들의 변환에 있다. 일반적으로 한자들 받침 발음들은 "ㄱ, ㄴ, ㄹ, ㅁ, ㅂ, ㅇ"만이 존재하고, 대부분의 발음들이 3개국 (중국, 일본, 베트남) 마다 특별한 법칙을 따르게 되는데, 일본어 받침변환의 경우는 특히 ㄹ, ㅂ, ㅇ에 커다란 특징을 보인다.

A. "ㄹ"의 つ th 발음변환

감찰	監察	かんさつ		손실	損失	そんしつ
검술	剣術	けんじゅつ		실시	実施	じっし
검열	検閲	けんえつ		암살	暗殺	あんさつ
결단	決断	けつだん		엄밀	厳密	げんみつ
결론	結論	けつろん		열기	熱気	ねっき
단결	団結	だんけつ		요술	妖術	ようじゅつ
돌파	突破	とっぱ		우월	優越	ゆうえつ
살균	殺菌	さっきん		월식	月蝕	げっしょく
소설	小説	しょうせつ		일관	一貫	いっかん

절구	絶句	ぜっく		특별	特別	とくべつ
진술	陳述	ちんじゅつ				

B. 받침 "ㅂ"의 사라짐 (長音(-)화)

습관	習慣	しゅうかん		지급	支給	しきゅう
연습	練習	れんしゅう		특급	特級	とっきゅう
입원	入院	にゅういん				

C. 받침 "ㅇ"의 사라짐 (長音(-)화)

가공	加工	かこう		용구	用具	ようぐ
가능	可能	かのう		운동	運動	うんどう
감동	感動	かんどう		웅변	雄弁	ゆうべん
공구	工具	こうぐ		응답	応答	おうとう
공무	公務	こうむ		응용	応用	おうよう
공민	公民	こうみん		인공	人工	じんこう
기능	技能	ぎのう		중고	中古	ちゅうこ
농민	農民	のうみん		중년	中年	ちゅうねん
능력	能力	のうりょく		중농	中農	ちゅうのう
동감	同感	どうかん		중력	重力	じゅうりょく
동의	同意	どうい		중심	中心	ちゅうしん
등기	登記	とうき		중요	重要	じゅうよう
선봉	先鋒	せんぽう		충만	充満	じゅうまん
수동	手動	しゅどう		충신	忠臣	ちゅうしん
신용	信用	しんよう		통계	統計	とうけい
용감	勇敢	ゆうかん		통신	通信	つうしん

D. 받침 "ㄱ, ㄴ, ㅁ"의 불변

한자 받침들 ㄱ, ㄴ, ㅁ에 관한 일본어의 발음들은 그 발음들이 대부분 그대로 살아 남는다. 이에 관한 특별한 예시들은 생략한다.

4-2-4 몇몇 합성어들의 발음변환

A. 합성어 "앙, 양, 왕, 앵 등"의 おう o-, いょう iyo 발음변환

가장	家長	かちょう	유용	有用	ゆうよう
감정	感情	かんじょう	장기	長期	ちょうき
강국	強国	きょうこく	장남	長男	ちょうなん
경쟁	競争	きょうそう	장래	将来	しょうらい
공산	共産	きょうさん	정면	正面	しょうめん
다양	多様	たよう	감상	感想	かんそう
상인	商人	しょうにん	강도	強盗	ごうとう
상주	常駐	じょうちゅう	갱신	更新	こうしん
선양	宣揚	せんよう	공신	功臣	こうしん
선장	船長	せんちょう	방관	傍観	ぼうかん
소송	訴訟	そしょう	방독	防毒	ぼうどく
수량	数量	すうりょう	방비	防備	ぼうび
수양	修養	しゅうよう	방안	方案	ほうあん
수정	水晶	すいしょう	상관	相関	そうかん
승리	勝利	しょうり	상상	想像	そうぞう
시장	市長	しちょう	시행	施行	しこう
양력	陽暦	ようれき	신앙	信仰	しんこう
양로	養老	ようろう	왕국	王国	おうこく
양민	良民	りょうみん	위장	偽装	ぎそう
영토	領土	りょうど	이상	理想	りそう

| 장례 | 葬礼 | そうれい | | 항의 | 抗議 | こうぎ |

B. 합성어 "영, 엉, 앵 등"의 えい ei 발음변환

가정	家庭	かてい		성분	成分	せいぶん
가정	家政	かせい		성악	声楽	せいがく
감성	感性	かんせい		신경	神経	しんけい
강성	強盛	きょうせい		신병	新兵	しんぺい
경도	経度	けいど		연맹	連盟	れんめい
경영	経営	けいえい		영구	永久	えいきゅう
고정	固定	こてい		운명	運命	うんめい
국정	国政	こくせい		원생	原生	げんせい
생리	生理	せいり		음성	音声	おんせい
생명	生命	せいめい		전경	全景	ぜんけい
성과	成果	せいか		진정	鎮静	ちんせい
성년	成年	せいねん				

C. 합성어 "업, 엉"의 えい ei, おう o-, いょう iyo 발음변환

간섭	干渉	かんしょう		인성	人性	じんせい
간첩	間諜	かんちょう		정권	政権	せいけん
법규	法規	ほうき		정론	正論	せいろん
법치	法治	ほうち		정리	整理	せいり
심성	心性	しんせい		천성	天性	てんせい
야성	野性	やせい		특성	特性	とくせい

D. 합성어 "사, 자"의 じ[し] si, ji しゃ[じゃ] sya, jya 발음변환

한국어 "사", "자"의 경우, 대부분 じ[し] si, ji しゃ sya, 발음 중의 하나로 변환된다. (예외로는 邪(사) jya(じゃ) 등이 있다.)

국사	国事	こくじ		인사	人事	じんじ
국사	国史	こくし		자각	自覚	じかく
군사	軍事	ぐんじ		자격	資格	しかく
민사	民事	みんじ		자만	自慢	じまん
사각	四角	しかく		자문	諮問	しもん
사건	事件	じけん		자신	自身	じしん
사관	士官	しかん		자연	自然	しぜん
사기	史記	しき		자유	自由	じゆう
사례	謝礼	しゃれい		자존	自尊	じそん
시간	時間	じかん		천사	天使	てんし
시기	時期	じき		토사	吐瀉	としゃ
시사	時事	じじ		투자	投資	とうし
원자	原子	げんし				

4-2-5 복합적인 변환 단어들

앞 4-2-1 ~ 4-2-4.에서 학습한 변환 방법들을 조합해 보면 아래에서와 같이 여러 복합적인 변환을 갖는 일본어 발음들이 가능하게 된다.

변화	変化	へんか		상책	上策	じょうさく
병력	兵力	へいりょく		상쾌	爽快	そうかい
비밀	秘密	ひみつ		상호	相互	そうご
비참	悲惨	ひさん		생물	生物	せいぶつ
비판	批判	ひはん		생사	生死	せいし
사치	奢侈	しゃし		생활	生活	せいかつ
사형	死刑	しけい		성모	聖母	せいぼ
산물	産物	さんぶつ		성실	誠実	せいじつ
살충	殺虫	さっちゅう		성혼	成婚	せいこん
살해	殺害	さつがい		손해	損害	そんがい

숭배	崇拝	すうはい	절호	絶好	ぜっこう
승패	勝敗	しょうはい	정변	政変	せいへん
시찰	視察	しさつ	정부	政府	せいふ
식물	植物	しょくぶつ	정상	正常	せいじょう
실망	失望	しつぼう	정통	正統	せいとう
실습	実習	じっしゅう	중급	中級	ちゅうきゅう
실제	実際	じっさい	중량	重量	じゅうりょう
실천	実践	じっせん	중화	中華	ちゅうか
실행	実行	じっこう	참화	惨禍	さんか
심혈	心血	しんけつ	천자	千字	せんじ
애모	愛慕	あいぼ	청력	聴力	ちょうりょく
애정	愛情	あいじょう	청명	清明	せいめい
양보	譲歩	じょうほ	총량	総量	そうりょう
양성	陽性	ようせい	축복	祝福	しゅくふく
열대	熱帯	ねったい	출발	出発	しゅっぱつ
열량	熱量	ねつりょう	태양	太陽	たいよう
영사	領事	りょうじ	태자	太子	たいし
영해	領海	りょうかい	파괴	破壊	はかい
영혼	霊魂	れいこん	판결	判決	はんけつ
운행	運行	うんこう	평생	平生	へいぜい
일체	一体	いったい	평안	平安	へいあん
자궁	子宮	しきゅう	표결	表決	ひょうけつ
자동	自動	じどう	표현	表現	ひょうげん
자본	資本	しほん	품질	品質	ひんしつ
자부	自負	じふ	품행	品行	ひんこう
자살	自殺	じさつ	풍류	風流	ふうりゅう
재발	再発	さいはつ	풍상	風霜	ふうそう
재범	再犯	さいはん	하급	下級	かきゅう
재생	再生	さいせい	하마	河馬	かば
절대	絶対	ぜったい	학비	学費	がくひ

학술	学術	がくじゅつ		행복	幸福	こうふく
학습	学習	がくしゅう		협동	協同	きょうどう
합창	合唱	がっしょう		화복	禍福	かふく
항해	航海	こうかい		활력	活力	かつりょく
해결	解決	かいけつ		회복	回復	かいふく
해방	解放	かいほう		회춘	回春	かいしゅん
해체	解体	かいたい		후배	後輩	こうはい
행동	行動	こうどう		흥분	興奮	こうふん

4-3 주요 기본 변환 법칙들

앞에서도 논의 한 대로 양국 간의 발음의 흐름을 좀 더 감각적으로 익히기 위하여 양국의 유사한 발음을 중심으로 흔히 일어나는 변환들을 필자 주관대로 선별하고 그 빈도수를 고려해서 나열하여 보면 중요한 변환특징들이 있음을 알 수 있다. 이 곳에 제시한 중요한 발음 변환들을 유심히 관찰함으로서 5장에서 전개되는 변환법칙들을 더욱 쉽게 이해할 수 있게 되고 결국은 이 책의 학습목표를 충분히 달성할 수 있게 되리라 믿는다.

이 곳에서는 양국 단어들의 관련성을 좀 더 이해하기 위하여 유사한 변화를 갖는 단어들을 알아보고 이어서 구체적인 변환규칙들을 제시하였다. 한국어의 다양한 발음들이 때로는 단순한 발음들로 축소되므로 그 변환들을 잘 숙지하면 쉽게 그 관련성을 찾을 수 있다.

그러나 결국 구체적인 발음변환은 모든 한자 하나 하나의 발음을 일일이 외울 수 밖에 없지만 그 변환을 잘 의식하고 단어들을 꾸준히 접하다 보면 양국 간의 단어 발음 습득이 매우 쉽게 학습이 된다.

이곳에서는 전반적인 변환 법칙을 모든 표현 가능한 한글 발음 순서대로 정리하여 알아 본다.

A. 첫 자음(초성). 주요 변환 중심

A-1 ㄴ ▶ なn, (だd)　難民(なんみん), 内部(ないぶ), 農民(のうみん), 努力(どりょく)

A-2 ㅁ ▶ ばb, まm　万里(ばんり), 美観(びかん), 文学(ぶんがく), 無力(むりょく), 民心(みんしん)

A-3 ㅂ ▶ はh, (ばb)　反乱(はんらん), 半島(はんとう), 犯人(はんにん), 発音(はつおん), 備考(びこう)

A-7 ㅅ, ㅈ ▶ さs, ざj (구분이 어려움)

A-10 ㅊ ▶ さs　参加(さんか), 親近(しんきん), 侵犯(しんぱん), 側面(そくめん), 衝撃(しょうげき)

A-13 ㅍ ▶ はh, は(p)　判断(はんだん), 標語(ひょうご), 皮膚(ひふ), 破片(はへん)

A-14 ㅎ ▶ かk, がg　韓国(かんこく), 漢字(かんじ), 夏期(かき), 学力(がくりょく)

B. 모음(중성)

B-1 아 ▶ あ, ((が, じ, や등))　가(家):か, 다(多):た, 마(魔):ま, 타(他):た, 아(雅):が 사(邪):じゃ

B-2 애 ▶ あい　개(開):かい, 내(内):ない, 대(大):だい, 재(財):ざい, 애(愛):あい

B-3 야 ▶ や　야(夜):や, 야(野):や, 야(冶):や

B-4 어 ▶ いよ, お　거(巨):きょ, 서(序):じょ, 어(漁):ぎょ, 처(處):しょ, 어(語):ご

B-5 에 ▶ え, えい, あい　세(世):せ, 세(税):ぜい, 제(提):てい, 제(制):せい, 체(體):たい

B-6 여 ▶ よ, じょ, りょ, えい　여(與):よ, 여(女):じょ, 여(旅):りょ, 려(麗):れい

B-7 예 ▶ あい, よ, れい, げい　계(械):かい, 예(豫):よ, 예(藝):げい, 례(禮):れい, 폐(廢):はい

B-8 오 ▶ お, よう　초(超):ちょう, 고(古):こ, 소(少):しょう, 토(土):ど, 조(調):ちょう

B-9 와 ▶ あ　과(科):か, 와(渦):か, 좌(左):さ, 화(火):か

B-10 외 ▶ あい, げ　괴(怪):かい, 외(外):がい, 회(会):かい, 최(最):さい

B-11 왜 ▶ わい, あつ　왜(歪):わい, 쇄(刷)さつ, 쾌(快)かい

B-12 요 ▶ よう, おう　교(教):きょう, 교(交):こう, 표(表):ひょう, 효(効):こう, 요(要):よう

B-13 우 ▶ う, ゆ, おう　부(夫):ふ, 무(貿):ぼう, 구(救):きゅう, 우(牛):ぎゅう, 후(後):こう

B-14 위 ▶ い, き, ぎ　귀(歸):き, 위(委):い, 위(危):き, 위(偽):ぎ

B-15 유 ▶ ゆう, りゅう, い   유(留):りゅう, 유(游):ゆう, 규(規):き, 유(遺):い
B-16 의 ▶ い, ぎ   의(医):い, 의(議):ぎ, 희(希):き
B-17 이 ▶ り, い   이(離):り, 기(記):き, 이(移):い, 비(費):ひ

C. 받침(종성)

C-1 ㄴ, ㅁ ▶ ん   난(南):なん, 온(温):おん, 간(肝):かん, 잠(潜):せん, 함(含):がん
C-2 ㄹ ▶ つ   결(決):けつ, 발(発):はつ, 탈(脱):だつ, 살(殺):さつ, 졸(卒):そつ
C-3 ㅇ ▶ う – (長音)   동(東):とう, 송(送):そう, 공(工):こう, 총(總):そう
C-4 ㅂ ▶ う, いゅう, – (長音)   답(踏):とう, 습(習):しゅう, 흡(吸):きゅう

몇몇 한자들은 예외적으로 그 받침에 첨삭 등이 있기도 한다.
예 – 세(洗):せん, 작(作):さ, 고(告):こく, 공(工):く, 열(涅):ね, 폭(暴):ぼう, 종(種):しゅ

D. 종합 합성어

D-1   악 ▶ あっ, あく   각(角):かく, 악(樂):らっ, 낙(落):らく, 악(悪):あく
D-2   안 ▶ あん   간(簡):かん, 단(短):たん, 만(萬):ばん, 산(産):さん, 안(安):あん
D-3   알 ▶ あつ   갈(葛):かつ, 달(達):たつ, 발(發):はつ, 살(殺):さつ, 탈(脱):だつ
D-4   암 ▶ あん   감(感):かん, 남(南):なん, 담(擔):たん, 참(參):さん, 함(艦):かん
D-5   압 ▶ おう, あっ   답(答):とう, 압(圧):あつ, 잡(雜):ざつ, 합(合):ごう
D-6   앙 ▶ おう, いよう   강(強):きょう, 상(商):しょう, 앙(仰):こう, 장(長):ちょう, 방(方):ほう
D-7   액 ▶ いゃく, あく   객(客):きゃく, 백(百):ひゃく, 백(白):はく, 맥(脈):みゃく, 책(策):さく
D-8   앵 ▶ おう, えい   갱(更):こう, 맹(盲):もう, 행(行):こう, 냉(冷):れい, 생(生):せい
D-9   약 ▶ いゃく, やく   약(約):やく, 약(薬):やく, 략(略):りゃく
D-10 양 ▶ よう, りょう, じょう, おう   양(陽):よう, 향(香):こう, 양(良):りょう, 양(讓):じょう

D-11 억 ▶ えき, おく   덕(德):とく, 석(碩):せき, 석(石):せき, 억(億):おく, 적(適):てき

D-12 언 ▶ えん, あん   건(建):けん, 선(選):せん, 번(繁):はん, 언(言):げん, 천(千):せん

D-13 얼 ▶ えつ, あつ   설(設):せつ, 절(節):せつ, 벌(罰):ばつ, 절(絶):ぜつ

D-14 엄 ▶ げん, あん, えん   검(檢):けん, 점(点):てん, 엄(嚴):げん, 범(犯):はん

D-15 업 ▶ ぎょう, えつ, おう   업(業):ぎょう, 접(接):せつ, 법(法):ほう

D-16 엉 ▶ えい, いょう   성(性):せい, 정(定):てい, 성(城):じょう, 청(清):せい

D-17 역 ▶ やく, あく, えき   역(驛):えき, 역(役):やく, 혁(革):かく, 격(格):かく

D-18 연 ▶ えん, れん, けん, ねん   연(連):れん, 연(年):ねん, 면(面):めん, 현(現):げん

D-19 열 ▶ えつ, ((ね))   멸(蔑):べつ, 결(結):けつ, 열(熱):ねつ, 혈(血):けつ, 열(涅):ね

D-20 염 ▶ えん   겸(兼):けん, 겸(謙):けん, 염(廉):れん

D-21 엽 ▶ よう   협(協):きょう, 협(狹):きょう

D-22 영 ▶ えい, れい, りょう   경(敬):けい, 영(永):えい, 영(靈):れい, 명(命):めい, 영(領):りょう

D-23 옥 ▶ おく, うく   독(獨):どく, 독(毒):どく, 목(目):もく, 복(複):ふく, 복(服):ふく

D-24 온 ▶ おん   곤(昆):こん, 논(論):ろん, 손(損):そん, 본(本):ほん

D-25 올 ▶ おつ   돌(突):とつ, 졸(卒):そつ, 골(骨):こつ

D-26 옹 ▶ おう, いょう, う   공(共):きょう, 공(空):くう, 농(農):のう, 봉(奉):ほう

D-27 왁 ▶ あく   확(確):かく, 곽(郭):かく

D-28 완 ▶ かん   관(關):かん, 관(管):かん, 완(完):かん, 환(歡):かん

D-29 왈 ▶ かつ   괄(括):かつ, 활(滑):かつ, 활(活):かつ

D-30 왕 ▶ おう   광(廣):こう, 광(光):こう, 왕(王):おう, 황(皇):こう

D-31 왹 ▶ あく   획(劃):かく

D-32 욍 ▶ おう   굉(宏):こう, 횡(橫):おう

D-33 욕 ▶ よく, いよく   욕(欲):よく, 욕(辱):じょく

D-34 용 ▶ よう, ゆう, りゅう   용(勇):ゆう, 용(用):よう, 용(容):よう, 용(龍):りゅう

D-35 욱 ▶ おく, いゆく   국(国):こく, 묵(默):もく, 죽(竹):ちく, 축(祝):しゅく

D-36 운 ▶ うん, いゆん   훈(訓):くん, 순(順):じゅん, 군(軍):ぐん, 문(文):ぶん

D-37 울 ▶ うつ, いゆつ   굴(屈):くつ, 울(蔚):うつ, 출(出):しゅつ, cf. 불(不):ふ

D-38 움 ▶ いん   품(品):ひん

D-39 웅 ▶ ゆう, いゆう, う   웅(雄):ゆう, 중(中):ちゅう, 풍(風):ふう, 충(充):じゅう

D-40 원 ▶ げん, がん, えん   원(援):えん, 원(原):げん, 원(元):がん, 권(權):けん
D-41 월 ▶ げつ, えつ   월(月):げつ, 월(越):えつ
D-42 위 ▶ い, いゆ   위(委):い, 위(胃):い, 귀(貴):き, 위(危):き, 취(取):しゅ
D-43 육 ▶ ろく, りく, にく, いく   육(六):ろく, 육(陸):りく, 육(肉):にく, 육(育):いく
D-44 윤 ▶ りん, いん   윤(倫):りん, 균(均):きん, 균(菌):きん
D-45 율 ▶ りつ   율(律):りつ, 율(率):りつ, 율(慄):りつ
D-46 융 ▶ ゆう   융(融):ゆう
D-47 윽 ▶ いよく, おく, えき   극(極):きょく, 극(克):こく, 측(測):そく, 극(劇):げき
D-48 은 ▶ おん, ぎん, きん   근(近):きん, 은(恩):おん, 은(銀):ぎん, 흔(痕):こん
D-49 음 ▶ おん, いん   음(陰):いん, 음(音):おん, 금(金):きん
D-50 읍 ▶ いゆう, ゆう   급(急):きゅう, 흡(吸):きゅう, 읍(邑):ゆう
D-51 응 ▶ おう, いよう   응(應):おう, 흥(興):こう, 승(勝):しょう, 증(證):しょう, 능(能):のう
D-52 의 ▶ い   의(意):い, 의(疑):ぎ, 희(希):き
D-53 익 ▶ いよく, えき   식(植):しょく, 식(食):しょく, 직(直):ちょく, 익(益):えき
D-54 인 ▶ いん   민(民):みん, 진(真):しん, 인(人):じん, 인(認):にん
D-55 일 ▶ いつ   실(失):しつ, 밀(密):みつ, 질(質):しつ, 일(一):いっ
D-56 임 ▶ いん   침(侵):しん, 심(心):しん, 심(審):しん, 임(任):にん
D-57 입 ▶ いつ, いゆう   입(立):りつ, 집(集):しゅう, 집(執):しつ, 입(入):にゅう
D-58 잉 ▶ いよう, よ   빙(憑):ひょう, 징(懲):ちょう, 잉(剩):じょう, 칭(秤):しょう

5

한국어-일본어 한자 단어 변환
(중국어 및 베트남어 변환 포함)

5 한국어-일본어 한자 단어 변환
(중국어 및 베트남어 변환 포함)

여태까지 논의한 내용들을 토대로 한국어 한자 단어 중심의 한-일본어 단어변환들을, 한글 중심의 동일 발음을 갖는 한자별로 나누어서 아래와 같이 작성하였다. 그리고 이들 관계에 대한 이해를 돕기 위하여 간단한 예문 단어 문장들을 제시하였다. 이러한 단어들의 경우에는 일본 입장에서 보면 때로는 좀 무리한 경우도 있고 같은 글자라도 국가에 따라 그 사용 의미가 조금 다를 때도 있지만 여기서는 그 점을 상세히 논의하지 않았다.

또한 발음변환이 거의 유사하게 일어나는 경우와 복잡한 첫 자음 변환인 경우에는 그 과정을 생략하였다.

아울러 중국어와 베트남어에서 거의 유사한 의미로 쓰이는 한자를 이곳에 제시하였고 그 발음변환 방법들을 제시하였다. 이러한 한국어 발음의 한글 자모 및 합성어 들로부터 3개 국어로 변하는 과정은 2장에서 자세히 설명하였기에, 그 표기 방법(기호)에 관해서는 일일이 설명하지 않겠으며, 조금만 살펴보면 그 의미를 쉽게 이해할 수 있다.

몇 가지 예를 들면 다음과 같다.

1. ㊊s, ㊍h는 첫자음 ㅊ, ㅍ이 각각 s, h로 발음이 되며
2. 애:ai는 모음 "애" 가 "ai" 로 바뀜을 의미한다.
3. ㊃ts는 한글ㄹ이 일본어에서는 그 발음이 ts로 바뀌고,
4. ㊃..은 ㄹ이 중국어에서는 없어짐을 나타낸다.

이러한 4개국 간의 발음변환 방법들은 필자 중심의 주관적인 요소가 많기에 때로는 조금 무리한 경우도 있고 때로는 깊은 학문적 배경을 가지고 있지도 않다.

이러한 한-일 발음변환들을 관심을 가지고 잘 학습해 나가면 양국단어의 이해는 물론 다른 국가 언어들 변환 및 언어습득에도 큰 도움이 되리라 확신한다.

가
🇯 ka, ga 🇨 jia, (ge), (ke) 🇻 gia, (ca, kha)

가계
家系
かけい

예:ei

가계도 家系図 かけいず

🇨 家系 jiāxì 家族 jiāzú 🇯j 🇻 Gia hệ 자 헤 가:gia 예:ê

가보
家宝
かほう

ㅂ:h

조상의 가보 先祖の家宝 せんぞのかほう

🇨 家宝 jiābǎo 🇯j 🇻 Gia bảo 자 바오 가:gia 오:ao

가업
家業
かぎょう

업:iyo-

가업 유지 家業維持 かぎょういじ

🇨 家业 jiāyè 🇯j ㅂ.. 🇻 Gia nghiệp 자 응이엡 가:gia 업:nghiệp

가인
家人
かじん

가인의 취미 家人の趣味 かじんのしゅみ

🇨 家人 jiārén 🇯j 🇻 Gia nhân 자 년 가:gia 안:nhân

가장
家長
かちょう

앙:iyō

가장 제도 家長制度 かちょうせいど

🇨 家长 jiāzhǎng 🇯j 🇻 Gia trưởng 자 쯔엉 가:gia 앙:ương

가정
家政
かせい

엉:ei

가정부 家政婦 かせいふ

⊕ 家政 jiāzhèng ㉠j Ⓥ Gia chánh 자 짜잉 가:gia 엉:anh

가정
家庭
かてい

엉:ei

가정 방문 家庭訪問 かていほうもん

⊕ 家庭 jiātíng ㉠j Ⓥ Gia đình 자 딘 가:gia 엉:inh

가족
家族
かぞく

가족 여행 家族旅行 かぞくりょこう

⊕ 家族 jiāzú ㉠j ㉠.. Ⓥ Gia tộc 자 똑 가:gia

가축
家畜
かちく

가축 사육 家畜の飼育 かちくのしいく

⊕ 家畜 jiāchù ㉠j ㉠.. Ⓥ Gia súc 자 숙 가:gia ㅊ:s

가풍
家風
かふう

㉳h Ⓞ-

전통적인 가풍 伝統的な家風 でんとうてきなかふう

⊕ 家风 jiāfēng ㉠j Ⓥ Gia phong 자 퐁 가:gia 웅:ong

가훈
家訓
かくん

㉮k

우리 집의 가훈 我が家の家訓 わがやのかくん

⊕ 家训 jiāxùn ㉠j ㉮x Ⓥ Gia huấn 자 후언 가:gia 운:uân

가곡
歌曲
かきょく

가곡 대회 歌曲大会 かきょくたいかい

⊕ 歌曲 gēqǔ ㉠.. Ⓥ Ca khúc 까 쿡 가:ca 옥:uc

가극
歌劇
かげき

가극 감상 歌劇鑑賞 かげきかんしょう

- 中 歌剧 gējù ㉠j ㉠j.. V Ca kịch 까 끽 가:ca 억:ich

가무
歌舞
かぶ
うたまい

㉠b, (훈독)

가무 음곡 歌舞音曲 かぶおんきょく

- 中 歌舞 gēwǔ ㉠w V Ca vũ 까부 가:ca ㅁ:v

가수
歌手
かしゅ

유명 가수 有名歌手 ゆうめいかしゅ

- 中 歌手 gēshǒu V Ca sĩ 까 시 가:ca 우:i

가요
歌謠
かよう

가요 대상 歌謠大賞 かようたいしょう

- 中 歌谣 gēyáo V Ca dao 까 자오 가:ca 요:dao

가격
價格
かかく

가격 상승 価格上昇 かかくじょうしょう

- 中 价格 jiàgé ㉠j ㉠.. V Giá cả 자 가 가:gia ㄱ(예외)

가치
價値
かち

가치 기준 価値基準 かちきじゅん

- 中 价值 jiàzhí ㉠j V Giá trị 자 찌 가:gia

가공
加工
かこう

◎-

가공 식품 加工食品 かこうしょくひん

- 中 加工 jiāgōng ㉠j V Gia công 자 꽁 가:gia

64

가능
可能
かのう

◎-
가능성 可能性 かのうせい

[中] 能 kěnéng [V] Khả năng 카 낭 가:ca 응:ang

간

[日] kan, gan [中] jian, gan [V] gian, (can, gan)

간단
簡単
かんたん

간단한 방법 簡単な方法 かんたんなほうほう

[中] 简单 jiǎndān ㉠j [V] giản đơn 잔 던 간:gian 안:ơn

간략
簡略
かんりゃく

간략화 簡略化 かんりゃくか

[中] 简略 jiǎnlüè) jiǎnlüè) ㉠j ㉠..
[V] giản lược 잔 르억 간:gian 약:ươc

간편
簡便
かんべん

간편 식품 簡便食品 かんべんしょくひん

[中] 简便 jiǎnbiàn ㉠j [V] giản tiện 잔 띠엔 간:gian 연:iên

간부
幹部
かんぶ

간부 회의 幹部会議 かんぶかいぎ

[中] 干部 gànbù [V] cán bộ 깐 보 우:o

간섭
干渉
かんしょう

업:iyo-
내정 간섭 内政干渉 ないせいかんしょう

[中] 干涉 gānshè ㉥.. [V] can thiệp 깐 티엡 업:iêp

간염
肝炎
かんえん

만성 간염 慢性肝炎 まんせいかんえん

🀄 肝炎 gānyán　🇻 viêm gan 비엠 간　염:iêm

간첩
間諜
かんちょう

업:iyo-

간첩 활동 間諜活動 かんちょうかつどう

🀄 间谍 jiàndié ㉠j ㉮..　🇻 gián điệp 잔 디엡　간:gian 업:iêp

감   🇰 kam, gam　🀄 gan, jian　🇻 cam, giam

감각
感覚
かんかく

감각 기관 感覚器官 かんかくきかん

🀄 感觉 gǎnjué ㉠j ㉮..　🇻 cảm giác 깜 작　ㄱ:gi 악:ac

감격
感激
かんげき

감격한 목소리 感激の声 かんげきのこえ

🀄 感激 gǎnjī ㉠j ㉮..　🇻 cảm kích 깜 끽　역:ich

감동
感動
かんどう

◎-

감동적 순간 感動的瞬間 かんどうてきしゅんかん

🀄 感动 gǎndòng　🇻 cảm động 깜 동

감사
感謝
かんしゃ

사:sya

감사장 感謝状 かんしゃじょう

🀄 感谢 gǎnxiè　🇻 cảm tạ, cảm ơn 깜 따, 깜 언

감상
感想
かんそう

앙ː ō
독서 감상문 読書感想文 どくしょかんそうぶん

🌐 感想 gǎnxiǎng　🅥 cảm tưởng 깜 뜨엉　앙ː ương

감성
感性
かんせい

엉ː ei
풍부한 감성 豊かな感性 ゆたかなかんせい

🌐 感性 gǎnxìng　🅥 cảm tính 깜 띤　엉ː inh

감응
感応
かんのう

◎-
감응도 분석 感応度分析 かんのうどぶんせき

🌐 感应 gǎnyìng　🅥 cảm ứng 깜 응

감정
感情
かんじょう

엉ː iyō
감정 표현 感情表現 かんじょうひょうげん

🌐 感情 gǎnqíng　🅥 cảm tình 깜 띤　엉ː inh

감촉
感触
かんしょく

ㅊs
감촉 발달 感触発達 かんしょくはったつ

🌐 感触 gǎnchù ㉠..　🅥 cảm xúc 깜 숙　ㅊː s 옥ː uc

감탄
感嘆
かんたん

감탄사 感嘆詞 かんたんし

🌐 感叹 gǎntàn　🅥 cảm thán 깜 탄

감금
監禁
かんきん

감금 사건 監禁事件 かんきんじけん

🌐 监禁 jiānjìn ㉠j ㉠j　🅥 giam cầm 잠 껌　감ː giam 음ː âm

감독
監督
かんとく

현장 감독 現場監督 げんばかんとく

- ㊥ 監督 jiāndū ㊐j ㊀.. ㊉ giám đốc 잠 독 감:giám

감시
監視
かんし

감시 효과 監視効果 かんしこうか

- ㊥ 監視 jiānshì ㊐j ㊉ giám thị 잠 티 감:giám

감옥
監獄
かんごく

감옥 생활 監獄生活 かんごくせいかつ

- ㊥ 監獄 jiānyù ㊐j ㊀.. ㊉ giám ngục 잠 응욱 감:giám 옥:ực

감찰
監察
かんさつ

㊊s ㊋ts

행정 감찰 行政監察 ぎょうせいかんさつ

- ㊥ 監察 jiānchá ㊐j ㊀.. ㊉ giám sát 잠 삿 감:giám ㅊ:s 알:at

강

㊐ kiyo- (ko-, go-) ㊥ qiang, ㊉ cuong

강국
強国
きょうこく

양:iyō

군사 강국 軍事強国 ぐんじきょうこく

- ㊥ 強国 qiángguó ㊐.. ㊉ cường quốc 끄엉 꾸억 양:ương 욱:uôc

강권
強権
きょうけん

양:iyō

강권 주의 強権主義 きょうけんしゅぎ

- ㊥ 強权 qiángquán ㊉ cường quyền 끄엉 꾸엔 양:ương 원:uyên

강도
強盗
ごうとう

앙:ō
은행 강도 銀行強盗 ぎんこうごうとう
- 强盗 qiángdào
- cường độ 끄엉 도 앙:ương

강력
強力
きょうりょく

앙:iyō
강력 접착제 強力接着剤 きょうりょくせっちゃくざい
- 强力 qiánglì
- cường lực 끄엉 륵 앙:ương 역:ực

강박
強迫
きょうはく

앙:iyō ㅂh
강박 관념 強迫観念 きょうはくかんねん
- 强迫 qiǎngpò
- cưỡng bách 끄엉 바익으 앙:ương 악:ach

강병
強兵
きょうへい

앙:iyō ㅂh 영:ei
부국 강병 富国強兵 ふこくきょうへい
- 强兵 qiángbīng
- cường binh 끄엉 빈 앙:ương 영:inh

강성
強盛
きょうせい

앙:ō 엉:ei
강성 대국 強盛大国 きょうせいたいこく
- 强盛 qiángshèng
- cường thịnh 끄엉 틴 앙:ương 영:inh

강제
強制
きょうせい

앙:iyō 에:ei
강제 종료 強制終了 きょうせいしゅうりょう
- 强制 qiángzhì
- cưỡng chế 끄엉 쩨 앙:ương

강탈
強奪
ごうだつ

앙:ō ㄹts
현금 강탈 現金強奪 げんきんごうだつ
- 强夺 qiángduó
- cưỡng đoạt 끄엉 도앗 앙:ương 알:oat ㄹ:t

5 한국어–일본어 한자 단어 변환

강령
綱領
こうりょう

앙:ō 영:iyō

윤리 강령 倫理綱領 りんりこうりょう

- 🀄 纲领 gānglǐng　🇻 cương lĩnh 끄엉 린 앙:ương 영:inh

개

🇯 kai, gai　🀄 gai,　🇻 khai

개간
開墾
かいこん

애:ai

개간 사업 開墾事業 かいこんじぎょう

- 🀄 开垦 kāikěn 애:ai　🇻 khai khẩn 카이 컨 애:ai 안:ân

개강
開講
かいこう

애:ai 앙:o-

개강 첫날 開講初日 かいこうしょにち

- 🀄 开讲 kāijiǎng 애:ai ㉠j　🇻 khai giảng 카이 장 애:ai ㄱgi

개국
開国
かいこく

애:ai

쇄국과 개국 鎖国と開国 さこくとかいこく

- 🀄 开国 kāiguó 애:ai ㉠..　🇻 khai quốc 카이 꾸억 애:ai 욱:uôc

개막
開幕
かいまく

애:ai

개막 시합 開幕試合 かいまくじあい

- 🀄 开幕 kāimù 애:ai ㉠..　🇻 khai mạc 카이 막 애:ai

개발
開発
かいはつ

애:ai ㊽h ㉡ts

미개발 기술 未開発技術 みかいはつぎじゅつ

- 🀄 开发 kāifā 애:ai ㊽f ㉢..　🇻 khai phát 카이 탁 애:ai ㅂ:ph ㄹ:t

개방
開放
かいほう

애ː ai ㅂh 앙ːo-
문화 개방 文化開放 ぶんかかいほう

🀄 开放 kāifàng 애ːai ㅂf Ⓥ khai phóng 카이 퐁 애ːai ㅂːph 앙ːong

개업
開業
かいぎょう

애ː ai ㅂ-
독립 개업 独立開業 どくりつかいぎょう

🀄 开业 kāiyè 애ːai ㅂː.. Ⓥ khai nghiệp 카이 응이엡 애ːai 업ːiêp

개장
開場
かいじょう

애ː ai 앙ː iyō
개장 시간 開場時間 かいじょうじかん

🀄 开场 kāichǎng 애ːai Ⓥ khai trường 카이 쯔엉 애ːai 앙ːương

개전
開戰
かいせん

애ː ai
개전 선포 開戰宣布 かいせんせんぷ

🀄 开战 kāizhàn 애ːai Ⓥ khai chiến 카이 지엔 애ːai 언ːiên

개점
開店
かいてん

애ː ai
개점 작업 開店作業 かいてんさぎょう

🀄 开店 kāidiàn 애ːai Ⓥ khai trương 카이 쯔엉 애ːai 엄ːương

개통
開通
かいつう

애ː ai ⊙-
전화 개통 電話開通 でんわかいつう

🀄 开通 kāitōng 애ːai Ⓥ khai thông 카이 통 애ːai

개화
開花
かいか

애ː ai ㅎk
개화 선언 開花宣言 かんかせんげん

🀄 开花 儿 kāihuā 애ːai Ⓥ khai hóa 카이 화 애ːai

개관
概観
がいかん

애:ai

개관도 概観図 がいかんず

🀄 概观 gàiguān 애:ai　🇻 khái quan 카이 꽌 애:ai

개념
概念
がいねん

애:ai

고정 개념 固定概念 こていがいねん

🀄 概念 gàiniàn 애:ai　🇻 khái niệm 카이 니엠 염:iêm

개설
概説
がいせつ

애:ai ㄹts

역사 개설 歷史概説 れきしがいせつ

🀄 概述 gàishù 애:ai ㉠..　🇻 khái thuyết 카이 투이엣 애:ai 얼:uyêt ㄹ:t

개략
概略
がいりゃく

애:ai

개략 설명 概略説明 がいりゃくせつめい

🀄 概略 gàilüè がいよう 애:ai　🇻 khái lược 카이 르억 애:ai 약:ược

개성
個性
こせい

애(예외) 엉:ei

개성파 배우 個性派俳優 こせいははいゆう

🀄 个性 gèxìng　🇻 cá tính 까 띤 엉:inh

개인
個人
こじん

애(예외)

개인 재산 個人財産 こじんざいさん

🀄 个人 gèrén　🇻 cá nhân 까 년 안:nhân

개선
改善
かいぜん

애:ai

문제 개선 問題改善 もんだいかいぜん

🀄 改善 gǎishàn 애:ǎi　🇻 cải thiện 까이 티엔 애:ai 언:iên

객
🇯🇵 kiyaku, giyaku 🇨🇳 ke 🇻🇳 khach

객관
客觀
きゃっかん

액:yaku

객관적 판단 客観的判断 きゃっかんてきはんだん

🇨🇳 客观 kèguān ㉠.. 🇻🇳 khách quan 카익 꽌 애:ach

객체
客体
きゃくたい

액:yaku **애:**ai

국가의 객체 国家の客体 こっかのきゃくたい

🇨🇳 客体 kètǐ ㉠.. 🇻🇳 khách thể 카익 테 애:ach

갱
🇯🇵 ko- 🇨🇳 gen 🇻🇳 canh

갱신
更新
こうしん

앵:o-

면허 갱신 免許更新 めんきょこうしん

🇨🇳 更新 gēngxīn 🇻🇳 canh tân 까잉 떤 앵:anh 안:ân

거
🇯🇵 kiyo 🇨🇳 ju 🇻🇳 cu

거절
拒絶
きょぜつ

얼:ets

거부 반응 拒絶反応 きょぜつはんのう

🇨🇳 拒绝 jùjué ㉠j ㉢.. 🇻🇳 cự tuyệt 끄 뚜옛 얼:uyệt

5 한국어–일본어 한자 단어 변환

거점
拠点
きょてん

군사 거점 軍事拠点 ぐんじきょてん

[中] 据点 jùdiǎn [ㄱ]j [V] cứ điểm 끄 디엠 어:ư 엄:iêm

거주
居住
きょじゅう

거주 지원 居住支援 きょじゅうしえん

[中] 居住 jūzhù [ㄱ]j [V] cư trú 끄 주 어:ư

거행
挙行
きょこう

[ㅎ]k 앵:o-

식전 거행 式典挙行 しきてんきょこう

[中] 举行 jǔxíng [ㄱ]j [ㅎ]x [V] cử hành 끄 하잉 어:ư 앵:anh

건

[日] ken [中] jian [V] kien

건설
建設
けんせつ

[ㄹ]ts

국가 건설 国家建設 こっかけんせつ

[中] 建设 jiànshè [ㄱ]j [ㄹ]x [V] kiến thiết 끼엔 티엣 언:iên 얼:iêt

건의
建議
けんぎ

건의서 建議書 けんぎしょ

[中] 建议 jiànyì [ㄱ]j [V] kiến nghị 끼엔 응이 언:iên 의:nghi

건축
建築
けんちく

전통 건축물 伝統建築物 でんとうけんちくぶつ

[中] 建筑 jiànzhù [ㄱ]j [ㄱ].. [V] kiến trúc 끼엔 죽 언:iên

검

[日] ken [中] jian [V] kiem

검도
剣道
けんどう

검도 초단 剣道初段 けんどうしょだん

[中] 剑道 jiàndào [ㄱ]j [V] kiếm đạo 끼엠 다오 엄:iêm 오:ao

검술
剣術
けんじゅつ

[ㄹ]ts

검술 훈련 剣術訓練 けんじゅつくんれん

[中] 剑术 jiànshù [ㄱ]j [ㄹ].. [V] kiếm thuật 끼엠 투엇 엄:iêm 울:uât

검역
検疫
けんえき

검역 검사 検疫検査 けんえきけんさ

[中] 检疫 jiǎnyì [ㄱ]j [ㄱ].. [V] kiểm dịch 끼엠 직 엄:iêm

검열
検閲
けんえつ

[ㄹ]ts

검열 기관 検閲機関 けんえつきかん

[中] 检阅 jiǎnyuè [ㄱ]j [ㄹ].. [V] kiểm duyệt 끼엠 주이엣 엄:iêm 열:uyêt

검증
検証
けんしょう

응:iyo-

검증 결과 検証結果 けんしょうけっか

[中] 验证 yànzhèng [ㄱ]y(예외) /////////// [V] kiểm chứng 끼엠 증 엄:iêm

검찰
検察
けんさつ

[ㅊ]s [ㄹ]ts

검찰 조직 検察組織 けんさつそしき

[中] 检察 jiǎnchá [ㄱ]j [ㄹ].. [V] kiểm sát 끼엠 삿 엄:iêm ㅊ:s ㄹ:t

검토
検討
けんとう

검토 기간 檢討期間 けんとうきかん

🀄 检讨 jiǎntǎo ㋙j 🇻 kiểm thảo 끼엠 타오 엄:iêm 오:ao

격

🇯 kaku 🀄 ji 🇻 khich, cach

격려
激励
げきれい

격려상 激励賞 げきれいしょう

🀄 激励 jīlì ㋙j㋐.. 🇻 khích lệ 킥 레 역:ich 여:ê

격리
隔離
かくり

긴급 격리 緊急隔離 きんきゅうかくり

🀄 隔离 gélí ㋐.. 🇻 cách ly 까익 리 역:ach

격언
格言
かくげん

명언·격언 名言·格言 めいげん・かくげん

🀄 格言 géyán ㋐.. 🇻 cách ngôn 까익 응온 역:ach 언:ngôn

견

🇯 ken 🀄 jian 🇻 kien

견고
堅固
けんご

견고한 기초 堅固な基礎 けんごなきそ

🀄 坚固 jiāngù ㋙j 🇻 kiên cố 끼엔 꼬 연:iên

결   ⓙ kets ⓒ jie, jue ⓥ ket, quyet

결과
結果
けっか

ⓚts

결과 보고 結果報告 けっかほうこく

ⓒ 結果 jiéguǒ ⓙ.. ⓥ kết quả 껫 꽈 열:êt

결국
結局
けっきょく

ⓚts

결국, 단념 結局、斷念 けっきょく、だんねん

ⓒ 結局 jiéjú ⓙ.. ⓙ.. ⓥ kết cục 껫 꾹 열:êt

결론
結論
けつろん

ⓚts

서론과 결론 序論と結論 じょろんとけつろん

ⓒ 结论 jiélùn ⓙ.. ⓥ kết luận 껫 루언 열:êt 온:uân

결합
結合
けつごう

ⓚts ⓗg 압:o-

결합 조직 結合組織 けつごうそしき

ⓒ 結合 jiéhé ⓙ.. ⓥ kết hợp 껫 헙 열:êt 압:ợp

결혼
結婚
けっこん

ⓚts ⓗk

국제 결혼 國際結婚 こくさいけっこん

ⓒ 結婚 jiéhūn ⓙ.. ⓥ kết hôn 껫 혼 열:êt

결단
決斷
けつだん

ⓚts

결단력 決斷力 けつだんりょく

ⓒ 決断 juéduàn ⓙ.. ⓥ quyết đoán 꾸이엣 도안 열:uyêt 안:oan

5 한국어-일본어 한자 단어 변환

결심
決心
けっしん

[ㄹ]ts
굳은 결심 堅い決心 かたいけっしん

[中] 决心 juéxīn [ㄱ]j [ㄹ].. [V] quyết tâm 꾸이엣 떰 열:uyêt 임:âm

결정
決定
けってい

[ㄹ]ts 엉:ei
결정권 決定権 けっていけん

[中] 决定 juédìng [ㄱ]j [ㄹ].. [V] quyết định 꾸이엣 딩 열:uyêt 엉:inh

겸

[日] ken [中] qian, jian [V] khiem

겸손
謙遜
けんそん

겸손한 마음 謙遜の気持ち けんそんのきもち

[中] 谦逊 qiānxùn [V] khiêm tốn 키엠 똔 염:iêm

겸양
謙譲
けんじょう

양:iyo-
겸양어 謙譲語 けんじょうご

[中] 谦让 qiānràng [V] khiêm nhường 키엠 느영 염:iêm 양:nhương

겸임
兼任
けんにん

겸임강사 兼任講師 けんにんこうし

[中] 兼任 jiānrèn [ㄱ]j [V] kiêm nhiệm 끼엠 느옘 염:iêm 임:nhiêm

겸직
兼職
けんしょく

익:iyoku
겸직 발령 兼職発令 けんしょくはつれい

[中] 兼职 jiānzhí [ㄱ]j [ㄱ].. [V] kiêm chức 끼엠 즉 염:iêm 익:ưc

경   ⓙ kei, (ko-, kyo-) ⓒ jing ⓥ kinh, canh

경도
経度
けいど

영:ei

경도와 위도 経度と緯度 けいどといど

ⓒ 经度 jīngdù ⓙj ⓥ kinh độ 낑 도 영:inh

경비
経費
けいひ

영:ei ⓑh

경비 조사 経費調査 けいひちょうさ

ⓒ 经费 jīngfèi ⓙj ⓑf ⓥ kinh phí 낑 피 영:inh ㅂ:ph

경영
経営
けいえい

영:ei 영:ei

경영 방침 経営方針 けいえいほうしん

ⓒ 经营 jīngyíng ⓙj ⓥ kinh doanh 낑 조안잉 영:inh 영:oanh

경제
経済
けいざい

영:ei 제:ai

경제 대국 経済大国 けいざいたいこく

ⓒ 经济 jīngjì ⓙj ⓥ kinh tế 낑 떼 영:inh

경고
警告
けいこく

영:ei 고:koku(예외)

경고 발령 警告発令 けいこくはつれい

ⓒ 警告 jǐnggào ⓙj ⓥ cảnh cáo 까잉 까오 영:anh

경찰
警察
けいさつ

영:ei ㅊs ㄹts

경찰 본부 警察本部 けいさつほんぶ

ⓒ 警察 jǐngchá ⓙj ⓐ.. ⓥ cảnh sát 까잉 쌋 영:anh ㅊ:s ㄹ:t

경작
耕作
こうさく

영:o-

경작 포기지 耕作放棄地 こうさくほうきち

⊕ 耕作 gēngzuò ㋡.. Ⓥ canh tác 까잉 딱 영:anh

경쟁
競争
きょうそう

영:iyo- 앵:o-

경쟁 사회 競争社会 きょうそうしゃかい

⊕ 竞争 jìngzhēng ㋡j Ⓥ cạnh tranh 까잉 짜잉 영:anh 앵:(anh)

계

㈰ kei ⊕ ji Ⓥ ke

계획
計画
けいかく

계:ei ㉠k 왹:aku

설계 계획 設計計画 せっけいけいかく

⊕ 计划 jìhuà ㋡j.. Ⓥ kế hoạch 께 화익 예:ê 왹:oach

계모
継母
けいぼ

㉫b

계모 관계 継母関係 けいぼかんけい

⊕ 继母 jìmǔ ㋡j Ⓥ kế mẫu 께 마우 예:ê 오:âu

고

㈰ ko, (go) ⊕ gu, (gao,kao,ku) Ⓥ co, cao

고궁
故宮
こきゅう

㉢-

고궁 박물관 故宮博物館 こきゅうはくぶつかん

⊕ 故宫 gùgōng こきゅう Ⓥ cố cung 꼬 꿍

고대
古代
こだい

애ːai

고대 사회 古代社会 こだいしゃかい

⊕ 古代 gǔdài 애ːai　Ⓥ cổ đại 꼬 다이 애ːai

고도
古都
こと

고도 교토 古都京都 こときょうと

⊕ 古都 gǔdū　Ⓥ cổ đô 꼬 도

고목
古木
こぼく

ⓂC b

수령100년의 고목 樹齢100年の古木 じゅれい100ねんのこぼく

⊕ 古木 gǔmù ⓒ..　Ⓥ cổ mộc 꼬 목

고물
古物
こぶつ

ⓂC b　ⓁC ts

고물상 허가 古物商許可 こぶつしょうきょか

⊕ 古物 gǔwù Ⓜw ⓁC..　Ⓥ cổ vật 꼬 벗　ⓂːV 울ːat

고어
古語
こご

고어 사전 古語辞典 こごじてん

⊕ 古语 gǔyǔ　Ⓥ cổ ngữ 꼬 응으　어ːngư

고전
古典
こてん

고전 음악 古典音楽 こてんおんがく

⊕ 古典 gǔdiǎn　Ⓥ cổ điển 꼬 디엔　연ːiên

고급
高級
こうきゅう

읍ːyu-

고급 주택지 高級住宅地 こうきゅうじゅうたくち

⊕ 高级 gāojí ⓙj ⒷC..　Ⓥ cao cấp 까오 껍　오ːao 읍ːâp

고원
高原
こうげん

고원 지대 高原地帯 こうげんちたい

㊥ 高原 gāoyuán　Ⓥ cao nguyên 까오 응우옌　오:ao 원:nguyên

고혈압
高血圧
こうけつあつ

ⓗk ㄹts 압:ats

고혈압 증상 高血圧症状 こうけつあつしょうじょう

㊥ 高血圧 gāoxuèyā　ⓗx ㄹ.. ⓗ..　Ⓥ cao huyết áp　오:ao 열:uyêt

고국
故国
ここく

고국 방문 故国訪問 ここくほうもん

㊥ 故国 gùguó　ⓘx　Ⓥ cố quốc 꼬 꾸억　국:uôc

고의
故意
こい

고의 과실 故意過失 こいかしつ

㊥ 故意 gùyì　Ⓥ cố ý 꼬 이

고인
故人
こじん

고인의 유지 故人の遺志 こじんのいし

㊥ 故人 gùrén　Ⓥ cổ nhân 꼬 년　인:nhân

고고학
考古学
こうこがく

ⓗg

고고학 연구 考古学研究 こうこがくけんきゅう

㊥ 考古学 kǎogǔxué　ⓗx ⓘ..　Ⓥ khảo cổ học　오:매 악:oc

고난
苦難
くなん

고난의 연속 苦難の連続 くなんのれんぞく

㊥ 苦难 kǔnàn　Ⓥ khổ nạn 코난

고립
孤立
こりつ

입ts(예외)

고립 무원 孤立無援 こりつむえん

🀄 孤立 gūlì ㉠.. 🇻 cô lập 꼬럽 입:âp

고무
鼓舞
こぶ

㉠b

고무 격려 鼓舞激励 こぶげきれい

🀄 鼓舞 gǔwǔ ㉠w 🇻 cổ vũ 꼬부 ㉠:v

고정
固定
こてい

엉:ei

고정 관념 固定観念 こていかんねん

🀄 固定 gùdìng 🇻 cố định 꼬 딩 엉:inh

곤

🇯 kon 🀄 kun 🇻 con

곤충
昆虫
こんちゅう

㉠-

곤충 채집 昆虫採集 こんちゅうさいしゅう

🀄 昆虫 kūnchóng 🇻 côn trùng 꼰 쭝

공

🇯 kyo-, ko- 🀄 kong, gong
🇻 cong, (khong,k(h)ung)

공개
公開
こうかい

㉠- 애:ai

공개 첫날 公開初日 こうかいしょにち

🀄 公开 gōngkāi 애:ai 🇻 công khai 꽁 카이 애:ai

공공
公共
こうきょう

◎- 옹:iyo-

공공 기관 公共機関 こうきょうきかん

⊕ 公共 gōnggòng　Ⓥ công cộng 꽁꽁

공무
公務
こうむ

◎-

공무 집행 公務執行 こうむしっこう

⊕ 公务 gōngwù ⓤw　Ⓥ công vụ 꽁 부 ロ:v

공문
公文
こうぶん

◎- Ⓑb

국가 공문 国家公文 こっかこうぶん

⊕ 公文 gōngwén ⓤw　Ⓥ công văn 꽁 반　ロ:v 운:ăn

공민
公民
こうみん

◎-

공민관 公民館 こうみんかん

⊕ 公民 gōngmín　Ⓥ công dân 꽁 전　안:ân

공보
公報
こうほう

◎- Ⓑh

선거 공보 選挙公報 せんきょこうほう

⊕ 公报 gōngbào　Ⓥ công bố 꽁보

공식
公式
こうしき

◎-

공식 발표 公式発表 こうしきはっぴょう

⊕ 公式 gōngshì ◎..　Ⓥ công thức 꽁 특　악:ức

공용
公用
こうよう

◎- ◎-

공용 청구 公用請求 こうようせいきゅう

⊕ 公用 gōngyòng　Ⓥ công dụng 꽁 중　용:ung

공원
公園
こうえん

[ㅇ]-

국립 공원 国立公園 こくりつこうえん

[中] 公园 gōngyuán [V] công viên 꽁 비엔 원:iên

공익
公益
こうえき

[ㅇ]-

공익 사회 公益社会 こうえきしゃかい

[中] 公益 gōngyì [ㄱ].. [V] công ích 꽁 익

공인
公認
こうにん

[ㅇ]-

공인 회계사 公認会計士 こうにんかいけいし

[中] 公认 gōngrèn [V] công nhận 꽁 년 인:nhân

공자
公子
こうし

[ㅇ]- **자:**si

귀족 공자 貴族の公子 きぞくのこうし

[中] 公子 gōngzǐ 자:zǐ [V] công tử 꽁 뜨 자:tử

공중
公衆
こうしゅう

[ㅇ]- [ㅇ]-

공중 위생 公衆衛生 こうしゅうえいせい

[中] 公众 gōngzhòng [V] công chúng 꽁 중

공평
公平
こうへい

[ㅇ]- [ㅍ]h **영:**ei

공평한 판결 公平な判決 こうへいなはんけつ

[中] 公平 gōngpíng [V] công bằng 꽁 방 영:ăng

공구
工具
こうぐ

[ㅇ]-

공구함 工具箱 こうぐばこ

[中] 工具 gōngjù [ㄱ]j [V] công cụ 꽁 꾸

공상
工商
こうしょう

◎- 앙:iyo-
공상 회의소 工商会議所 こうしょうかいぎしょ
- 中 工商 gōngshāng   Ⓥ công thương 꽁 트엉   앙:ương

공업
工業
こうぎょう

◎- 업:iyo-
공업 발전 工業の発展 こうぎょうのはってん
- 中 工业 gōngyè   Ⓥ công nghiệp 꽁 응이엡   업:nghiệp

공장
工場
こうじょう

◎- 앙:iyo-
공장 관리 工場管理 こうじょうかんり
- 中 工场 gōngchǎng   Ⓥ công xưởng 꽁 쓰엉   앙:ương

공감
共感
きょうかん

옹:iyo-
공감 개념 共感概念 きょうかんがいねん
- 中 共感 gònggǎn   Ⓥ cộng cảm 꽁 깜

공동
共同
きょうどう

옹:iyo- ◎-
공동 생활 共同生活 きょうどうせいかつ
- 中 共同 gòngtóng   Ⓥ cộng đồng 꽁 동

공산
共産
きょうさん

옹:iyo-
공산주의 共産主義 きょうさんしゅぎ
- 中 共产 gòngchǎn   Ⓥ cộng sản 꽁 싼

공생
共生
きょうせい

옹:iyo- 앵:ei
공생 조건 共生条件 きょうせいじょうけん
- 中 共生 gòngshēng   Ⓥ cộng sinh 꽁 씽   앵:inh

공연
共演
きょうえん

옹:iyo-
공연 작품 共演作品 きょうえんさくひん

⊕ 演出 yǎnchū　Ⓥ công diễn 꽁 지엔　연:iên

공화
共和
きょうわ

옹:iyo- **화:**wa**(예외)**
공화제 국가 共和制国家 きょうわせいこっか

⊕ 共和 gònghé　Ⓥ cộng hòa 꽁 화

공간
空間
くうかん

◎-
시간과 공간 時間と空間 じかんとくうかん

⊕ 空间 kōngjiān　Ⓥ không gian 콩 잔　ㄱ:gi

공군
空軍
くうぐん

◎-
공군 전략 空軍戦略 くうぐんせんりゃく

⊕ 空军 kōngjūn ㉠j　Ⓥ không quân 콩 꾸언　운:uân

공기
空気
くうき

◎-
공기 감염 空気感染 くうきかんせん

⊕ 空气 kōngqì　Ⓥ không khí 콩 키

공중
空中
くうちゅう

◎- ◎-
공중 분해 空中分解 くうちゅうぶんかい

⊕ 空中 kōngzhōng　Ⓥ không trung 콩 쭝

공격
攻撃
こうげき

◎-
공격 정신 攻撃精神 こうげきせいしん

⊕ 攻击 gōngjī ㉠j ◎..　Ⓥ công kích 꽁 끽　역:ich

공신
功臣
こうしん

◎-

개국 공신 開国功臣 かいこくこうしん

㊥ 功臣 gōngchén Ⓥ công thần 꽁 턴 안:ân

공납
貢納
こうのう

◎- 압:o-

공납 체제 貢納体制 こうのうたいせい

㊥ 底贡 dǐgòng ㋭.. Ⓥ cống nạp 꽁 납

공헌
貢献
こうけん

옹:o- ㋭k

사회 공헌 社会貢献 しゃかいこうけん

㊥ 贡献 gòngxiàn ㋭x Ⓥ cống hiến 꼰 히엔 언:iên

공급
供給
きょうきゅう

옹:iyo- 읍:iyu-

식품 공급 食品供給 しょくひんきょうきゅう

㊥ 供给 gōngjǐ ㋱j ㋭.. Ⓥ cung cấp 꽁 끕 옹:ung 읍:âp

공자
孔子
こうし

옹:o- 자:si

공자의 유교 孔子の儒教 こうしのじゅきょう

㊥ 孔子 Kǒngzǐ 자:zǐ Ⓥ Khổng Tử 콩 뜨 자:tư

공황
恐慌
きょうこう

옹:iyo- ㋭k 왕:o-

경제 공황 経済恐慌 けいざいきょうこう

㊥ 恐慌 kǒnghuāng Ⓥ khủng hoảng 쿵 황 옹:ung

과 　　🗾 ka, (ga)　🇨🇳 guo, gua　🇻🇳 qua, khoa

과감
果敢
かかん

과감한 결정 果敢な決定 かかんなけってい

🇨🇳 果敢 guǒgǎn　🇻🇳 quả cảm 꽈 깜

과거
科挙
かきょ

과거 제도 科挙制度 かきょせいど

🇨🇳 科举 kējǔ ㉠j　🇻🇳 khoa cử 콰 끄 어:u

과학
科学
かがく

ㅎg

과학 기술 科学技術 かがくぎじゅつ

🇨🇳 科学 kēxué ㉠x ㄱ..　🇻🇳 khoa học 콰 헉 악:oc

과거
過去
かこ

과거와 현재 過去と現在 かことげんざい

🇨🇳 过去 guòqù　🇻🇳 quá khứ 꽈 크 어:ư

과정
過程
かてい

엉:ei

생산 과정 生産過程 せいさんかてい

🇨🇳 过程 guòchéng　🇻🇳 quá trình 꽈 징 엉:inh

과부
寡婦
かふ

ㅂh

과부 생활 寡婦生活 かふせいかつ

🇨🇳 寡妇 guǎfù ㉠f　🇻🇳 quả phụ 꽈 푸 ㅂ:ph

관

[日] kan [中] guan [V] quan

관념
観念
かんねん

경제 관념 経済観念 けいざいかんねん

[中] 观念 guānniàn [V] quan niệm 꽌 니엠 염:iêm

관점
観点
かんてん

객관적 관점 客観的な観点 きゃっかんてきなかんてん

[中] 观点 guāndiǎn [V] quan điểm 꽌 디엠 염:iêm

관중
観衆
かんしゅう

[ㅇ]-

관중의 반응 観衆の反応 かんしゅうのはんのう

[中] 观众 guānzhòng [V] quần chúng 꿘 중 완:uân

관찰
観察
かんさつ

[ㅊ]s [ㄹ]ts

관찰 일기 観察日記 かんさつにっき

[中] 观察 guānchá [ㄹ].. [V] quan sát 꽌 쌋 ㅊ:s ㄹ:t

관계
関係
かんけい

관계 개선 関係改善 かんけいかいぜん

[中] 关系 guānxi [ㄱ]x(예외) [V] quan hệ 꽌 헤

관심
関心
かんしん

관심 분야 関心分野 かんしんぶんや

[中] 关心 guānxīn [V] quan tâm 꽌 떰 임:âm

관리
管理
かんり

관리 상태 管理狀態 かんりじょうたい

- 🀄 管理 guǎnlǐ　🇻 quản lý 관 리

관직
官職
かんしょく

익:yoku

행정 관직 行政官職 ぎょうせいかんしょく

- 🀄 官职 guānzhí ㉠..　🇻 quan chức 꽌 쯕　익:ức

광

🇯 ko-　🀄 guang　🇻 quang

광고
広告
こうこく

왕:ō 고:koku(예외)

간접 광고 間接広告 かんせつこうこく

- 🀄 广告 guǎnggào　🇻 quảng cáo 꽝 까오　오:ao

광대
広大
こうだい

왕:ō 애:ai

광대한 평원 広大な平原 こうだいなへんげん

- 🀄 广大 guǎngdà 애:ɑi　🇻 quảng đại 꽝 다이 애:ai

광장
広場
ひろば

광:hiro(훈독) 장:ba(훈독)

역전 광장 駅前広場 えきまえひろば

- 🀄 广场 guǎngchǎng　🇻 quảng trường 꽝 즈엉 양:ương

광산
鉱山
こうざん

왕:ō

광산 개발 鉱山開発 こうざんかいはつ

- 🀄 矿场 kuàngchǎng //////////////　🇻 khoáng sản 쾅 싼

교 　　　　🇯 kiyo-, ko-　🇨 jiao　🇻 giao

교구
教具
きょうぐ

교구 관리 教具管理 きょうぐかんり

🇨 教具 jiàojù　🇯 j　🇻 giáo cụ 자오 꾸　🇰:giáo

교수
教授
きょうじゅ

명예 교수 名誉教授 めいよきょうじゅ

🇨 教授 jiàoshòu　🇯 j　🇻 giáo sư 자오 쓰　🇰:giáo 우:ư

교원
教員
きょういん

교원 면허 教員免許 きょういんめんきょ

🇨 教员 jiàoyuán　🇯 j　🇻 giáo viên 자오 비엔　🇰:giáo 원:iên

교육
教育
きょういく

의무 교육 義務教育 ぎむきょういく

🇨 教育 jiàoyù　🇯 j..　🇻 giáo dục 자오 죽　🇰:giáo 육:dục

교류
交流
こうりゅう

국제 교류 国際交流 こくさいこうりゅう

🇨 交流 jiāoliú　🇯 j　🇻 giao lưu 자오 류　🇰:giao 유:ưu

교통
交通
こうつう

◎-

교통 안전 交通安全 こうつうあんぜん

🇨 交通 jiāotōng　🇯 j　🇻 giao thông 자오 통　🇰:giao

구   🇯 kiyu-, ku 🇨 jiu, (qu) 🇻 cuu, (khu)

구원
救援
きゅうえん

구원 물자 救援物資 きゅうえんぶっし

🇨 救援 jiùyuán ⓙj 🇻 cứu viện 뀨 비엔 원:ien

구제
救済
きゅうさい

에:ai

구제 조치 救済措置 きゅうさいそち

🇨 救済 jiùjì ⓙj 🇻 cứu tế 뀨 떼

구조
救助
きゅうじょ

구조 활동 救助活動 きゅうじょかつどう

🇨 救助 jiùzhù ⓙj 🇻 cứu trợ 뀨 쩌 오:ơ

구호
救護
きゅうご

ⓗg

구호 시설 救護施設 きゅうごしせつ

🇨 救护 jiùhù ⓙj 🇻 cứu hộ 뀨 호

구역
区域
くいき

도시 계획 구역 都市計画区域 としけいかくくいき

🇨 区域 qūyù ⓙ.. 🇻 khu vực 쿠 븍 역:ực

국 🗾 kok(u) 🇨🇳 guo 🇻🇳 quoc

국가
国歌
こっか

국가 제창 国歌斉唱 こっかせいしょう

🇨🇳 国歌 guógē ㉠.. 🇻🇳 quốc ca 꾸억 까 욱:uôc

국기
国旗
こっき

국기 게양 国旗掲揚 こっきけいしょう

🇨🇳 国旗 guóqí ㉠.. 🇻🇳 quốc kỳ 꾸억 끼 욱:uôc

국난
国難
こくなん

국난 극복 国難克服 こくなんこくふく

🇨🇳 国难 guónàn ㉠.. 🇻🇳 quốc nạn 꾸억 난 욱:uôc

국내
国内
こくない

애:ai

국내 사정 国内事情 こくないじじょう

🇨🇳 国内 guónèi ㉠.. 애:ei 🇻🇳 quốc nội 꾸억 노이 욱:uôc 애:ôi

국무
国務
こくむ

국무 대신 国務大臣 こくむだいじん

🇨🇳 国务 guówù ㉠.. ㉤w 🇻🇳 quốc vụ 꾸억 부 욱:uoc ㅁ:v

국문
国文
こくぶん

ⓜb

국문학 연구 国文学研究 こくぶんがくけんきゅう

🇨🇳 国文 guówén ㉠.. ㉤w 🇻🇳 quốc văn 꾸억 반 욱:uôc ㅁ:v

국민
国民
こくみん

국민 생활 国民生活 こくみんせいかつ

- 国民 guómín ㉠.. Ⓥ quốc dân 꾸억 전 욱:uôc 인:ân

국방
国防
こくぼう

앙:ō

자주 국방 自主国防 じしゅこくぼう

- 国防 guófáng ㉠.Ⓕf Ⓥ quốc phòng 꾸억 퐁 욱:uôc ㅂ:ph

국사
国史
こくし

사:si

국사 편찬 国史編纂 こくしへんさん

- 国史 guóshǐ ㉠.. 사:shǐ Ⓥ quốc sử 꾸억 쓰 욱:uôc 사:sử

국사
国事
こくじ

사:ji

국사 결정 国事決定 こくじけってい

- 国事 guóshì ㉠.. 사:shì Ⓥ quốc sự 꾸억 쓰 욱:uoc 사:sự

국어
国語
こくご

국어사전 国語辞典 こくごじてん

- 国语 guóyǔ ㉠.. Ⓥ quốc ngữ 꾸억 응으 욱:uôc 어:ư

국영
国営
こくえい

영:ei

국영 기업 国営企業 こくえいきぎょう

- 国营 guóyíng ㉠.. Ⓥ quốc doanh 꾸억 조아잉 욱:uôc 영:oanh

국위
国威
こくい

국위 선양 国威宣揚 こくいせんよう

- 国威 guówēi ㉠.. Ⓥ quốc uy 꾸억 위 욱:uôc

국적 国籍 こくせき	국적 불명 国籍不明 こくせきふめい ⊕ 国籍 guójí ⓙ.. ⓙ　Ⓥ quốc tịch 꾸억 띡　욱:uôc 억:ich	

국정 国政 こくせい	엉:ei 국정 선거 国政選挙 こくせいせんきょ ⊕ 国政 guózhèng ⓙ..　Ⓥ quốc chính 꾸억 징　욱:uôc 엉:inh	

국제 国際 こくさい	에:ai 국제 정세 国際情勢 こくさいじょうせい ⊕ 国际 guójì ⓙ..　Ⓥ quốc tế 꾸억 떼　욱:uôc	

국책 国策 こくさく	㊁s 액:aku 국책 영화 国策映画 こくさくえいが ⊕ 国策 guócè ⓙ.. ⓙ..　Ⓥ quốc sách 꾸억 싸익　욱:uôc 액:ach	

국토 国土 こくど	국토 개발 国土開発 こくどかいはつ ⊕ 国土 guótǔ ⓙ..　Ⓥ quốc thổ 꾸억 토　욱:uôc	

국화 国花 こっか	㊍k 일본 국화 日本の国花 にほんのこっか ⊕ 国花 guóhuā ⓙ..　Ⓥ quốc hoa 꾸억 화　욱:uôc	

국회 国会 こっかい	㊍k 외:ai 국회 의원 国会議員 こっかいぎいん ⊕ 国会 guóhuì ⓙ.. 외:ui　Ⓥ quốc hội 꾸억 호이　욱:uôc 외:ội	

군   ㊐ gun, kun ㊥ jun Ⓥ quan

군대
軍隊
ぐんたい

애:ai
군대 생활 軍隊生活 ぐんたいせいかつ
  ㊥ 军队 jūnduì ㊐j 애:uì Ⓥ quân đội 꽌 도이 운:uân 애:ôi

군법
軍法
ぐんぽう

㊗p(h) 업:o-
군법 회의 軍法会議 ぐんぽうかいぎ
  ㊥ 军法 jūnfǎ ㊐j ㊗f ㊐.. Ⓥ quân pháp 꽌 팝 운:uân ㅂ:ph 업:ap

군복
軍服
ぐんぷく

㊗p(h)
군복 제조 軍服製造 ぐんぷくせいぞう
  ㊥ 军服 jūnfú ㊐j ㊗f ㊐.. Ⓥ quân phục 꽌 푹 운:uân ㅂ:ph 옥:uc

군비
軍備
ぐんび

군비 증강 軍備増強 ぐんびぞうきょう
  ㊥ 军备 jūnbèi ㊐j Ⓥ quân bị 꽌 비 운:uân

군사
軍事
ぐんじ

사:ji
군사 산업 軍事産業 ぐんじさんぎょう
  ㊥ 军事 jūnshì ㊐j 사:shi Ⓥ quân sự 꽌 쓰 운:uân 사:sự

군주
君主
くんしゅ

군주제 君主制 くんしゅせい
  ㊥ 君主 jūnzhǔ ㊐j Ⓥ quân chủ 꽌 주 운:uân

궁 　　　🇯 kiu- 🇨 gong 🇻 cung

궁전
宮殿
きゅうでん

◎-

궁전 건축 宮殿建築 きゅうでんけんちく

🇨 宮殿 gōngdiàn 🇻 cung điện 꿍 디엔 얭:ien

권 　　　🇯 ken 🇨 quan 🇻 quyen

권력
権力
けんりょく

절대 권력 絶対権力 ぜったいけんりょく

🇨 权力 quánlì ㉠.. 🇻 quyền lực 꾸이엔 륵 원:uyên 역:ực

권리
権利
けんり

권리 주장 権利主張 けんりしゅちょう

🇨 权利 quánlì 🇻 quyền lợi 꾸이엔 러이 원:uyên 이:ơi

권위
権威
けんい

권위 의식 権威意識 けんいいしき

🇨 权威 quánwēi 🇻 quyền uy 꾸이엔 위 원:uyên

귀   日 ki   中 gui   V quy

귀인
貴人
きじん

귀인의 품격 貴人の品格 きじんのひんかく

中 貴人 guìrén   V quý nhân 퀴 년 연:nhân

귀족
貴族
きぞく

귀족 생활 貴族生活 きぞくせいかつ

中 贵族 guìzú ㉠..   V quý tộc 퀴 똑

귀납
帰納
きのう

압:ō

귀납윤리학 帰納倫理学 きのうりんりがく

中 归纳 guīnà ㉡..   V quy nạp 퀴 납

규   日 ki   中 gui   V quy

규모
規模
きぼ

ㅁb

경제 규모 経済規模 けいざいきぼ

中 規模 guīmó   V quy mô 퀴 모

규율
規律
きりつ

ㄹts

규율 엄수 規律厳守 きりつげんしゅ

中 规律 guīlǜ ㉠..   V quy luật 퀴 루엇 율:uât

규정	엉:ei
規定	규정 타석수 規定打席数 きていだせきすう
きてい	🀄 规定 guīdìng 🇻 quy định 뀌 딩 엉:inh

규제	에:ei
規制	교통 규제 交通規制 こうつうきせい
きせい	🀄 规制 guīzhì 🇻 quy chế 뀌 제

규칙	ㅊs
規則	경기 규칙 競技規則 きょうぎきそく
きそく	🀄 规则 guīzé ㄊ.. 🇻 quy tắc 뀌 딱 악:ac

극

🇯 kiyoku, koku 🀄 ke 🇻 cực, (khac)

극단	극단화 極端化 きょくたんか
極端	🀄 极端 jíduān ㄊj.. 🇻 cực đoan 끅 도안 안:oan
きょくたん	

극도	극도의 긴장 極度の緊張 きょくどのきんちょう
極度	🀄 极度 jídù ㄊ.. 🇻 cực độ 끅 도
きょくど	

극락	지옥과 극락 地獄と極楽 じごくとごくらく
極楽	🀄 极乐 jílè ㄊ.. ㄊ.. 🇻 cực lạc 끅 락
ごくらく	

극력
極力
きょくりょく

극력 반대 極力反対 きょくりょくはんたい

㊥ 极力 jílì ㊐j ㊀.. ㊀.. ⓥ cực lực 극 륵 역:ực

극우
極右
きょくう

극우 세력 極右勢力 きょくうせいりょく

㊥ 极右 jíyòu ㊐.. ⓥ cực hữu 극 휴

극복
克服
㊐:こくふく

㊗h

위기 극복 危機克服 ききこくふく

㊥ 克服 kèfú ㊐.. ㊗f ㊀.. ⓥ khắc phục 칵 푹 윽:ắc 1:ph 옥:ục

근

㊐ kin, kon ㊥ jin, gen, qin ⓥ can

근대
近代
きんだい

애:ai

근대 사회 近代社会 きんだいしゃかい

㊥ 近代 jìndài ㊐j 애:ai ⓥ cận đại 껀 다이 은:ân 애:ai

근시
近視
きんし

가성근시 仮性近視 かせいきんし

㊥ 近视 jìnshi ㊐j ⓥ cận thị 껀 티 은:ân

근신
近臣
きんしん

근신 제도 近臣制度 きんしんせいど

㊥ 近臣 jìnchén ㊐j ⓥ cận thần 껀 턴 은:ân 인:ân

근거
根拠
こんきょ

법적 근거 法的根拠 ほうてきこんきょ

- 中 根据 gēnjù ㉠j
- V căn cứ 깐끄 은:ân 어:u

근본
根本
こんぽん

ⓑp(h)

근본주의 根本主義 こんぽんしゅぎ

- 中 根本 gēnběn
- V căn bản 깐반 은:ân 온:an

근면
勤勉
きんべん

ⓜb

근면한 학생 勤勉な学生 きんべんながくせい

- 中 勤勉 qínmiǎn
- V cần mẫn 껀먼 은:ân 연:an

급

日 kiyu-   中 ji   V cap

급보
急報
きゅうほう

ⓑ- ⓑh

급보 전달 急報伝達 きゅうほうでんたつ

- 中 急报 jíbào ㉠j..
- V cấp báo 껍바오 읍:âp 오:ao

급성
急性
きゅうせい

ⓑ- 엉:ei

급성 폐렴 急性肺炎 きゅうせいはいえん

- 中 急性 jíxìng ㉠j ⓑ..
- V cấp tính 껍띵 읍:âp 엉:inh

급속
急速
きゅうそく

ⓑ-

급속 가열 急速加熱 きゅうそくかねつ

- 中 急速 jísù ㉠j..㉠..
- V cấp tốc 껍똑 읍:âp

기 🇯 ki 🇨 qi, ji 🇻 khi, ky

기권
気圏
きけん

대기권 大気圏 たいきけん

🇨 气圈 qìquān 🇻 khí quyển 키 꾸이엔 원:uyên

기압
気圧
きあつ

압:ats(예외)
기압 상태 気圧状態 きあつじょうたい

🇨 气压 qìyā ⓗ.. 🇻 khí áp 키 압

기후
気候
きこう

ⓗk
기후 조건 気候条件 きこうじょうけん

🇨 气候 qìhòu 🇻 khí hậu 키 허우 우:âu

기념
記念
きねん

기념 행사 記念行事 きねんぎょうじ

🇨 纪念 jìniàn ⓙj 🇻 kỳ niệm 끼 니엠 염:iêm

기록
記録
きろく

신기록 달성 新記録達成 しんきろくたっせい

🇨 纪录 jìlù ⓙj.. 🇻 kỷ lục 끼 룩 옥:uc

기자
記者
きしゃ

자:sya
편집 기자 編集記者 へんしゅうきしゃ

🇨 记者 jìzhě ⓙj 🇻 ký giả 끼 쟈 자:gia

5 한국어-일본어 한자 단어 변환 103

기능
技能
ぎのう

◎-

기능 대회 技能大会 ぎのうたいかい

㊥ 技能 jìnéng ㊐j Ⓥ kỹ năng 끼냥 응:ăng

기술
技術
ぎじゅつ

㉣ts

기술 관리 技術管理 ぎじゅつかんり

㊥ 技术 jìshù ㊐j ㉣.. Ⓥ kỹ thuật 끼 투엇 울:uât

기관
気管
きかん

기관지 気管支 きかんし

㊥ 气管 qìguǎn Ⓥ khí quản 키 꽌

기병
騎兵
きへい

㊗h 영:ei

기병대 騎兵隊 きへいたい

㊥ 骑兵 qíbīng Ⓥ kỵ binh 끼 빙 영:inh

기숙사
寄宿舍
きしゅくしゃ

사:sya

기숙사 생활 寄宿舍生活 きしゅくしゃせいかつ

㊥ 寄宿舍 jìsùshè ㊐j ㉣.. Ⓥ ký túc xá 끼 뚝 사 사:(xa)

긴

㊐ in ㊥ jin Ⓥ an

긴급
緊急
きんきゅう

㊗-

긴급 속보 緊急速報 きんきゅうそくほう

㊥ 紧急 jǐnjí ㊐j ㊐j ㊗.. Ⓥ khẩn cấp 컨 끕 안:ân 읍:âp

ㄴ

낙

[日] raku [中] luo [V] lac

낙관
楽観
らっかん

낙관 주의 楽観主義 らっかんしゅぎ

[中] 乐观 lèguān [ㄱ].. [V] lạc quan 락 꽌

낙후
落後
らくご

[ㅎ]g

낙후자 落後者 らくごしゃ

[中] 落后 luòhòu [ㄱ].. [V] lạc hậu 락 허우 우:âu

난

[日] nan [中] nan [V] nan

난민
難民
なんみん

난민 지원 難民支援 なんみんしえん

[中] 难民 nànmín [V] nạn dân 난 전 인:ân

남

🇯 nan, lan, (dan)　🇨 nan, lan　🇻 nam, lam

남극
南極
なんきょく

남극대륙 南極大陸 なんきょくたいりく

🇨 南极 nánjí　🇻 Nam Cực 남 끅

남북
南北
なんぼく

🇯 b(h)

남북 통일 南北統一 なんぼくとういつ

🇨 南北 nánběi　🇻 nam bắc 남 빡 욱:ăc

남녀
男女
だんじょ

🇱 d

남녀 평등 男女平等 だんじょびょうどう

🇨 男女 nánnǚ　🇻 nam nữ 남 느 여:ư

남용
濫用
らんよう

◎-

권리 남용 權利濫用 けんりらんよう

🇨 濫用 lànyòng　🇻 lạm dụng 람 융 용:ung

낭

🇯 ro-　🇨 lang　🇻 lang

낭만
浪漫
ろまん, ろうまん

앙:o-

청춘 낭만 青春浪漫 せいしゅんろまん

🇨 浪漫 làngmàn　🇻 lãng mạn 랑 만

낭비
浪費
ろうひ

앙:o-

낭비벽 浪費癖 ろうひへき

🀄 浪费 làngfèi 애f 🇻 lãng phí 랑 피 ㅂ:ph

내 　　　　　🇯 nai 🀄 nei 🇻 noi

내각
内閣
ないかく

애:ai

내각책임제 内閣責任制 ないかくせきにんせい

🀄 内阁 nèigé 애:ei ㉠.. 🇻 nội các 노이 각 애:ôi

내과
内科
ないか

애:ai

내과 전문의 内科專門医 ないかせんもんい

🀄 内科 nèikē 애:ei 🇻 nội khoa 노이 콰 애:ôi

내규
内規
ないき

애:ai

내규 준수 内規遵守 ないきじゅんしゅ

🀄 内规 nèiguī 애:ei 🇻 nội quy 노이 퀴 애:ôi

내란
内乱
ないらん

애:ai

내란 음모 内乱陰謀 ないらんいんぼう

🀄 内乱 nèiluàn 애:ei 🇻 nội loạn 노이 로안 애:ôi

내막
内膜
ないまく

애:ai

자궁내막 子宮内膜 しきゅうないまく

🀄 内幕 nèimù 애:ei ㉠.. 🇻 nội mạc 노이 막 애:ôi

내부
内部
ないぶ

애:ai

내부 설계 内部設計 ないぶせっけい

- ㊥ 内部 nèibù 애:ei Ⓥ nội bộ 노이 보 애:ôi

내용
内容
ないよう

애:ai ◎-

내용 설명 内容説明 ないようせつめい

- ㊥ 内容 nèiróng 애:ei Ⓥ nội dung 노이 중 애:ôi

노

㊐ do, no ㊥ nu, lao Ⓥ no, lao

노동
労働
ろうどう

◎-

노동 관리 労働管理 ろうどうかんり

- ㊥ 劳动 láodong Ⓥ lao động 라오 동 오:ao

노역
労役
ろうえき

노역 시간 労役時間 ろうえきじかん

- ㊥ 劳役 láoyì ㊀.. Ⓥ lao dịch 라오 직 오:ao 역:ich

노력
努力
どりょく

Ⓛd

노력가 努力家 どりょくか

- ㊥ 努力 nǔlì ㊀.. Ⓥ nỗ lực 노 륵 역:ực

노화
老化
ろうか

㊀k

노화 현상 老化現象 ろうかげんしょう

- ㊥ 老化 lǎohuà Ⓥ lão hóa 라오 화 오:ao

논　　🇯 ron　🇨 lun　🇻 luan

논문
論文
ろんぶん

🇯 b

박사 논문 博士論文 はかせろんぶん

🇨 论文 [lùnwén]　🇯 w　🇻 luận văn 루언 반　ㅁ:v 운:an

논어
論語
ろんご

공자의 논어 孔子の論語 こうしのろんご

🇨 论语 lúnyǔ　🇻 Luận ngữ 루언 응으　온:uân 어:ngư

농　　🇯 no-　🇨 nong　🇻 nong

농림
農林
のうりん

🇯 -

농림 수산 農林水産 のうりんすいさん

🇨 农林 nónglín　🇻 nông lâm 농 럼　엄:âm

농민
農民
のうみん

🇯 -

농민 생활 農民生活 のうみんせいかつ

🇨 农民 nóngmín　🇻 nông dân 농 전　안:ân

농부
農夫
のうふ

🇯 -　🇻 h

성실한 농부 誠実な農夫 せいじつなのうふ

🇨 农夫 nóngfū　🇯 f　🇻 nông phu 농 푸　ㅂ:ph

농약
農薬
のうやく

◎-

농약 살포 農薬散布 のうやくさんぷ

🀄 农药 nóngyào ㊀.. Ⓥ nông dược 농 즈억 약:ược

농업
農業
のうぎょう

◎- 업:iyo-

농업 생산 農業生産 のうぎょうせいさん

🀄 农业 nóngyè ㊤.. Ⓥ nông nghiệp 농 응이엡 업:iệp

농장
農場
のうじょう

◎- 앙:iyo-

국영 농장 国営農場 こくえいのうじょう

🀄 农场 nóngchǎng Ⓥ nông trường 농 즈엉 앙:ương

농촌
農村
のうそん

◎- ㊅s

농촌 문제 農村問題 のうそんもんだい

🀄 农村 nóngcūn Ⓥ nông thôn 농 톤

농학
農学
のうがく

◎- ㉦g

농학 전문 農学専門 のうがくせんもん

🀄 农学 nóngxué ㊅x ㊀.. Ⓥ nông học 농 헉 약:ọc

능

㊐ no- 🀄 neng Ⓥ nang

능력
能力
のうりょく

◎-

능력 측정 能力測定 のうりょくそくてい

🀄 能力 nénglì ㊀x Ⓥ năng lực 낭 륵 응:ăng 역:ực

능률
能率
のうりつ

◎- ㄹts
능률 향상 能率向上 のうりつこうじょう

⊕ 效率 xiàolǜ ㉢.. Ⓥ năng suất 낭 쑤엇 응:ăng 율:uât

다
日 ta, (da) ⊕ duo Ⓥ da

다수
多数
たすう

다수결 多数決 たすうけつ

⊕ 多数 duōshù Ⓥ đa số 다 쏘 우:o

다양
多様
たよう

양:yo-
다양성 多用性　たようせい

⊕ 多样 duōyàng Ⓥ đa dạng 다 장

다의
多義
たぎ

다의적 해석 多義的解釈 たぎてきかいしゃく

⊕ 多义 duōyì Ⓥ đa nghĩa 다 응이아 의:nghia

다재
多才
たさい

애:ai

박학 다재 博学多才 はくがくたさい

- 🀄 多才 duōcái 애:ai　🇻 đa tài 다 따이 애:ai

단

🇯 tan, dan　🀄 dan, duan　🇻 don, doan

단독
単独
たんどく

단독 행동 単独行動 たんどくこうどう

- 🀄 単独 dāndú ㉠..　🇻 đơn độc 던 독 안:on

단순
単純
たんじゅん

단순 처리 単純処理 たんじゅんしょり

- 🀄 单纯 dānchún ㉠j　🇻 đơn thuần 던 투언 안:on 운:uân

단일
単一
たんいつ

㉢ts

단일 조건 単一条件 たんいつじょうけん

- 🀄 单一 dānyī ㉢..　🇻 đơn nhất 던 녓 안:on 일:nhât

단검
短剣
たんけん

단검 장착 短剣装着 たんけんそうちゃく

- 🀄 短剑 duǎnjiàn　🇻 đoản kiếm 도안 끼엠 안:oan 엄:iêm

단명
短命
たんめい

영:ei

단명 정권 短命政権 たんめいせいけん

- 🀄 短命 duǎnmìng　🇻 đoản mệnh 도안 멘 안:oan 영:ênh

단결
団結
だんけつ

🇰 ts

일치단결 一致団結 いっちだんけつ

🇨 团结 tuánjié ㋈j ㉡.. 🇻 đoàn kết 도안 껟 안:oan 열:ết

단체
団体
だんたい

🇰 에:ai

단체 생활 団体生活 だんたいせいかつ

🇨 团体 tuántǐ 🇻 đoàn thể 도안 테 안:oan

단교
断交
だんこう

상호 단교 相互断交 そうごだんこう

🇨 断交 duànjiāo ㋈j 🇻 đoạn giao 도안 자오 안:oan ㄱ:gi 요:ao

단절
断絶
だんぜつ

🇰 ts

관계 단절 関係断絶 かんけいだんぜつ

🇨 断绝 duànjué ㉡.. 🇻 đoạn tuyệt 도안 뚜엗 안:oan 얼:uyệt

담

🇯 dan, tan, 🇨 dan, tan 🇻 dam

담당
担当
たんとう

앙:o-

담당 구역 担当区域 たんとうくいき

🇨 担当 dāndāng 🇻 đảm đương 담 드엉 앙:ương

담임
担任
たんにん

담임 교원 担任教員 たんにんきょういん

🇨 担任 dānrèn 🇻 đảm nhiệm 담 녀임 임:nhiêm

담론
談論
だんろん

담론 전개 談論展開 だんろんてんかい

㊥ 谈论 tánlùn　Ⓥ đàm luận 담 루언　온ːuân

담판
談判
だんぱん

㊗p(h)

외교 담판 外交談判 がいこうだんぱん

㊥ 谈判 tánpàn　Ⓥ đàm phán 담판

답　　　㊐ to-, do--　㊥ da　Ⓥ dap

답안
答案
とうあん

압ːo-

답안 공개 答案公開 とうあんこうかい

㊥ 答案 dá'àn　Ⓥ đáp án 답 안

당　　　㊐ to-　㊥ dang　Ⓥ duang, dang

당시
当時
とうじ

앙ːo-

입사 당시 入社当時 にゅうしゃとうじ

㊥ 当时 dāngshí　Ⓥ đương thời 드엉 터이　앙ːương 이ːơi

당연
当然
とうぜん

앙ːo-

당연한 권리 当然の権利 とうぜんのけんり

㊥ 当然 dāngrán　Ⓥ đương nhiên 드엉 녀엔　앙ːương 연ːnhiên

당원
党員
とういん

앙:o-

사회당원 社会党員 しゃかいとういん

🀄 党员 dǎngyuán 🇻 đảng viên 당 비엔 원:iên

당파
党派
とうは

앙:o-

당파 형성 党派形成 とうはけいせい

🀄 党派 dǎngpài 🇻 đảng phái 당 파이 아:(ai)

대

🇯 tai, (dai) 🀄 da, (dui, dai) 🇻 dai, doi

대가족
大家族
だいかぞく

애:ai

대가족 주의 大家族主義 だいかぞくしゅぎ

🀄 大家族 dàjiāzú 애(예외) 🇻 đại gia đình 애:ai

대개
大概
たいがい

애:ai **애:**ai

대개의 사람 大概の人 たいがいのひと

🀄 大概 dàgài 애(예외) 애:ai 애:ai 🇻 đại khái 다이 카이 애:ai 애:ai

대국
大局
たいきょく

애:ai

대국 판단 大局判断 たいきょくはんだん

🀄 大局 dàjú 애(예외) ㉠.. 🇻 đại cục 다이 꾹 애:ai

대군
大軍
たいぐん

애:ai

대군 동원 大軍動員 たいぐんどういん

🀄 大军 dàjūn 애(예외) 🇻 đại quân 다이 꿘 애:ai 운:uân

대규모
大規模
だいきぼ

애ːai ⓜb

대규모 집회 大規模集会 だいきぼしゅうかい

㊥ 大規模 dàguīmó 애(예외) Ⓥ đại quy mô 애ːai 유ːuy

대다수
大多数
だいたすう

애ːai

대다수의 의견 大多数の意見 だいたすうのいけん

㊥ 大多数 dàduōshù 애(예외) Ⓥ đại đa số 애ːai 우ːo

대란
大乱
たいらん

애ːai

대란 발생 大乱発生 たいらんはっせい

㊥ 大乱 dàluàn 애(예외) Ⓥ đại loạn 다이 로안 애ːại 안ːoan

대량
大量
たいりょう

애ːai 양ːiyo-

대량 생산 大量生産 たいりょうせいさん

㊥ 大量 dàliàng 애(예외) Ⓥ đại lượng 다이 르엉 애ːai 양ːương

대륙
大陸
たいりく

애ːai

아시아 대륙 アジア大陸 アジアたいりく

㊥ 大陆 dàlù 애(예외) ㉠.. Ⓥ đại lục 다이 룩 애ːại 육ːuc

대사
大使
たいし

애ːai 사ːsi

친선 대사 親善大使 しんぜんたいし

㊥ 大使 dàshǐ 애(예외) 사ːshī Ⓥ đại sứ 다이 쓰 애ːại 사ːsứ

대사관
大使館
たいしかん

애ːai 사ːsi

영국 대사관 イギリス大使館 イギリスたいしかん

㊥ 大使馆 dàshǐguǎn 애(예외) 사ːshī Ⓥ đại sứ quán 애ːai 사ːsứ

대서양
大西洋
たいせいよう

애:ai 양:iyo-

대서양 횡단 大西洋横断 たいせいようおうだん

- 大西洋 Dàxīyáng 애(예외)
- Đại Tây Dương 애:ai 어:ay 양:ương

대왕
大王
だいおう

애:ai 왕:o-

염라대왕 閻魔大王 えんまだいおう

- 大王 dàwáng 애(예외)
- đại vương 다이 브엉 애:ai 왕:ương

대의
大義
たいぎ

애:ai

대의 명분 大義名分 たいぎめいぶん

- 大义 dàyì 애(예외)
- đại nghĩa 다이 응이아 애:ai 의:nghia

대전
大戦
たいせん

애:ai

세계 대전 世界大戦 せかいたいせん

- 大战 dàzhàn 애(예외)
- đại chiến 다이 찌엔 애:ai 언:iên

대학
大学
だいがく

애:ai ㅎg

국립 대학 国立大学 こくりつだいがく

- 大学 dàxué 애(예외) ㅎx ㄱ..
- đại học 다이 헉 애:ai 악:oc

대회
大会
たいかい

애:ai ㅎk 외:ai

체육 대회 体育大会 たいいくたいかい

- 大会 dàhuì 애(예외) 외:ui
- đại hội 다이 호이 애:ai 외:ôi

대립
対立
たいりつ

애:ai ㅂts

대립 관계 対立関係 たいりつかんけい

- 对立 duìlì 애:ui ㅂ..
- đối lập 도이 럽 애:ôi 입:âp

대책
対策
たいさく

애:ai ㅊs 액:aku
대책 토론 対策討論 たいさくとうろん

㊥ 対策 duìcè 애:ui ㉠.. Ⓥ đối sách 도이 싸익 애:ôi ㅊ:s 액:ach

대내
対内
たいない

애:ai 애:ai
대내 정책 対内政策 たいないせいさく

㊥ 対内 duìnèi 애:ui 애:ei Ⓥ đối nội 도이 노이 애:ôi 애:ôi

대리
代理
だいり

애:ai
대리점 代理店 だいりてん

㊥ 代理 dàilǐ 애:ai Ⓥ đại lý 다이 리 애:ai

대표
代表
だいひょう

애:ai ㅍh
국가 대표 国家代表 こっかだいひょう

㊥ 代表 dàibiǎo 애:ai ㅍ:b Ⓥ đại biểu 다이 비에우 애:ai 요:iêu

도

㊐ do- ㊥ dao Ⓥ dao

도구
道具
どうぐ

가재 도구 家財道具 かざいどうぐ

㊥ 道具 dàojù ㉠j Ⓥ đạo cụ 다오 꾸 오:ao

도덕
道徳
どうとく

도덕 의식 道徳意識 どうとくいしき

㊥ 道徳 dàodé ㉠.. Ⓥ đạo đức 다오 득 오:ao 억:ưc

독 ㊐ doku ㊥ du Ⓥ doc

독단
独断
どくだん

독단 행위 独断行為 どくだんこうい

㊥ 独断 dúduàn ㊐.. Ⓥ độc đoán 독 도안 안:oan

독립
独立
どくりつ

㊨ts

독립 국가 独立国家 どくりつこっか

㊥ 独立 dúlì ㊐x ㊨x Ⓥ độc lập 독 럽 압:âp

독신
独身
どくしん

독신 생활 独身生活 どくしんせいかつ

㊥ 独身 dúshēn ㊐.. Ⓥ độc thân 독턴 안:ân

독재
独裁
どくさい

애:ai

독재 정권 独裁政権 どくさいせいけん

㊥ 独裁 dúcái ㊐.. 애:ai Ⓥ độc tài 독 따이 애:(ai)

독성
毒性
どくせい

엉:ei

독성 검사 毒性検査 どくせいけんさ

㊥ 毒性 dúxìng ㊐.. 엉:ing Ⓥ độc tính 독 띤 엉:inh

돌   🇯 toth 🇨🇳 tu 🇻🇳 dot

돌연
突然
とつぜん

㉡ts
돌연사 突然死 とつぜんし

🇨🇳 突然 tūrán ㉡.. 🇻🇳 đột nhiên 돗 니엔 ㉡:t 연:nhiên

돌입
突入
とつにゅう

㉡ts 입:iyu-
대기권 돌입 大気圏突入 たいきけんとつにゅう

🇨🇳 突入 tūrù ㉡.. ㉡.. 🇻🇳 đột nhập 돗 넙 ㉡:t 입:nhập

돌파
突破
とっぱ

㉡ts ㊥p(h)
정면 돌파 正面突破 しょうめんとっぱ

🇨🇳 突破 tūpò ㉡.. 🇻🇳 đột phá 돗 파 올:ôt

동   🇯 do-, to- 🇨🇳 dong, tong 🇻🇳 dong

동감
同感
どうかん

㉠-
동감 표시 同感表示 どうかんひょうじ

🇨🇳 同感 tónggǎn 🇻🇳 đồng cảm 동 깜

동맹
同盟
どうめい

㉠- 앵:ei
동맹 국가 同盟国家 どうめいこっか

🇨🇳 同盟 tóngméng 🇻🇳 đồng minh 동 민 앵:inh

동의
同意
どうい

◎-

동의서 同意書 どういしょ

⊕ 同意 tóngyì　Ⓥ đồng ý 동 이　의ːy

동일
同一
どういつ

◎- ㄹts

동일 인물 同一人物 どういつじんぶつ

⊕ 同一 tóngyī ⓔ..　Ⓥ đồng nhất 동 녓　일ːnhát

동족
同族
どうぞく

◎-

동족 기업 同族企業 どうぞくきぎょう

⊕ 同族 tóngzú ⓐ..　Ⓥ đồng tộc 동 똑

동포
同胞
どうほう

◎- Ⓟh

동포 사회 同胞社会 どうほうしゃかい

⊕ 同胞 tóngbāo ⓑb　Ⓥ đồng bào 동 바오　오ːao

동궁
東宮
とうぐう

◎- ◎-

동궁 행렬 東宮行列 とうぐうぎょうれつ

⊕ 东宫 dōnggōng　Ⓥ đông cung 동 꿍

동양
東洋
とうよう

◎- 양ːyo-

동양 사상 東洋思想 とうようしそう

⊕ 东洋 Dōngyáng　Ⓥ đông dương 동 즈엉　양ːương

동맥
動脈
どうみゃく

◎- 액ːyaku

폐동맥 肺動脈 はいどうみゃく

⊕ 动脉 dòngmài ⓐːai ⓐ..　Ⓥ động mạch 동 맥

동물
動物
どうぶつ

㉠- ㉪b ㉣ts

동물원 動物園 どうぶつえん

㊥ 动物 dòngwù ㉠w ㉣x ㉰ động vật 동 벗 ㅁ:v 울:ât

동작
動作
どうさ

㉠- ㉠예외

동작 확인 動作確認 どうさかくにん

㊥ 动作 dòngzuò ㉠.. ㉰ động tác 동 딱

동태
動態
どうたい

㉠- 애:ai

동태 분석 動態分析 どうたいぶんせき

㊥ 动态 dòngtài 애:ai ㉰ động thái 동 타이 애:ai

동결
凍結
とうけつ

㉠- ㉣ts

자산 동결 資産凍結 しさんとうけつ

㊥ 冻结 dòngjié ㉠j ㉢.. ㉰ đông kết 동 껫 열:êt

동지
冬至
とうじ

㉠-

동지와 입춘 冬至と立春 とうじとりっしゅん

㊥ 冬至 dōngzhì ㉰ đông chí 동 찌

등

㊐ to- ㊥ deng ㉰ ang

등기
登記
とうき

㉠-

등기 권리 登記権利 とうきけんり

㊥ 登记 dēngjì ㉠j ㉰ đăng ký 당 끼 옹:ang

마

[日] ma, ba [中] mo, ma [V] ma

마술
魔術
まじゅつ

[ㄹ]ts

마술사 魔術師 まじゅつし

[中] 魔术 móshù [ㄹ].. [V] ma thuật 마 투엇 울:uât

마력
馬力
ばりき

[ㅁ]b

백만 마력 百万馬力 ひゃくまんばりき

[中] 马力 mǎlì [ㄱ].. [V] mã lực 마 륵 역:ưc

만

[日] ban, (man) [中] wan [V] van

만
万
まん

만 엔 一万円 いちまんえん

[中] 万 wàn [ㅁ]w [V] vạn 반 ㅁ:v

만리
万里
ばんり

만리장성 万里の長城 ばんりのちょうじょう

[中] 万里 wànlǐ [ㅁ]w [V] vạn lý 반 리 ㅁ:v

만물
万物
ばんぶつ

[ㅁ]b [ㅁ]b [ㄹ]ts
우주 만물 宇宙万物 うちゅうばんぶつ

[中] 万物 wànwù [ㅁ]w [ㅁ]w [ㄹ].. [V] vạn vật 반 벗 ㅁ:v ㅁ:v 울:ât

만사
万事
ばんじ

[ㅁ]b **사:**ji
만사 만단 万事万端 ばんじばんたん

[中] 万事 wànshì [ㅁ]w 사:shì [V] vạn sự 반 쓰 ㅁ:v 사:sự

만세
万歳
ばんざい

[ㅁ]b **에:**ai
만세 삼창 万歳三唱 ばんざいさんしょう

[中] 万岁 wànsuì [ㅁ]w [V] vạn tuế 반 뚜에 ㅁ:v 에:uê

면

[日] men [中] mian [V] mien, dien

면세
免税
めんぜい

면세점 免税店 めんぜいてん

[中] 免税 miǎnshuì 에:ui [V] miễn thuế 미엔 투에 연:iên 에:uê

면제
免除
めんじょ

전액 면제 全額免除 ぜんがくめんじょ

[中] 免除 miǎnchú [V] miễn trừ 미엔 쯔 연:iên 에:ư

면죄
免罪
めんざい

외:ai
면죄부 免罪符 めんざいふ

[中] 免罪 miǎnzuì 외:ui [V] miễn tội 미엔 또이 연:iên 외:ôi

면직
免職
めんしょく

의원 면직 議員免職 ぎいんめんしょく

🔵 免职 miǎnzhí ㉠.. 🔻 miễn chức 미엔 쯔 연:iên 악:ực

면적
面積
めんせき

입체 면적 立体面積 りったいめんせき

🔵 面积 miànjī ㉠.. 🔻 diện tích 지엔 띡 연:iên 악:ich

멸

🟩 beth 🔵 mie 🔻 miet

멸시
蔑視
べっし

㉣ts

멸시 발언 蔑視発言 べっしはつげん

🔵 蔑视 mièshì ㉢.. 🔻 miệt thị 미엣 티 열:iêt

명

🟩 mei 🔵 ming 🔻 danh, menh

명분
名分
めいぶん

영:ei

대의 명분 大義名分 たいぎめいぶん

🔵 名分 míngfèn ㉥f 🔻 danh phận 자잉 펀 영:anh ㅂ:ph 운:an

명성
名声
めいせい

영:ei 엉:ei

명성 관리 名声管理 めいせいかんり

🔵 名声 儿 míngshēng 🔻 danh tiếng 자잉 띠엥 영:anh 엉:ieng

명언
名言
めいげん

영:ei

명언집 名言集 めいげんしゅう

⊕ 名言 míngyán Ⓥ danh ngôn 자잉 응온 영:anh 언:ngôn

명의
名義
めいぎ

영:ei

명의 변경 名義変更 めいぎへんこう

⊕ 名义 míngyì Ⓥ danh nghĩa 자잉 응이아 영:anh 의:nghia

명의
名医
めいい

영:ei

명의의 진단 名医の診断 めいいのしんだん

⊕ 名医 míngyī Ⓥ danh y 자잉 이 영:anh 의:y

명인
名人
めいじん

영:ei

명인전 名人戦 めいじんせん

⊕ 名人 míngrén Ⓥ danh nhân 자잉 년 영:anh 안:nhân

명작
名作
めいさく

영:ei ㉠예외

세계 명작 世界の名作 せかいのめいさく

⊕ 名作 míngzuò ㉠.. Ⓥ danh tác 자잉 딱 영:anh

명령
命令
めいれい

영:ei 영:ei

명령 위반 命令違反 めいれいいはん

⊕ 命令 mìnglìng Ⓥ mệnh lệnh 멘 렌 영:enh 영:ênh

모   ⓙ mo, bo- ⓒ mo ⓥ mo

모방
模倣
もほう

ⓑh 앙:o-

모방 사건 模倣事件 もほうじけん

ⓒ 模仿 mófǎng ⓒf ⓥ mô phỏng 모 퐁 ㅂ:ph 앙:ong

모범
模範
もはん

ⓑh

모범 학생 模範学生 もはんがくせい

ⓒ 模范 mófàn ⓒf ⓥ mô phạm 모 팜 ㅂ:ph 엄:am

모형
模型
もけい

ⓗk 영:ei

모형 비행기 模型飛行機 もけいひこうき

ⓒ 模型 móxíng ⓗx ⓥ mô hình 모 힌 영:inh

모험
冒険
ぼうけん

ⓜb ⓗk

모험심 冒険心 ぼうけんしん

ⓒ 冒险 màoxiǎn ⓗ.. ⓥ mô hiểm 모 히엠 엄:iêm

목   ⓙ moku, boku ⓒ mu ⓥ muc

목록
目録
もくろく

식품 목록 食品目録 しょくひんもくろく

ⓒ 目录 mùlù ⓙ.. ⓙ.. ⓥ mục lục 묵룩 옥:uc

목적
目的
もくてき

목적 달성 目的達成 もくてきたっせい

㊥ 目的 mùdì ㋐.. ㋐.. Ⓥ mục đích 묵딕 억:ich

목표
目標
もくひょう

㋲h

목표 의식 目標意識 もくひょういしき

㊥ 目标 mùbiāo ㋐.. ㋲b Ⓥ mục tiêu 묵 띠에우 요:iêu

목사
牧師
ぼくし

㋲b 사ː si

목사의 기도 牧師の祈り ぼくしのいのり

㊥ 牧师 mùshī ㋐.. 사:shī Ⓥ mục sư 묵 쓰 옥:uc 사:sư

목금
木琴
もっきん

목금 연주 木琴演奏 もっきんえんそう

㊥ 木琴 mùqín ㋐.. Ⓥ mộc cầm 목 껌 음:âm

몽

㊐ mo-, mu ㊥ meng Ⓥ mong

몽롱
朦朧
もうろう

㋛- ㋛-

의식 몽롱 意識朦朧 いしきもうろう

㊥ 朦胧 ménglóng Ⓥ mông lung 몽룽 옹:ung

무 ㊐ mu, bu ㊥ wu Ⓥ vo, vu, (mau)

무량
無量
むりょう

양:yo-

감개무량 感慨無量 かんがいむりょう

㊥ 无量 wúliàng ㊎w Ⓥ vô lượng 보 르엉 ㅁ:v 양:ương

무력
無力
むりょく

무력화 無力化 むりょくか

㊥ 无力 wúlì ㊎w ㊀.. Ⓥ vô lực 보륵 ㅁ:v 역:ực

무례
無礼
ぶれい

㊍b

무례한 행동 無礼な行動 ぶれいなこうどう

㊥ 无礼 wúlǐ ㊎w Ⓥ vô lễ 보 레 ㅁ:v 우:o 예:ê

무리
無理
むり

무리난제 無理難題 むりなんだい

㊥ 无理 wúlǐ ㊎w Ⓥ vô lí 보 리 ㅁ:v 우:o

무명
無名
むめい

영:ei

무명 가수 無名歌手 むめいかしゅ

㊥ 无名 wúmíng ㊎w Ⓥ vô danh 보 자잉 ㅁ:v 우:o 영:anh

무미
無味
むみ

무미 건조 無味乾燥 むみかんそう

㊥ 无味 wúwèi ㊎w ㊎w Ⓥ vô vị 보 비 ㅁ:v 우:o ㅁ:v

무법
無法
むほう

ㅂh ㅂ-

무법 지대 無法地帯 むほうちたい

- 无法 wúfǎ　w ㅂ..　vô phép 보 펩　ㅁ:v 우:o ㅂ:ph 업:ep

무사
無事
ぶじ

ㅁb 사:ji

전원 무사 全員無事 ぜんいんぶじ

- 无事 wúshì　w 사:shi　vô sự 보 쓰　ㅁ:v 우:o 사:sự

무산
無産
むさん

무산 계급 無産階級 むさんかいきゅう

- 无产 wúchǎn　w　vô sản 보 싼　ㅁ:v 우:o

무선
無線
むせん

무선 통신 無線通信 むせんつうしん

- 无线 wúxiàn　w　vô tuyến 보 뚜엔　ㅁ:v 우:o 언:uyên

무아
無我
むが

무아몽중 無我夢中 むがむちゅう

- 无我 wúwǒ　w　vô ngã 보 응아　ㅁ:v 우:o 아:nga

무언
無言
むごん

무언극 無言劇 むごんげき

- 无言 wúyán　w　vô ngôn 보 응온　ㅁ:v 우:o 언:ngôn

무용
無用
むよう

ㅇ-

문답무용 問答無用 もんどうむよう

- 无用 wúyòng　w　vô dụng 보 중　ㅁ:v 우:o 용:dung

무의미
無意味
むいみ

무의미한 논쟁 無意味な論争 むいみなろんそう

- 🀄 无含义 wúhányì ⓦ
- 🇻 vô ý nghĩa 보 이 응이아 ▫:v 우:o 아:nghia

무의식
無意識
むいしき

무의식 세계 無意識の世界 むいしきのせかい

- 🀄 无意识 wúyì·shí ⓦ ⓐ..
- 🇻 vô ý thức 보 이 특 ▫:v 우:o 악:ức

무익
無益
むえき

유해 무익 有害無益 ゆうがいむえき

- 🀄 无益 wúyì ⓦ ⓐ..
- 🇻 vô ích 보 익 ▫:v 우:o

무자격
無資格
むしかく

자:si

무자격 채용 無資格採用 むしかくさいよう

- 🀄 无资格 wúzīgé 자:zī ⓐ..
- 🇻 vô tư cách ▫:v 우:o 자:tư 역:ach

무적
無敵
むてき

천하무적 天下無敵 てんかむてき

- 🀄 无敌 wúdí ⓦ ⓐ..
- 🇻 vô địch 보 딕 ▫:v 우:o 악:ich

무정
無情
むじょう

엉:iyo-

무정한 태도 無情な態度 むじょうなたいど

- 🀄 无情 wúqíng ⓦ
- 🇻 vô tình 보 띤 ▫:v 우:o 엉:inh

무정부
無政府
むせいふ

엉:ei Ⓗh

무정부주의 無政府主義 むせいふしゅぎ

- 🀄 无政府 wúzhèngfǔ ⓦ ⓕ
- 🇻 vô chính phủ ▫:v 우:o 엉:inh ㅂ:ph

무조건
無条件
むじょうけん

무조건 항복 無条件降伏 むじょうけんこうふく

- 中 无条件 wútiáojiàn ⓐw
- V vô điều kiện 보 디에우 끼엔 ㅁ:v 우:o 오:iêu 안:iên

무죄
無罪
むざい

외:ai

무죄 판결 無罪判決 むざいはんけつ

- 中 无罪 wúzuì ⓐw 와:ui V vô tội 보 또이 ㅁ:v 우:o 와:ôi

무질서
無秩序
むちつじょ

ㄹts

무질서한 사회 無秩序な社会 むちつじょなしゃかい

- 中 无秩序 wúzhìxù ⓐw ⓔ.. V vô trật tự 보 쩟뜨 ㅁ:v 우:o 알:at 어:ư

무책임
無責任
むせきにん

ㅊs

무책임한 태도 無責任な態度 むせきにんなたいど

- 中 没有责任 méiyǒuzérèn ⓒ..
- V vô trách nhiệm ㅁ:v 우:o 액:ach 임:iêm

무한
無限
むげん

ㅎg

무한한 가능성 無限の可能性 むげんのかのうせい

- 中 无限 wúxiàn ⓐw ⓗx V vô hạn 보 한 ㅁ:v 우:o

무해
無害
むがい

ㅎk 애:ai

무해한 음식 無害な食品 むがいなしょくひん

- 中 无害 wúhài ⓐw 애:ai V vô hại 보 하이 ㅁ:v 우:o 애:ai

무효
無効
むこう

ㅎk

무효 결정 無効決定 むこうけってい

- 中 无效 wúxiào ⓐw ⓗx V vô hiệu 보 히에우 ㅁ:v 우:o 요:iêu

무기
武器
ぶき

무기 공급 武器供給 ぶききょうきゅう

🀄 武器 wǔqì ⓜw 🅥 vũ khí 부 키 ⓥ:v

무력
武力
ぶりょく

무력 투쟁 武力闘争 ぶりょくとうそう

🀄 武力 wǔlì ⓜw ⓓ.. 🅥 vũ lực 부 륵 ⓥ:v 역:ực

무술
武術
ぶじゅつ

ⓜb ⓛts

무술 훈련 武術訓練 ぶじゅつくんれん

🀄 武术 wǔshù ⓜw ⓓ.. 🅥 võ thuật 보 투엇 ⓥ:v 우:o 울:uât

무장
武装
ぶそう

ⓜb 앙:o-

무장 세력 武装勢力 ぶそうせいりょく

🀄 武装 wǔzhuāng ⓜw 🅥 vũ trang 부 장 ⓥ:v

무곡
舞曲
ぶきょく

ⓜb

무곡 연주 舞曲演奏 ぶきょくえんそう

🀄 舞曲 wǔqǔ ⓜw ⓖ.. 🅥 vũ khúc 부 쿡 ⓥ:v 옥:uc

무대
舞台
ぶたい

ⓜb 애:ai

국제 무대 国際舞台 こくさいぶたい

🀄 舞台 wǔtái ⓜw 애:ai 🅥 vũ đài 부 다이 ⓥ:v 애:ai

무도
舞踏
ぶとう

ⓜb

가면 무도회 仮面舞踏会 かめんぶとうかい

🀄 舞蹈 wǔdǎo ⓜw 🅥 vũ đạo 부 다오 ⓥ:v 오:ao

무역
貿易
ぼうえき

[ㅁ]b
무역 적자 貿易赤字 ぼうえきあかじ

[中] 贸易 màoyì ㉠.. [V] mậu dịch 머우 직 ㅁ:v 우:au 역:ich

문

[日] bun, mon [中] wen [V] van

문명
文明
ぶんめい

[ㅁ]b 영:ei
문명 사회 文明社会 ぶんめいしゃかい

[中] 文明 wénmíng [ㅁ]w [V] văn minh 반 민 ㅁ:v 운:an 영:inh

문예
文藝
ぶんげい

[ㅁ]b
문예 작품 文藝作品 ぶんげいさくひん

[中] 文艺 wényì [ㅁ]w [V] văn nghệ 반 응에 ㅁ:v 운:an 예:ê

문학
文学
ぶんがく

[ㅁ]b [ㅎ]g
문학 잡지 文学雑誌 ぶんがくざっし

[中] 文学 wénxué [ㅁ]w [ㅎ]x ㉠.. [V] văn học 반 헉 ㅁ:v 운:an 악:oc

문화
文化
ぶんか

[ㅁ]b [ㅎ]k
문화 활동 文化活動 ぶんかかつどう

[中] 文化 wénhuà [ㅁ]w [V] văn hóa 반 화 ㅁ:v 운:an

문제
問題
もんだい

에:ai
문제 의식 問題意識 もんだいいしき

[中] 问题 wèntí [ㅁ]w [V] vấn đề 번 데 ㅁ:v 운:ân

물   🇯 buth   🇨 wu   🇻 vat

물가
物価
ぶっか

🇯 b 🇰 ts
물가 변동 物価変動 ぶっかへんどう

🇨 物价 wùjià 🇯 w 🇰.. 🇯 j   🇻 vật giá 벗 쟈   🗣:v 울:ât 가:gia

물리
物理
ぶつり

🇯 b 🇰 ts
물리 화학 物理化学 ぶつりかがく

🇨 物理 wùlǐ 🇯 w 🇰..   🇻 vật lý 벗 리   🗣:v 울:ât 이:y

미   🇯 bi, mi, (mei)   🇨 mei, wei, (mi)   🇻 my, vi, (me)

미관
美観
びかん

🇯 b
미관 지구 美観地区 びかんちく

🇨 美观 měiguān   🇻 mỹ quan 미 꽌

미군
米軍
べいぐん

🇯 b
미군 사관 米軍士官 べいぐんしかん

🇨 美军 měijūn 🇯 j   🇻 mỹ quân 미 꿘 운:uân

미녀
美女
びじょ

🇯 b
절세 미녀 絶世の美女 ぜっせいのびじょ

🇨 美女 měinǚ   🇻 mỹ nữ 미 느 여:ư

미술
美術
びじゅつ

ⓀbⓁts

현대 미술 現代美術 げんだいびじゅつ

Ⓒ 美术 měishù Ⓙ.. Ⓥ mỹ thuật 미 투엇 을:uât

미생물
微生物
びせいぶつ

Ⓚb 앵:ei Ⓚb Ⓛts

미생물 학자 微生物学者 びせいぶつがくしゃ

Ⓒ 微生物 wēishēngwù Ⓙw Ⓙw Ⓙ..
Ⓥ vi sinh vật 비 신 벗 □:v 앵:inh □:v 을:ât

미성년
未成年
みせいねん

엉:ei

미성년자 未成年者 みせいねんしゃ

Ⓒ 未成年 wèichéngnián Ⓙw Ⓥ vị thành niên □:v 영:anh 연:iên

미신
迷信
めいしん

지방의 미신 地方の迷信 ちほうのめいしん

Ⓒ 迷信 míxìn Ⓥ mê tín 메 띤 이:e

민

Ⓙ min Ⓒ min Ⓥ dan

민병
民兵
みんぺい

Ⓗp(h) 영:ei

유격 민병 遊擊民兵 ゆうげきみんぺい

Ⓒ 民兵 mínbīng Ⓥ dân binh 전 빈 인:ân 영:inh

민사
民事
みんじ

사:ji

민사 소송 民事訴訟 みんじそしょう

Ⓒ 民事 mínshì 사:shì Ⓥ dân sự 전 쓰 인:ân 사:sự

민생
民生
みんせい

앵:ei
민생 위원 民生委員 みんせいいいん

🀄 民生 mínshēng　🅥 dân sinh 전 씬　안:ân 앵:inh

민족
民族
みんぞく

민족 단결 民族団結 みんぞくだんけつ

🀄 民族 mínzú ㉠..　🅥 dân tộc 전 똑　안:ân

민주
民主
みんしゅ

민주 주의 民主主義 みんしゅしゅぎ

🀄 民主 mínzhǔ　🅥 dân chủ 전 쭈　안:ân

박 　　　㊐ haku, boku　㊥ bo　Ⓥ bac

박명
薄命
はくめい

㉧h 영:ei

가인 박명 佳人薄命 かじんはくめい

㊥ 薄命 bómìng ㋐..　Ⓥ bạc mệnh 박 멘 영:ênh

박학
博学
はくがく

㉧h ㋩g

박학 다재 博学多才 はくがくたさい

㊥ 学 bóxué ㋐..㋩x ㋐..　Ⓥ bác học 박 헉 악:oc

반 　　　㊐ han　㊥ fan, ban　Ⓥ phan, ban

반감
反感
はんかん

㉧h

반감을 사다 反感を買う はんかんをかう

㊥ 反感 fǎngǎn ㉧f　Ⓥ phản cảm 판 깜 ㅂ:ph

반격
反撃
はんげき

㉧h

반격 태세 反撃態勢 はんげきたいせい

㊥ 反击 fǎnjī ㉧f ㋐j ㋐..　Ⓥ phản kích 판 끽 ㅂ:ph 역:ich

반공
反共
はんきょう

㈰h 옹:iyo-

반공 의식 反共意識 はんきょういしき

㊥ 反共 fǎngòng　㋾ phản cộng 판 꽁　ㅂ:ph

반대
反対
はんたい

㈰h 애:ai

반대 의견 反対意見 はんたいいけん

㊥ 反对 fǎnduì ㈰f 애:uì　㋾ phản đối 판 도이　ㅂ:ph 애:ói

반동
反動
はんどう

㈰h ㊀-

반동 사상 反動思想 はんどうしそう

㊥ 反动 fǎndòng ㈰f　㋾ phản động 판 동　ㅂ:ph

반박
反駁
はんばく

㈰h

반박 의견 反駁意見 はんばくいけん

㊥ 反驳 fǎnbó ㈰f ㊀..　㋾ phản bác 판 박　ㅂ:ph

반사
反射
はんしゃ

㈰h 사:shya

반사 신경 反射神経 はんしゃしんけい

㊥ 反射 fǎnshè ㈰f　㋾ phản xạ 판 사　ㅂ:ph ((사:xa))

반영
反映
はんえい

㈰h 영:ei

정책에의 반영 政策への反映 せいさくへのはんえい

㊥ 反映 fǎnyìng ㈰f　㋾ phản ánh 판 아잉　ㅂ:ph 영:anh

반응
反応
はんのう

㈰h ㊀-

화학 반응 化学反応 かがくはんのう

㊥ 反应 fǎnyìng ㈰f　㋾ phản ứng 판 응　ㅂ:ph

5　한국어-일본어 한자 단어 변환　139

반작용
反作用
はんさよう

ⓑh さ(예외) ⓞ-
반작용의 법칙 反作用の法則 はんさようのほうそく

中 反作用 fǎnzuòyòng ㊂.. Ⓥ phản tác dụng ㅂ:ph 용:ung

반전
反戦
はんせん

ⓑh
반전 데모 反戦デモ はんせんデモ

中 反战 fǎnzhàn ⓑf Ⓥ phản chiến 판 찌엔 ㅂ:ph 언:iên

반경
半径
はんけい

ⓑh 영:ei
원의 반지름 円の半径 えんのはんけい

中 半径 bànjìng ㊂j Ⓥ bán kính 반 낀 영:inh

반도
半島
はんとう

ⓑh
한반도 朝鮮半島 ちょうせんはんとう

中 半岛 bàndǎo Ⓥ bán đảo 반 다오 오:ao

반신
半身
はんしん

ⓑh
반신상 半身像 はんしんぞう

中 半身 bànshēn Ⓥ bán thân 반 턴 인:ân

반신반의
半信半疑
はんしんはんぎ

ⓑh ⓑh
반신 반의 半信半疑 はんしんはんぎ

中 半信半疑 bàn xìn bàn yí Ⓥ bán tin bán nghi 의:nghi

반월
半月
はんげつ

ⓑh ㄹts
반월형 半月形 はんげつけい

中 半月 bànyuè ㊂.. Ⓥ bán nguyệt 반 응우엣 월:uyệt

발   ⓙ hath ⓒ fa ⓥ phat

발견
発見
はっけん

ⓗh ⓚts

발견 현장 発見現場 はっけんげんば

ⓒ 发现 fāxiàn ⓙf ⓚ.. ⓥ phát hiện 팟 히엔 발:phát 연:iên

발광
発光
はっこう

ⓗh ⓚts 왕:o-

발광 현상 発光現象 はっこうげんしょう

ⓒ 发光 fāguāng ⓙf ⓚ.. ⓥ phát quang 팟 꽝 발:phát

발달
発達
はったつ

ⓗh ⓚts ⓚts

발달 단계 発達段階 はったつだんかい

ⓒ 发育 fāyù ⓙf ⓚ.. ⓚ.. ⓥ phát đạt 팟 닷 발:phát 알:at

발매
発売
はつばい

ⓗh ⓚts ⓗb 애:ai

발매 개시 発売開始 はつばいかいし

ⓒ 出售 chūshòu ⓚ.. ⓥ phát mại 팟 마이 발:phát 애:ai

발명
発明
はつめい

ⓗh ⓚts 영:ei

발명가 発明家 はつめいか

ⓒ 发明 fāmíng ⓙf ⓚ.. ⓥ phát minh 팟 민 발:phát 영:inh

발병
発病
はつびょう

ⓗh ⓚts 영:iyo-

발병 원인 発病原因 はつびょうげんいん

ⓒ 发病 fābìng ⓙf ⓚ.. ⓥ phát bệnh 팟 벤 발:phát 영:ênh

발산	ㅂh ㄹts
発散	스트레스 발산 ストレス発散 ストレスはっさん
はっさん	中 发散 fāsàn ㅂf ㄹ.. V phát tán 팟 딴 발:phát

발생	ㅂh ㄹts 앵:ei
発生	화재 발생 火災発生 かさいはっせい
はっせい	中 发生 fāshēng ㅂf ㄹ.. V phát sinh 팟 씬 발:phát 앵:inh

발언	ㅂh ㄹts
発言	발언권 発言権 はつげんけん
はつげん	中 发言 fāyán ㅂf ㄹ.. V phát ngôn 팟 응온 발:phát 안:ngôn

발열	ㅂh ㄹts ㄹts
発熱	발열 상태 発熱状態 はつねつじょうたい
はつねつ	中 发热 fārè ㅂf ㄹ.. ㄹ.. V phát nhiệt 팟 니엣 발:phát 열:nhiêt

발음	ㅂh ㄹts
発音	발음 교정 発音矯正 はつおんきょうせい
はつおん	中 发音 fāyīn ㅂf ㄹ.. V phát âm 팟 엄 발:phát 음:âm

발전	ㅂh ㄹts
発展	발전 도상 発展途上 はってんとじょう
はってん	中 发展 fāzhǎn ㅂf ㄹ.. V phát triển 팟 지엔 발:phát 안:iên

발행	ㅂh ㄹts ㅎk 앵:o-
発行	정기 발행 定期発行 ていきはっこう
はっこう	中 发行 fāxíng ㅂf ㄹ.. ㅎx V phát hành 팟 하잉 발:phát 앵:anh

발휘
発揮
はっき

ⓑh ㄹts ㅎk

실력 발휘 実力発揮 じつりょくはっき

中 发挥 fāhuī ⓑf ㄹ..　Ⅴ phát huy 팟 휘 발:phát

방

日 ho-, bo-　中 fang, (pang)　Ⅴ ph(u)ong, (bang)

방면
方面
ほうめん

ⓑh 앙:o-

도교 방면 東京方面 とうきょうほうめん

中 方面 fāngmiàn　Ⅴ phương diện 프엉 지엔　ㅂ:ph 앙:ường 연:iên

방법
方法
ほうほう

ⓑh 앙:o- ⓑh ⓑ-

사용 방법 使用方法 しようほうほう

中 方法 fāngfǎ ⓑf ⓑf ⓑ..　Ⅴ phương pháp 프엉 팝　ㅂ:ph ㅂ:ph 업:ap

방언
方言
ほうげん

ⓑh 앙:o-

방언 조사 方言調査 ほうげんちょうさ

中 方言 fāngyán ⓑf　Ⅴ phương ngôn 프엉 응온　ㅂ:ph 앙:ương 언:ngôn

방책
方策
ほうさく

ⓑh 앙:o- ㅊs 액:aku

안전 방책 安全方策 あんぜんほうさく

中 方策 fāngcè ⓑf ㄱ..　Ⅴ phương sách 프엉 사익　ㅂ:ph 앙:ương 액:ach

방침
方針
ほうしん

ⓑh 앙:o- ㅊs

행동 방침 行動方針 こうどうほうしん

中 方针 fāngzhēn ⓑf　Ⅴ phương châm 프엉 쩜　ㅂ:ph 앙:ương 임:âm

방향
方向
ほうこう

㊗h 앙ː o- ㉠k 양ː o-

진행 방향 進行方向 しんこうほうこう

㊥ 方向 fāngxiàng　㊐f ㉠x　Ⓥ phương hướng 프엉 흐엉　ㅂ:ph 앙앙ː ương

방공
防空
ぼうくう

앙ː o- ⓞ-

방공호 防空壕 ぼうくうごう

㊥ 防空 fángkōng　㊐f　Ⓥ phòng không 퐁 콩　ㅂ:ph 앙ːong

방독
防毒
ぼうどく

앙ː o-

방독복 防毒服 ぼうどくふく

㊥ 防毒 fángdú　㊐f ㉠..　Ⓥ phòng độc 퐁 독　ㅂ:ph 앙ːong

방비
防備
ぼうび

앙ː o-

방비 체제 防備体制 ぼうびたいせい

㊥ 防备 fángbèi　㊐f　Ⓥ phòng bị 퐁 비　ㅂ:ph 앙ːong

방어
防御
ぼうぎょ

앙ː o-

방어권 防御圏 ぼうぎょけん

㊥ 防御 fángyù　㊐f　Ⓥ phòng ngự 퐁 응으　ㅂ:ph 앙ːong 어ːngư

방역
防疫
ぼうえき

앙ː o-

방역 검사 防疫検査 ぼうえきけんさ

㊥ 防疫 fángyì　㊐f ㉠..　Ⓥ phòng dịch 퐁 직　ㅂ:ph 앙ːong 역ːich

방위
防衛
ぼうえい

앙ː o-

방위대 防衛隊 ぼうえいたい

㊥ 防卫 fángwèi　㊐f　Ⓥ phòng vệ 퐁 베　ㅂ:ph 앙ːong 위ːe

방화
防火
ぼうか

ⓗk
방화 설비 防火設備 ぼうかせつび

- Ⓒ 防火 fánghuǒ Ⓙf Ⓥ phòng hỏa 퐁 화 Ⓑ:ph 앙:ong

방사
放射
ほうしゃ

Ⓑh 앙:o- 사:sya
방사선 放射線 ほうしゃせん

- Ⓒ 放射 fàngshè Ⓙf Ⓥ phóng xạ 퐁 싸 Ⓑ:ph 앙:ong (사:xa)

방전
放電
ほうでん

Ⓑh 앙:o-
방전관 放電管 ほうでんかん

- Ⓒ 放电 fàngdiàn Ⓙf Ⓥ phóng điện 퐁 디엔 Ⓑ:ph 앙:ong 엉:iên

방화
放火
ほうか

Ⓑh 앙:o- ⓗk
방화 사건 放火事件 ほうかじけん

- Ⓒ 放火 fànghuǒ Ⓙf Ⓥ phóng hỏa 퐁 화 Ⓑ:ph 앙:ong

방관
傍観
ぼうかん

앙:o-
방관 자세 傍観姿勢 ぼうかんしせい

- Ⓒ 旁观 pángguān Ⓥ bàng quan 빵 관

방광
膀胱
ぼうこう

앙:o- 왕:o-
방광염 膀胱炎 ぼうこうえん

- Ⓒ 膀胱 pángguāng Ⓥ bàng quang 방 꽝

방해
妨害
ぼうがい

앙:o- ⓗg 애:ai
통행 방해 通行妨害 つうこうぼうがい

- Ⓒ 妨害 fánghài Ⓙf 애:ai
- Ⓥ phương hại 프엉 하이 Ⓑ:ph 앙:ương 애:ai

배　　🇯 hai, bai　🇨 bei, pei, (pai)　🇻 boi, (pho, bai)

배경
背景
はいけい

🇯h 애:ai 영:ei

사회 배경 社会背景 しゃかいはいけい

🇨 背景 bèijǐng 애:ei　🇻 bối cảnh 보이 까잉 애:ôi 영:anh

배신
背信
はいしん

🇯h 애:ai

배신 행위 背信行為 はいしんこうい

🇨 背信 bèixìn 애:ei　🇻 bội tín 뽀이 띤 애:ôi

배반
背反
はいはん

🇯h 애:ai 🇯h

조국 배반 祖国背反 そこくはいはん

🇨 背反 bèifǎn 애:ei 🇯f　🇻 bội phản 뽀이 판 애:ôi ㅂ:ph

배상
賠償
ばいしょう

애:ai 앙:yo-

손해 배상 損害賠償 そんがいばいしょう

🇨 賠償 péicháng 애:ei　🇻 bồi thường 뽀이 트엉 애:ôi 앙:ương

배심
陪審
ばいしん

애:ai

배심 제도 陪審制度 ばいしんせいど

🇨 陪审 péishěn 애:ei　🇻 bồi thẩm 뽀이 텀 애:ôi 임:âm

배급
配給
はいきゅう

🇯h 애:ai 🇯-

식량 배급 食料配給 しょくりょうはいきゅう

🇨 配给 pèijǐ 애:ei ㄱj 🇯..　🇻 phổ cập 포 껍 ㅂ:ph 읍:âp

146

배합
配合
はいごう

㈎h 애:ai ㉭g ㈎o-

영양 배합 栄養配合 えいようはいごう

㊥ 配合 pèihé 애:ei ㈎.. ㊀ phối hợp 포이 헙 ㅂ:ph 애:ói 압:ợp

배외
排外
はいがい

㈎h 애:ai 외:ai

배외주의 排外主義 はいがいしゅぎ

㊥ 排外 páiwài 애:ai 외:ai ㊀ bài ngoại 빠이 응와이 애:ài 외:ngoai

백

㊐ hiyaku, haku ㊥ bai ㊀ bach

백년
百年
ひゃくねん

㈎h

백년 전쟁 百年戦争 ひゃくねんせんそう

㊥ 百年 bǎinián 애:ai ㉠.. ㊀ bách niên 빠익 니엔 액:ach 연:iên

백성
百姓
ひゃくしょう

㈎h 액:aku 엉:yo-

무사와 백성 武士と百姓 ぶしとひゃくしょう

㊥ 百姓 bǎixìng 애:ai ㉠.. ㊀ bách tính 빠익 띤 액:ach 연:iên

백수
百獣
ひゃくじゅう

㈎h 액:aku

백수의 왕 百獣の王 ひゃくじゅうのおう

㊥ 百兽 bǎishòu 애:ai ㉠.. ㊀ bách thú 빠익 투 액:ach

백금
白金
はっきん

㈎h

백금족 원소 白金族元素 はっきんぞくげんそ

㊥ 白金 báijīn 애:ai ㉠.. ㊀ bạch kim 빠익 낌 액:ach 음:im

백마
白馬
はくば

㉠h

백마탄 왕자 白馬の王子 はくばのおうじ

㊥ 白马 báimǎ 애:ai ㊀.. ㊨ bạch mã 빠익 마 액:ach

번

㊐ ben ㊥ bian ㊨ bien

번역
翻訳
ほんやく

㉠h

작품 번역 作品翻訳 さくひんほんやく

㊥ 翻译 fānyì ㉠f ㊀.. ㊨ biên dịch 삐엔 직 언:ien 역:ich

번영
繁栄
はんえい

㉠h 영:ei

국가 번영 国家繁栄 こっかはんえい

㊥ 繁荣 fánróng ㉠f ㊨ phồn vinh 폰 빈 ㅂ:ph 언:ôn 영:inh

번화
繁華
はんか

㉠h ㉵k

번화가 繁華街 はんかがい

㊥ 繁华 fánhuá ㉠f ㊨ phồn hoa 폰 화 ㅂ:ph 언:ôn

범

㊐ han, (ban) ㊥ fan ㊨ pham

범인
犯人
はんにん

㉠h

범인 체포 犯人逮捕 はんにんたいほ

㊥ 犯人 fànrén ㉠f ㊨ phạm nhân 팜 년 ㅂ:ph 엄:am 인:nhân

범죄
犯罪
はんざい

🅗h 외ːai
범죄 행위 犯罪行為 はんざいこうい

🅒 犯罪 fànzuì 🅒f 외ːuì 🅥 phạm tội 팜 또이 🅑ːph 엄ːam 외ːộì

범위
範囲
はんい

🅗h
행동 범위 行動範囲 こうどうはんい

🅒 范围 fànwéi 🅒f 🅥 phạm vi 팜 비 🅑ːph 엄ːam 위ːi

법   🅙 ho- 🅒 fa 🅥 phap

법규
法規
ほうき

🅗h 업ːo-
교통 법규 交通法規 こうつうほうき

🅒 法规 fǎguī 🅒f 🅗ː.. 🅥 pháp quy 팝 뀌 🅑ːph 업ːap 유ːuy

법률
法律
ほうりつ

🅗h 업ːo- 🅛ts
법률사무소 法律事務所 ほうりつじむしょ

🅒 法律 fǎlǜ 🅒f 🅗ː.. 🅛.. 🅥 pháp luật 팝 루엇 🅑ːph 업ːap 율ːuât

법정
法廷
ほうてい

🅗h 업ːo- 엉ːei
재판 법정 裁判法廷 さいばんほうてい

🅒 法庭 fǎtíng 🅗ː.. 🅥 pháp đình 팝 딘 🅑ːph 업ːap 엉ːinh

법제
法制
ほうせい

🅗h 업ːo-
법제 심의회 法制審議会 ほうせいしんぎかい

🅒 法制 fǎzhì 🅒f 🅗ː.. 🅥 pháp chế 팝 쩨 🅑ːph 업ːap

법치
法治
ほうち

ⓗh 업ː o-

법치 국가 法治国家 ほうちこっか

ⓒ 法治 fǎzhì　ⓙf　ⓥ pháp trị 팝 찌　ㅂːph 업ːap

변

ⓙ ben, hen　ⓒ bian　ⓥ bien, bien

변동
変動
へんどう

ⓗh ⓞ-

물가 변동 物価変動 ぶっかへんどう

ⓒ 变动 biàndòng　ⓥ biến động 비엔 동　연ːiên

변화
変化
へんか

ⓗh ⓗk

사회 변화 社会変化 しゃかいへんか

ⓒ 变化 biànhuà　ⓥ biến hóa 비엔 화　연ːiên

변론
弁論
べんろん

변론 제기 弁論提起 べんろんていき

ⓒ 辩论 biànlùn　ⓥ biện luận 비엔 루언　연ːiên 온ːuân

별

ⓙ beth　ⓒ bie　ⓥ biet

별명
別名
べつめい

ⓡts 영ːei

별명표기 別名表記 べつめいひょうき

ⓒ 别名 biémíng　ⓙ..　ⓥ biệt danh 비엣 자잉　열ːiêt 영ːanh

병
🇯 hei 🇨 bing, 🇻 binh, benh

병력
兵力
へいりょく

🇯h 영:ei
병력 배치 兵力配置 へいりょくはいち

🇨 兵力 bīnglì 🇯.. 🇻 binh lực 빈 륵 영:inh 역:ực

병법
兵法
へいほう

🇯h 영:ei 🇯h 업:o-
병법 연구 兵法研究 へいほうけんきゅう

🇨 兵法 bīngfǎ 🇯f 🇯.. 🇻 binh pháp 빈 팝 영:inh ㅂ:ph 업:ap

병사
兵士
へいし

🇯h 영:ei 사:si
해군 병사 海軍兵士 かいぐんへいし

🇨 士兵 shìbīng 사:shi 🇻 binh sĩ 빈 씨 영:inh 사:sĩ

병원
病院
びょういん

영:yo-
종합 병원 総合病院 そうごうびょういん

🇨 医院 yīyuàn 🇻 bệnh viện 벤 비엔 영:ênh 원:iên

보
🇯 ho-, hu 🇨 bao, pu, bu 🇻 bao, pho, bo

보관
保管
ほかん

🇯h
보관 장소 保管場所 ほかんばしょ

🇨 保管 bǎoguǎn 🇻 bảo quản 바오 꽌 오:ao

보류
保留
ほりゅう

ⓑh

결과 보류 結果保留 けっかほりゅう

㊥ 保留 bǎoliú　Ⓥ bảo lưu 바오 류　오:ao 유:ưu

보수
保守
ほしゅ

ⓑh

보수파 保守派 ほしゅは

㊥ 保守 bǎoshǒu　Ⓥ bảo thủ 바오 투　오:ao

보존
保存
ほぞん

ⓑh

자연 보존 自然保存 しぜんほぞん

㊥ 保存 bǎocún　Ⓥ bảo tồn 바오 똔　오:ao

보험
保険
ほけん

ⓑh ⓗk

생명 보험 生命保険 せいめいほけん

㊥ 保险 bǎoxiǎn　ⓑx　Ⓥ bảo hiểm 바오 히엠　오:ao 엄:iêm

보호
保護
ほご

ⓑh ⓗg

보호 관리 保護管理 ほごかんり

㊥ 保护 bǎohù　Ⓥ bảo hộ 바오 호　오:ao

보고
報告
ほうこく

ⓑh 고:예외(koku)

상황 보고 状況報告 じょうきょうほうこく

㊥ 报告 bàogào　Ⓥ báo cáo 바오 까오　오:ao 오:ao

보급
普及
ふきゅう

ⓑh ⓑ-

보급률 普及率 ふきゅうりつ

㊥ 普及 pǔjí　ⓙⓑ..　Ⓥ phổ cập 포 껍　ㅂ:ph 읍:âp

보통
普通
ふつう

ⓑh ⓞ-

보통 교육 普通教育 ふつうきょういく

ⓒ 普通 pǔtōng　ⓥ phổ thông 포 통　ㅂ:ph

보검
宝剣
ほうけん

ⓑh

국보급 보검 国宝級の宝剣 こくほうきゅうのほうけん

ⓒ 宝剣 bǎojiàn　ⓥ bảo kiếm 바오 끼엠　오:ao 엄:iêm

보물
宝物
たからもの、
ほうもつ

(훈독), ⓑh, ㄹts

보물고 宝物庫 ほうもつこ

ⓒ 宝物 bǎowù　ⓞw ㄹ..　ⓥ báo vật 바오 벗　오:ao ㅁ:v 울:ât

보병
歩兵
ほへい

ⓑh ⓑh 영:ei

보병 대대 歩兵大隊 ほへいだいたい

ⓒ 歩兵 bùbīng　ⓥ bộ binh 보 빈　영:inh

복

ⓙ huku　ⓒ fu　ⓥ phục

복병
伏兵
ふくへい

ⓑh ⓑh 영:ei

복병 작전 伏兵作戦 ふくへいさくせん

ⓒ 伏兵 fúbīng　ⓞf ㄱ..　ⓥ phục binh 푹 빈　ㅂ:ph 옥:uc 영:inh

복수
復讐
ふくしゅう

ⓑh

복수심 復讐心 ふくしゅうしん

ⓒ 复仇 fùchóu　ⓞf ㄱ..　ⓥ phục thù 푹 투　ㅂ:ph 옥:uc

복직
復職
ふくしょく

ⓑh 익ː yoku

복직 명령 復職命令 ふくしょくめいれい

ⓒ 复职 fùzhí ⓙ.. ⓙ.. Ⓥ phục chức 푹 쯔 ㅂː ph 옥ː uc 악ː ực

복잡
複雑
ふくざつ

ⓑh ⓑ예외(ts)

복잡한 심경 複雑な心境 ふくざつなしんきょう

ⓒ 复杂 fùzá ⓙf ⓙ.. ⓙ.. Ⓥ phức tạp 픅 땁 ㅂː ph 옥ː ực

복제
複製
ふくせい

ⓑh

복제품 複製品 ふくせいひん

ⓒ 复制 fùzhì ⓙf ⓙ.. Ⓥ phục chế 푹 쩨 ㅂː ph 옥ː uc

복합
複合
ふくごう

ⓑh ⓗg 압ː o-

복합 개념 複合概念 ふくごうがいねん

ⓒ 复合 fùhé ⓙf ⓙ.. ⓙ.. Ⓥ phức hợp 픅 헙 ㅂː ph 옥ː ực 압ː ợp

복종
服従
ふくじゅう

ⓑh ⓞ-

명령 복종 命令服従 めいれいふくじゅう

ⓒ 服从 fúcóng ⓙf ⓙ.. Ⓥ phục tùng 푹 뚱 ㅂː ph 옥ː uc 옹ː ung

본

ⓙ hon, (bon) ⓒ ben Ⓥ ban

본국
本国
ほんごく

ⓑh

본국 정부 本国政府 ほんごくせいふ

ⓒ 本國 běnguó ⓙ.. Ⓥ bản quốc 반 꾸억 온ː an 옥ː uôc

본능
本能
ほんのう

⊎h ⓞ-

모성 본능 母性本能 ぼせいほんのう

⊕ 本能 běnnéng　Ⓥ bản năng 반 낭　ㅇ:an 응:ang

본분
本分
ほんぶん

⊎h

본분 이행 本分履行 ほんぶんりこう

⊕ 本分 běnfèn ⊎f　Ⓥ bản phận 반 펀　ㅇ:an ㅂ:ph ㅜ:ân

본성
本性
ほんしょう

⊎h 엉:yo-

동물의 본성 動物の本性 どうぶつのほんしょう

⊕ 本性 běnxìng　Ⓥ bản tính 반 띤　ㅇ:an 엉:inh

본질
本質
ほんしつ

⊎h ㄹts

역사의 본질 歴史の本質 れきしのほんしつ

⊕ 本质 běnzhì ㄹ..　Ⓥ bản chất 반 쩟　ㅇ:an 알:ât

봉

🇯 ho-　⊕ fen　Ⓥ phung, phong

봉사
奉仕
ほうし

⊎h ⓞ- 사:si

봉사 활동 奉仕活動 ほうしかつどう

⊕ 奉献 fèngxiàn ⊎f　Ⓥ phụng sự 풍 쓰　ㅂ:ph 옹:ung 사:sự

봉건
封建
ほうけん

⊎h ⓞ-

봉건 주의 封建主義 ほうけんしゅぎ

⊕ 封建 fēngjiàn ⊎f ⓙj　Ⓥ phong kiến 퐁 끼엔　ㅂ:ph 언:ien

부

[日] hu, bu [中] bu, fu [V] bat, bo, phu

부동산
不動産
ふどうさん

[ㅂ]h [ㅇ]-

부동산감정 不動産鑑定 ふどうさんかんてい

[中] 不动产 bùdòngchăn [V] bất động sản 우:â (ㄹ):t 윽:ac

부정
不浄
ふじょう

[ㅂ]h 엉:ei

부정한 돈 不浄な金 ふじょうなかね

[中] 不净 bújìng [V] bất chính 벗 찐 우:â (ㄹ):t 엉:inh

부분
部分
ぶぶん

부분 일식 部分日食 ぶぶんにっしょく

[中] 部分 bùfen [ㅂ]f [V] bộ phận 보 펀 우:o ㅂ:ph 운:ân

부결
否決
ひけつ

[ㅂ]h [ㄹ]ts

부결표 否決票 ひけつひょう

[中] 否决 fǒujué [ㅂ]f [ㄹ].. [V] phủ quyết 푸 꾸엣 ㅂ:ph 열:uyêt

부귀
富貴
ふうき

[ㅂ]h

부귀한 생활 富貴な生活 ふうきなせいかつ

[中] 富贵 fùguì [ㅂ]f [V] phú quý 푸 뀌 ㅂ:ph

부근
附近
ふきん

[ㅂ]h

병원 부근 病院付近 びょういんふきん

[中] 附近 fùjìn [ㅂ]f [ㄱ]j [V] phụ cận 푸 껀 ㅂ:ph 은:ân

부모
父母
ふぼ

ⓑh ⓙb

부모 형제 父母兄弟 ふぼきょうだい

- ⊕ 父母 fùmǔ ⓙf Ⓥ phụ mẫu 푸 머우 ㅂ:ph 오:âu

부인
婦人
ふじん

ⓑh

귀부인 貴婦人 きふじん

- ⊕ 妇人 fùrén ⓙf Ⓥ phu nhân 푸 년 ㅂ:ph 인:nhân

부합
符合
ふごう

ⓑh ㅎg 압:o-

부합 조건 符号条件 ふごうじょうけん

- ⊕ 符合 fúhé ⓙf ⓑ.. Ⓥ phù hợp 푸 헙 ㅂ:ph 압:op

북

Ⓙ huku, hok ⊕ bei Ⓥ bac

북극
北極
ほっきょく

ⓑh

북극 탐험 北極探検 ほっきょくたんけん

- ⊕ 北极 běijí ⓙ.. ⓙ.. Ⓥ Bắc Cực 박 끅 윽:ac

분

Ⓙ bun ⊕ fen Ⓥ phan

분류
分類
ぶんるい

제품 분류 製品分類 せいひんぶんるい

- ⊕ 分类 fēnlèi ⓙf Ⓥ phân loại 펀 로아이 ㅂ:ph 운:ân 유:oai

분리
分離
ぶんり

분리 현상 分離現象 ぶんりげんしょう

ⓒ 分离 fēnlí ⓙf Ⓥ phân ly 펀리 ㅂ:ph 운:ân

분배
分配
ぶんぱい

ⓙp(h) 애:ai

분배 법칙 分配法則 ぶんぱいほうそく

ⓒ 分配 fēnpèi ⓙf 애:ei
Ⓥ phân phát 펀 팟 ㅂ:ph 운:an ㅂ:ph 애:at(예외)

분별
分別
ふんべつ、
ぶんべつ

ⓙh ⓚts

분별 작업 分別作業 ぶんべつさぎょう

ⓒ 分別 fēnbié ⓙf ⓚx Ⓥ phân biệt 펀 비엣 ㅂ:ph 운:ân 열:iêt

분석
分析
ぶんせき

내용 분석 内容分析 ないようぶんせき

ⓒ 分析 fēnxi ⓙf ㅇ.. Ⓥ phân tích 펀 띡 ㅂ:ph 운:ân 억:ich

분포
分布
ぶんぷ

ⓙp(h)

노동력 분포 労働力分布 ろうどうりょくぶんぷ

ⓒ 分布 fēnbù ⓙf Ⓥ phân bổ 펀 보 ㅂ:ph 운:ân

분해
分解
ぶんかい

ⓚk 애:ai

분해 작용 分解作用 ぶんかいさよう

ⓒ 分解 fēnjiě ⓙf Ⓥ phân giải 펀 자이 ㅂ:ph 운:ân 해:(giải)(예외)

분화
分化
ぶんか

ⓚk

세포 분화 細胞分化 さいぼうぶんか

ⓒ 分化 fēnhuà ⓙf Ⓥ phân hóa 펀 화 ㅂ:ph 운:ân

불 ㉰ hu ㉲ bu ㉵ bat

불경
不敬
ふけい

불:hu **영:**ei
불경죄 不敬罪 ふけいざい

㉲ 不敬 bùjìng ㉱.. ㉠j ㉵ bất kính 벗 낑 올:ât 영:inh

불량
不良
ふりょう

불:hu **양:**yo-
불량 학생 不良学生 ふりょうがくせい

㉲ 不良 bùliáng ㉱.. ㉵ bất lương 벗 르엉 올:ât 양:ương

불만
不満
ふまん

불:hu
불평 불만 不平不満 ふへいふまん

㉲ 不満 bùmǎn ㉱.. ㉵ bất mān 벗 만 올:ât

불법
不法
ふほう

불:hu ㉶h **업:**o-
불법 행위 不法行為 ふこうこうい

㉲ 不法 bùfǎ ㉱.. ㉶f ㉵ bất pháp 벗 팝- 올:ât ㅂ:ph

불변
不変
ふへん

불:hu ㉶h
영구 불변 永久不変 えいきゅうふへん

㉲ 不変 búbiàn ㉱.. ㉵ bất biến 벗 비엔 올:ât

불신
不信
ふしん

불:hu
불신감 不信感 ふしんかん

㉲ 不信 bùxìn ㉱.. ㉵ bất tín 벗 띤 올:ât

불신임
不信任
ふしんにん

불ː hu
불신임결의 不信任決議 ふしんにんけつぎ

㊥ 不信任 búxìnrèn ㉡.. Ⓥ bất tín nhiệm 울ːât

불안
不安
ふあん

불ː hu
불안 요소 不安要素 ふあんようそ

㊥ 不安 bù'ān ㉡.. Ⓥ bất an 벗 안 울ːât

불평
不平
ふへい

불ː hu ㊚h 영ː ei
불평 불만 不平不満 ふへいふまん

㊥ 不平 bùpíng ㉡.. Ⓥ bất bình 벗 빈 울ːât 영ːinh

불평등
不平等
ふびょうどう

불ː hu ◎- ◎-
불평등 조약 不平等条約 ふびょうどうじょやく

㊥ 不平等 bùpíngděng ㉡.. Ⓥ bất bình đẳng 울ːât 영ːinh 응ːang

불행
不幸
ふこう

불ː hu ㊍k 앵ː o-
불행한 사건 不幸な事件 ふこうなじけん

㊥ 不幸 búxìng ㉡..㊅x Ⓥ bất hạnh 벗 하잉 울ːât 앵ːanh

불화
不和
ふわ

불ː hu 화ː wa(예외)
가정 불화 家庭不和 かていふわ

㊥ 不和 bùhé ㉡.. Ⓥ bất hòa 벗 화 울ːât

불효
不孝
ふこう

불ː hu ㊍k
불효 親不孝 おやふこう

㊥ 不孝 búxiào ㉡..㊅x Ⓥ bất hiếu 벗 히에우 울ːât 요ːiêu

비
🇯 hi 🇨 bei, (pi, fei) 🇻 bi, (phe, phi)

비관
悲観
ひかん

🇰h

비관 주의 悲観主義 ひかんしゅぎ

🇨 悲观 bēiguān   🇻 bi quan 비 꽌

비극
悲劇
ひげき

🇰h

비극과 희극 悲劇と喜劇 ひげきときげき

🇨 悲剧 bēijù ㋙j ㋐..   🇻 bi kịch 비 끽 윽:ich

비참
悲惨
ひさん

🇰h 🇨h s

비참한 상황 悲惨な状況 ひさんなじょうきょう

🇨 悲惨 bēicǎn   🇻 bi thảm 비 탐

비판
批判
ひはん

🇰h 🇵h

자기 비판 自己批判 じこひはん

🇨 批判 pīpàn   🇻 phê phán 페 판   ㅂ:ph 이:e

비평
批評
ひひょう

🇰h 🇵h 영:iyo-

작품 비평 作品批評 さくひんひひょう

🇨 批评 pīpíng   🇻 phê bình 페 빈   ㅂ:ph 이:e 영:inh

비밀
秘密
ひみつ

🇰h 🇷ts

비밀 무기 秘密武器 ひみつぶき

🇨 秘密 mìmì ㋺..   🇻 bí mật 비 멋   일:ât

비방
誹謗
ひぼう

㉥h 앙:o-

비방 중상 誹謗中傷 ひぼうちゅうしょう

㊥ 诽谤 fěibàng ㉥f Ⓥ phỉ báng 피 빵 ㅂ:ph

사

㊐ si, (ji, sa, shiya) ㊥ shi, (she, xie)
Ⓥ su, si, tu, (xa)

사건
事件
じけん

사:ji

사건 발생 事件発生 じけんはっせい

㊥ 事件 shìjiàn 사:shi ㉠j Ⓥ sự kiện 쓰 끼엔 사:sự 언:iên

사고
事故
じこ

사:ji

사고 처리 事故処理 じこしょり

㊥ 事故 shìgù 사:shi Ⓥ sự cố 쓰 꼬 사:sự

사관
士官
しかん

사:si

육군 사관 陸軍士官 りくぐんしかん

㊥ 士官 shìguān 사:shì Ⓥ sĩ quan 씨 꽌 사:sĩ

사기
士気
しき

사ːsi

국가의 사기 国家の士気 こっかのしき

㊥ 士气 shìqì 사ː shì   Ⓥ sĩ khí 씨 키 사ː sĩ

사립
私立
しりつ

사ːsi ㊗ts

사립 대학 私立大学 しりつだいがく

㊥ 私立 sīlì 사ː sī ㊗..   Ⓥ tư lập 뜨 럽 사ː tư 입ː âp

사법
私法
しほう

사ːsi ㊗h **업ː**o-

공법과 사법 公法と私法 こうほうとしほう

㊥ 私法 sīfǎ 사ː sī ㊗f ㊗..   Ⓥ tư pháp 뜨 팝 사ː tư ㅂː ph 업ː ap

사각
四角
しかく

사ːsi

사각형 四角形 しかくけい

㊥ 四角 sìjiǎo 사ː si ㊍j ㊍..   Ⓥ tứ giác 뜨 작 사ː tứ

사지
四肢
しし

사ːsi

사지 절단 四肢切断 ししせつだん

㊥ 四肢 sìzhī 사ː si   Ⓥ tứ chi 뜨 찌 사ː tứ

사교
社交
しゃこう

사ːsya

사교성 社交性 しゃこうせい

㊥ 社交 shèjiāo ㊍j   Ⓥ xã giao 싸 자오 요ː iao

사회
社会
しゃかい

사ːsya ㊅k **외ː**ai

사회 윤리 社会倫理 しゃかいりんり

㊥ 社会 shèhuì 외ː uì   Ⓥ xã hội 싸 호이 외ː ội

사기
史記
しき

사: si

사기 열전 史記列伝 しきれつでん

- 史記 shǐjì 사:shǐ ⓙ
- V sử ký 쓰 끼 사:sử

사단
師団
しだん

사: si

사단 사령부 師団司令部 しだんしれいぶ

- 师团 shītuán 사:shī
- V sư đoàn 쓰 도안 사:sư 안:oan

사례
謝礼
しゃれい

사: sya

사례금 謝礼金 しゃれいきん

- 谢礼 xièlǐ
- V tạ lễ 따 레 ㅅ:t 예:e

사막
砂漠
さばく

ⓑ b

사막 기후 砂漠気候 さばくきこう

- 沙漠 shāmò ⓙ..
- V sa mạc 싸 막

사명
使命
しめい

사: si **영:** ei

국가적 사명 国家的使命 こっかてきしめい

- 使命 shǐmìng 사:shǐ
- V sứ mệnh 쓰 멩 사:sứ 영:ênh

사상
思想
しそう

사: si **앙:** o-

사상 연구 思想研究 しそうけんきゅう

- 思想 sīxiǎng 사:sī
- V tư tưởng 뜨 뜨엉 사:tư 앙:ương

사전
辞典
じてん

사: ji

국어 사전 国語辞典 こくごじてん

- 辞典 cídiǎn
- V từ điển 뜨 디엔 사:từ 언:iên

164

사치
奢侈
しゃし

사:sya ㅊs

사치품 奢侈品 しゃしひん

● 奢侈 shēchǐ　Ⓥ xa xỉ 싸 씨　ㅊ:x

사형
死刑
しけい

사:si ㅎk 영:ei

사형 선고 死刑宣告 しけいせんこく

● 死刑 sǐxíng 사:sǐ ㅎx　Ⓥ tử hình 뜨 힌 사:tử 영:inh

산　　日 san　● shan, chan　Ⓥ son, san, (tan)

산수
山水
さんすい

산수화 山水画 さんすいが

● 山水 shānshuǐ　Ⓥ sơn thủy 썬 투이 안:ơn 우:uy

산하
山河
さんが

ㅎg

산하의 은혜 山河の恩恵 さんがのおんけい

● 山河 shānhé　Ⓥ sơn hà 썬 하 안:ơn

산물
産物
さんぶつ

ㅁb ㄹts

경제적 산물 經濟的産物 けいざいてきさんぶつ

● 物产 wùchǎn ㅁw ㄹ..　Ⓥ sản vật 싼 벗 ㅁ:v 울:ât

산출
産出
さんしゅつ

ㅊs ㄹts

원유 산출국 原油産出国 げんゆさんしゅつこく

● 产出 chǎnchū ㄹ..　Ⓥ sản xuất 싼 쑤엇 ㅊ:x 울:uât

산만
散漫
さんまん

산만한 구조 散漫な構造 さんまんなこうぞう

🀄 散漫 sǎnmàn 🇻 tản mạn 딴 만 ㅅ:t

살 🇯 sath 🀄 sha 🇻 sat

살균
殺菌
さっきん

ㄹts

살균 작용 殺菌作用 さっきんさよう

🀄 杀菌 shājūn ㉠.. ㉠j 🇻 sát khuẩn 쌋 쿠언 알:at 윤:uân

살생
殺生
せっしょう

ㄹts 앵:yo-

살생 금지 殺生禁止 せっしょうきんし

🀄 杀生 shāshēng ㉠.. 🇻 sát sinh 쌋 씬 알:at 앵:inh

살인
殺人
さつじん

ㄹts

살인범 殺人犯 さつじんはん

🀄 杀人 shārén ㉠.. 🇻 sát nhân 쌋 년 알:at 안:nhân

살충
殺蟲
さっちゅう

ㄹts ㅇ-

살충제 殺蟲劑 さっちゅうざい

🀄 杀虫 shāchóng ㉠.. 🇻 sát trùng 쌋 중 알:at

살해
殺害
さつがい

ㄹts ㅎg 애:ai

살해 현장 殺害現場 さつがいげんば

🀄 杀害 shāhài ㉠.. 🇻 sát hại 쌋 하이 알:at 애:ai

삼   🇯 san   🇨 san   🇻 tam

삼각
三角
さんかく

삼각 관계 三角関係 さんかくかんけい

🇨 三角 sānjiǎo ⓙ..   🇻 tam giác 땀 작   ㅅ:t 가:giá

삼국지
三国志
さんごくし

삼국지 소설 三国志の小説 さんごくしのしょうせつ

🇨 三国志 Sān Guó Zhì ⓙ..   🇻 tam quốc chí   ㅅ:t 욱:uôc

상   🇯 jiyo-, siyo-, so-   🇨 shàng, xiang
            🇻 thượng, tương

상객
上客
じょうきゃく

양:yo-   액:aku

상객 대우 上客待遇 じょうきゃくたいぐう

🇨 上客 shàngkè ⓙ..
🇻 thượng khách 트엉 카익   ㅅ:th 앙:ương 액:ach

상류
上流
じょうりゅう

양:yo-

상류 사회 上流社会 じょうりゅうしゃかい

🇨 上流 shàngliú   🇻 thượng lưu 트엉 류   ㅅ:th 앙:ương

상원
上院
じょういん

양:yo-

상원 의원 上院議員 じょういんぎいん

🇨 上院 shàngyuàn   🇻 thượng viện 트엉 비엔   ㅅ:th 앙:ương

상책
上策
じょうさく

앙:yo- ㅊs 액:aku
최상책 最上策 さいじょうさく
㊥ 上策 shàngcè ㉥..　Ⓥ thượng sách 트엉 싸익　ㅅ:th 앙:ương ㅊ:s

상업
商業
しょうぎょう

앙:yo- 업:yo-
상업 활동 商業活動 しょうぎょうかつどう
㊥ 商业 shāngyè ㉥..
Ⓥ thương nghiệp 트엉 응이엡　ㅅ:th 앙:ương 업:nghiệp

상인
商人
しょうにん

앙:yo-
베니스의 상인 ヴェニスの商人 ヴェニスのしょうにん
㊥ 商人 shāngrén　Ⓥ thương nhân 트엉 년　ㅅ:th 앙:ương 인:nhân

상관
相関
そうかん

앙:o-
상관 관계 相関関係 そうかんかんけい
㊥ 相关 xiāngguān　Ⓥ tương quan 뜨엉 꽌　ㅅ:t 앙:ương

상호
相互
そうご

앙:o- ㅎg
상호 작용 相互作用 そうごさよう
㊥ 相互 xiānghù　Ⓥ tương hỗ 뜨엉 호　ㅅ:t 앙:ường

상상
想像
そうぞう

앙:o- 앙:o-
상상력 想像力 そうぞうりょく
㊥ 想象 xiǎngxiàng
Ⓥ tưởng tượng 뜨엉 뜨엉　ㅅ:t 앙:ương 앙:ượng

상주
常駐
じょうちゅう

앙:yo-
상주 근무 常駐勤務 じょうちゅうきんむ
㊥ 常驻 chángzhù　Ⓥ thường trú 트엉 주　ㅅ:th 앙:ương

상쾌
爽快
そうかい

앙:o- 왜:ai

기분 상쾌 気分爽快 きぶんそうかい

㊥ 爽快 shuǎngkuai 왜:uai Ⓥ sảng khoái 상 쾌이 애:ái

생

㊐ sei ㊥ shen Ⓥ sinh

생리
生理
せいり

앵:ei

생리 현상 生理現象 せいりげんしょう

㊥ 生理 shēnglǐ Ⓥ sinh lý 씬 리 앵:inh

생명
生命
せいめい

앵:ei

생명 보험 生命保険 せいめいほけん

㊥ 生命 shēngmìng Ⓥ sinh mạng 신 망 앵:inh 영:ang

생물
生物
せいぶつ

앵:ei ㉠b ㉡ts

생물학 生物学 せいぶつがく

㊥ 生物 shēngwù ㉠w ㉡.. Ⓥ sinh vật 신 벗 앵:inh ㉢:v 울:ât

생사
生死
せいし

앵:ei 사:si

생사 불명 生死不明 せいしふめい

㊥ 生死 shēngsǐ Ⓥ sinh tử 신 뜨 앵:inh 사:tử

생활
生活
せいかつ

앵:ei ㉢k ㉡ts

생활 양식 生活様式 せいかつようしき

㊥ 生活 shēnghuó ㉡.. Ⓥ sinh hoạt 씬 홧 앵:inh 왈:oat

석   🇯 seth, seki   🇨 shi, shuo   🇻 thach, thac

석고
石膏
せっこう

석고보드 石膏ボード せっこうボード

🇨 石膏 shígāo ㉠..   🇻 thạch cao 타익 까오   ㅅ:th 억:ach 오:ao

선   🇯 sen   🇨 xian, xuan, shan   🇻 tiên, tuyển

선견
先見
せんけん

선견지명 先見の明 せんけんのめい

🇨 先见 xiānjiàn ㉠j   🇻 tiên kiến 띠엔 끼엔   ㅅ:t 언:iên

선례
先例
せんれい

선례 중시 先例重視 せんれいじゅうし

🇨 先例 xiānlì   🇻 tiền lệ 띠엔 레   ㅅ:t 언:iên

선배
先輩
せんぱい

애:ai

대학교 선배 大学の先輩 だいがくのせんぱい

🇨 先辈 xiānbèi   🇻 tiền bối 띠엔 보이   ㅅ:t 언:iên 애:ối

선봉
先鋒
せんぽう

오:-

선봉대 先鋒隊 せんぽうたい

🇨 先锋 xiānfēng f   🇻 tiền phong 띠엔 퐁   ㅅ:t 언:iên ㅂ:ph

선임
先任
せんにん

선임 교장 先任の校長 せんにんのこうちょう

🀄 前任 qiánrèn　🇻 tiền nhiệm 띠엔 니엠　ㅅ:t 언:iên 임:nhiem

선조
先祖
せんぞ

선조 대대 先祖代々 せんぞだいだい

🀄 先祖 xiānzǔ　🇻 tiên tổ 띠엔 또　ㅅ:t 언:iên

선진
先進
せんしん

선진 국가 先進国家 せんしんこっか

🀄 先进 xiānjìn　🇻 tiên tiến 띠엔 띠엔　ㅅ:t 언:iên 인:iên

선고
宣告
せんこく

고:koku(예외)

파산 선고 破産宣告 はさんせんこく

🀄 宣告 xuāngào　🇻 tuyên cáo 뚜엔 까오　ㅅ:t 언:uyên 오:ao

선교
宣教
せんきょう

선교 활동 宣教活動 せんきょうかつどう

🀄 传教 chuánjiào　🇻 tuyên giáo 뚜엔 자오　ㅅ:t 언:uyên 요:ao

선서
宣誓
せんせい

선수 선서 選手宣誓 せんしゅせんせい

🀄 宣誓 xuānshì　🇻 tuyên thệ 뚜엔 테　ㅅ:t 언:uyên 어:ê

선양
宣揚
せんよう

양:yo

국위 선양 国威宣揚 こくいせんよう

🀄 宣扬 xuānyáng　🇻 tuyên dương 뚜엔 즈엉　ㅅ:t 언:uyen 양:ương

선전
宣伝
せんでん

선전 효과 宣伝効果 せんでんこうか

- 中 宣传 xuānchuán
- V tuyên truyền 뚜엔 주엔 ㅅ:t 언:uyên 언:uyên

선포
宣布
せんぷ

새헌법의 선포 新憲法の宣布 しんけんぽうのせんぷ

- 中 宣布 xuānbù
- V tuyên bố 뚜엔 보 ㅅ:t 언:uyên

선거
選挙
せんきょ

선거권 選挙権 せんきょけん

- 中 选举 xuǎnjǔ ㉠j
- V tuyển cử 뚜엔 끄 ㅅ:t 언:uyên 어:ư

선수
選手
せんしゅ

운동 선수 運動選手 うんどうせんしゅ

- 中 选手 xuǎnshǒu
- V tuyển thủ 뚜엔 투 ㅅ:t 언:uyên

선악
善悪
ぜんあく

선악 분별 善悪の分別 ぜんあくのぶんべつ

- 中 善恶 shàn'è ㉠..
- V thiện ác 티엔 악 ㅅ:th 언:iên

선의
善意
ぜんい

선의 행위 善意行為 ぜんいこうい

- 中 善意 shànyì
- V thiện ý 티엔 이 ㅅ:th 언:iên 의:y

선녀
仙女
せんにょ、
せんじょ

선녀 전설 仙女伝説 せんにょでんせつ

- 中 仙女 xiānnǚ
- V tiên nữ 띠엔 느 ㅅ:t 언:iên 여:ư

172

선장
船長
せんちょう

양:yo-

선장실 船長室 せんちょうしつ

- 🇨🇳 船长 chuánzhǎng
- 🇻🇳 thuyền trưởng 투엔 즈엉 ㅅ:th 안:uyên 양:ương

설

🇯🇵 seth 🇨🇳 she, shuo 🇻🇳 thiết, thuyết

설계
設計
せっけい

ㄹts

건축 설계 建築設計 けんちくせっけい

- 🇨🇳 设计 shèjì ㄹ.. ㄱj
- 🇻🇳 thiết kế 티엣 께 ㅅ:th 얼:iêt 예:ê

설교
説教
せっきょう

ㄹts

예배 설교 礼拝説教 れいはいせっきょう

- 🇨🇳 说教 shuōjiào ㄹ..
- 🇻🇳 thuyết giáo 투엣 자오 ㅅ:th 얼:uyêt ㄱ:gi 요:ao

설립
設立
せつりつ

ㄹts ㅂts**(예외)**

설립 총회 設立総会 せつりつそうかい

- 🇨🇳 设立 shèlì ㄹ.. ㅂ..
- 🇻🇳 thiết lập 티엣 럽 ㅅ:th 얼:iêt 입:âp

설비
設備
せつび

ㄹts

설비 투자 設備投資 せつびとうし

- 🇨🇳 设备 shèbèi ㄹ..
- 🇻🇳 thiết bị 티엣 비 ㅅ:th 얼:iêt

성

🇯 sei, (jiyo-) 🇨 sheng, cheng 🇻 thành, tính

성공
成功
せいこう

엉:ei ◎-

성공 비화 成功秘話 せいこうひわ

🇨 成功 chénggōng　🇻 thành công 타잉 꽁　人:th 엉:anh

성과
成果
せいか

엉:ei

연구 성과 研究成果 けんきゅうせいか

🇨 成果 chéngguǒ　🇻 thành quả 타잉 꽈　人:th 엉:anh

성년
成年
せいねん

엉:ei

미성년자 未成年者 みせいねんしゃ

🇨 成年 chéngnián　🇻 thành niên 타잉 니엔　人:th 엉:anh 연:iên

성립
成立
せいりつ

엉:ei 🇯ts(예외)

예산 불성립 予算不成立 よさんふせいりつ

🇨 成立 chénglì 🇯..　🇻 thành lập 타잉 럽　人:th 엉:anh 입:âp

성분
成分
せいぶん

엉:ei

성분 분석 成分分析 せいぶんぶんせき

🇨 成分 chéngfèn 🇯f　🇻 thành phần 타잉 펀　人:th 엉:anh 운:ân

성숙
成熟
せいじゅく

엉:ei

성숙기 成熟期 せいじゅくき

🇨 成熟 chéngshú 🇯..　🇻 thành thục 타잉 툭　人:th 엉:anh

174

성적
成績
せいせき

엉:ei

성적표 成績表 せいせきひょう

㊥ 成绩 chéngjì ㉠.. Ⓥ thành tích 타잉 띡 ㅅ:th 엉:anh 억:ich

성가
聖歌
せいか

엉:ei

성가대 聖歌隊 せいかたい

㊥ 圣歌 shènggē Ⓥ thánh ca 타잉 까 ㅅ:th 엉:anh

성당
聖堂
せいどう

엉:ei **앙:**o-

대성당 大聖堂 だいせいどう

㊥ 圣堂 shèngtáng
Ⓥ thánh đường 타잉 드엉 ㅅ:th 엉:anh 앙:ương

성모
聖母
せいぼ

엉:ei ⓜb

성모 마리아 聖母マリア せいぼマリア

㊥ 圣母 shèngmǔ Ⓥ thánh mẫu 타잉 머우 ㅅ:th 엉:anh 오:âu

성인
聖人
せいじん

엉:ei

성인 군주 聖人君主 せいじんくんしゅ

㊥ 圣人 shèngrén Ⓥ thánh nhân 타잉 년 ㅅ:th 엉:anh 인:nhân

성실
誠実
せいじつ

엉:ei ㉣ts

성실한 태도 誠実な態度 せいじつなたいど

㊥ 诚实 chéngshí ㉣.. Ⓥ thành thật 타잉 텃 ㅅ:th 엉:anh 일:ât

성심
誠心
せいしん

엉:ei

성심 성의 誠心誠意 せいしんせいい

㊥ 诚心 chéngxīn Ⓥ thành tâm 타잉 떰 ㅅ:th 엉:anh 임:âm

성의
誠意
せいい

엉:ei

성의 교섭 誠意交渉 せいいこうしょう

🀄 誠意 chéngyì　🇻 thành ý 타잉 이　ㅅ:th 엉:anh

성격
性格
せいかく

엉:ei

성격 검사 性格検査 せいかくけんさ

🀄 性格 xìnggé ㉠..　🇻 tính cách 띤 까익　ㅅ:th 엉:inh 역:ach

성악
声楽
せいがく

엉:ei

성악과 声楽科 せいがくか

🀄 声乐 shēngyuè ㉠..　🇻 thanh nhạc 타잉 냑　ㅅ:th 엉:anh 악:nhac

세

🇯 sei, jei　🀄 shi, shui　🇻 thế, thuế

세계
世界
せかい

예:ai

세계기록 世界記録 せかいきろく

🀄 世界 shìjiè　🇻 thế giới 테 저이　ㅅ:th ㄱ:gi 예:ơi

세기
世紀
せいき

에:ei

21세기 21世紀 にじゅういっせいき

🀄 世纪 shìjì ㉠j　🇻 thế kỷ 테 끼　ㅅ:th

세관
税関
ぜいかん

에:ei

세관 신고서 税関申告書 ぜいかんしんこくしょ

🀄 海关 hǎiguān　🇻 thuế quan 투에 꽌　ㅅ:th 에:uê

세무
税務
ぜいむ

에:ei

세무 조사 税務調査 ぜいむちょうさ

⊕ 税务 shuìwù ⓔw　Ⓥ thuế vụ 투에 부　人:th 에:uê ㅁ:v

세력
勢力
せいりょく

에:ei

민주 세력 民主勢力 みんしゅせいりょく

⊕ 势力 shìlì ⓙ..　Ⓥ thế lực 테 륵　人:th 역:ưc

소

㊐ shiyo (-), (so)　⊕ shao, shiao, xiao
Ⓥ thiếu, tiểu

소녀
少女
しょうじょ

소녀 시대 少女時代 しょうじょじだい

⊕ 少女 shàonǚ　Ⓥ thiếu nữ 티에우 느　人:th 여:ư

소년
少年
しょうねん

소년 단체 少年団体 しょうねんだんたい

⊕ 少年 shàonián　Ⓥ thiếu niên 티에우 니엔　人:th 오:iêu 연:iên

소수
少数
しょうすう

소수 민족 少数民族 しょうすうみんぞく

⊕ 少数 shǎoshù　Ⓥ thiểu số 트에우 쏘　人:th 오:iêu

소설
小説
しょうせつ

㈑ts

연애 소설 恋愛小説 れんあいしょうせつ

⊕ 小说 xiǎoshuō ⓙ..　Ⓥ tiểu thuyết 띠에우 투엣　人:t 오:ieu 얼:uyêt

소인
小人
こびと、しょうじん

일곱 난쟁이 7人の小人 しちにんのこびと

⊕ 小人 xiǎorén Ⓥ tiểu nhân 띠에우 년 ㅅ:t 오:iêu 안:nhân

소극
消極
しょうきょく

소극적 消極的 しょうきょくてき

⊕ 极 xiāojí ㉠j ㉠.. Ⓥ tiêu cực 띠에우 끅 ㅅ:t 오:iêu

소화
消化
しょうか

㉯k

소화 기관 消化器官 しょうかきかん

⊕ 消化 xiāohuà Ⓥ tiêu hóa 띠에우 화 ㅅ:t 오:iêu

소송
訴訟
そしょう

◎yo-

형사 소송 刑事訴訟 けいじそしょう

⊕ 诉讼 sùsòng Ⓥ tố tụng 또 뚱 ㅅ:t ㅅ:t

소유
所有
しょゆう

소유권 所有権 しょゆうけん

⊕ 所有 suǒyǒu Ⓥ sở hữu 써 휴

속

🗾 soku, joku ⊕ su Ⓥ tốc, tục

속기
速記
そっき

속기술 速記術 そっきじゅつ

⊕ 速记 sùjì ㉠.. ㉠j Ⓥ tốc ký 똑 끼 ㅅ:t

속도
速度
そくど

속도 제한 速度制限 そくどせいげん

[中] 速度 sùdù [ㄱ].. [V] tốc độ 똑 도 ㅅ:t

속력
速力
そくりょく

전속력 全速力 ぜんそくりょく

[中] 速力 sùlì [ㄱ].. [ㄱ].. [V] tốc lực 똑 륵 ㅅ:t 역:ưc

속어
俗語
ぞくご

속어 사전 俗語事典 ぞくごじてん

[中] 俗语 súyǔ [ㄱ].. [V] tục ngữ 똑 응으 ㅅ:t 어:ngư

속행
続行
ぞっこう

[ㅎ]k **앵:**o-

작업 속행 作業続行 さぎょうぞっこう

[中] 进行 jìnxíng [ㄱ].. [ㅎ]x [V] tốc hành 똑 하잉 ㅅ:t 앵:anh

손실
損失
そんしつ

[ㄹ]ts

국가적 손실 国家的損失 こっかてきそんしつ

[中] 损失 sǔnshī [ㄹ].. [V] tổn thất 똔 텃 ㅅ:t 일:ât

손해
損害
そんがい

[ㅎ]g **애:**ai

손해 배상 損害賠償 そんがいばいしょう

[中] 损害 sǔnhài 애:ai [V] tổn hại 똔 하이 ㅅ:t 애:ai

수   ⓙ sui, shu-　ⓒ shui, shou　ⓥ thủy, thu, tu

수력
水力
すいりょく

수력 발전 水力発電 すいりょくはつでん

ⓒ 水力 shuǐlì ⓗ..　ⓥ thủy lực 투이 륵　ㅅ:th 역:ực

수산
水産
すいさん

농수산업 農水産業 のうすいさんぎょう

ⓒ 水产 shuǐchǎn　ⓥ thủy sản 투이 싼　ㅅ:th 우:uy

수압
水圧
すいあつ

압:ats

수압 조절 水圧調節 すいあつちょうせつ

ⓒ 水压 shuǐyā ⓗ..　ⓥ thủy áp 투이 압　ㅅ:th 우:uy

수은
水銀
すいぎん

수은 중독 水銀中毒 すいぎんちゅうどく

ⓒ 水银 shuǐyín　ⓥ thủy ngân 투이 응언　ㅅ:th 우:uy 은:ngân

수정
水晶
すいしょう

엉:yo-

수정 가공 水晶加工 すいしょうかこう

ⓒ 水晶 shuǐjīng　ⓥ thủy tinh 투이 띤　ㅅ:th 우:uy 엉:inh

수렴
収斂
しゅうれん

의견 수렴 意見収斂 いけんしゅうれん

ⓒ 收敛 shōuliǎn　ⓥ thu lượm 투 르엄　ㅅ:th 염:ươm

수입
収入
しゅうにゅう

입:yu-

임시 수입 臨時収入 りんじしゅうにゅう

㊥ 收入 shōurù ㊐.. Ⓥ thu nhập 투 녑 ㅅ:th 입:nhập

수지
収支
しゅうし

수지 결산 収支決算 しゅうしけっさん

㊥ 收支 shōuzhī Ⓥ thu chi 투 찌 ㅅ:th

수집
収集
しゅうしゅう

입:yu-

수집일 収集日 しゅうしゅうび

㊥ 收集 shōují ㊐.. Ⓥ thu thập 투 텁 ㅅ:th 입:âp

수확
収穫
しゅうかく

ㅎk

수확량 収穫量 しゅうかくりょう

㊥ 收获 shōuhuò ㊐.. Ⓥ thu hoạch 투 화익 ㅅ:th 왁:oach

수도
首都
しゅと

수도권 首都圏 しゅとけん

㊥ 首都 shǒudū Ⓥ thủ đô 투 도 ㅅ:th

수상
首相
しゅしょう

앙:yo-

수상 관저 首相官邸 しゅしょうかんてい

㊥ 首相 shǒuxiàng Ⓥ thủ tướng 투 뜨엉 ㅅ:th ㅅ:t 앙:ương

수동
手動
しゅどう

◎o-

수동식 手動式 しゅどうしき

㊥ 手动 shǒudòng Ⓥ thụ động 투 동 ㅅ:th

수법
手法
しゅほう

Ⓑh 업:o-

기본 수법 基本手法 きほんしゅほう

㊥ 手法 shǒufǎ Ⓑf Ⓑ.. Ⓥ thủ pháp 투 팝 ㅅ:th ㅂ:ph

수량
数量
すうりょう

양:yo-

수량 한정 数量限定 すうりょうげんてい

㊥ 数量 shùliàng Ⓥ số lượng 쏘 르엉 양:ương

수정
受精
じゅせい

엉:ei

수정란 受精卵 じゅせいらん

㊥ 受精 shòujīng Ⓥ thụ tinh 투 띤 ㅅ:th

순

Ⓙ jiyun ㊥ chun, xun, shun Ⓥ thanh, tuần

순결
純潔
じゅんけつ

ⓡts

순결한 정신 純潔な精神 じゅんけつなせいしん

㊥ 纯洁 chúnjié Ⓙj Ⓐ.. Ⓥ thanh khiết 타잉 키엣 ㅅ:th 운:anh 열:iêt

순서
順序
じゅんじょ

순서 설명 順序説明 じゅんじょせつめい

㊥ 順序 shùnxù Ⓥ tuần tự 뚜언 뜨 ㅅ:t 운:uân ㅅ:t 어:ư

순환
循環
じゅんかん

ⓗk

혈액 순환 血液循環 けつえきじゅんかん

㊥ 循环 xúnhuán Ⓥ tuần hoàn 뚜언 환 ㅅ:t 운:uân

숭

[日] su- [中] chong [V] sung

숭배
崇拜
すうはい

[ㅇ]o- [ㅂ]h **애:**ai

우상 숭배 偶像崇拜 ぐうぞうすうはい

[中] 崇拜 chóngbài 애:ai [V] sùng bái 쑹 바이 애:ái

습

[日] shu- [中] xi [V] tap

습관
習慣
しゅうかん

읍:yu-

생활 습관 生活習慣 せいかつしゅうかん

[中] 习惯 xíguàn [ㅂ].. [V] tập quán 떱 꽌 ㅅ:t 읍:âp

승

[日] siyo- [中] sheng [V] thăng

승리
勝利
しょうり

응:yo-

승리 선언 勝利宣言 しょうりせんげん

[中] 胜利 shènglì [V] thắng lợi 탕 러이 ㅅ:th 응:ang 이:ơi

승패
勝敗
しょうはい

응:yo- [ㅍ]h **애:**ai

승패표 勝敗表 しょうはいひょう

[中] 胜败 shèngbài 애:ai [V] thắng bại 탕 바이 ㅅ:th 응:ang 애:ại

승진
昇進
しょうしん

응:yo-

승진 후보 昇進候補 しょうしんこうほ

🀄 晋升 jìnshēng   🇻 thăng tiến 탕 띠엔   ㅅ:th 응:ang 안:ien

시

🇯 si, ji   🀄 shi   🇻 thời, thị

시간
時間
じかん

기상 시간 起床時間 きしょうじかん

🀄 时间 shíjiān ㈂j   🇻 thời gian 터이 쟌   ㅅ:th 이:ɑɪ ㄱ:gi

시국
時局
じきょく

시국 판단 時局判斷 じきょくはんだん

🀄 时局 shíjú ㈂j ㈂..   🇻 thời cục 터이 꾹   ㅅ:th 이:ɑɪ

시기
時期
じき

시기 상조 時期尚早 じきしょうそう

🀄 时期 shíqī   🇻 thời kỳ 터이 끼   ㅅ:th 이:ɑɪ

시대
時代
じだい

애:ai

청춘 시대 青春時代 せいしゅんじだい

🀄 时代 shídài 애:ɑi   🇻 thời đại 터이 다이   ㅅ:th 이:ɑɪ 애:ại

시사
時事
じじ

사:ji

시사 논쟁 時事論爭 じじろんそう

🀄 时事 shíshì 사:shì   🇻 thời sự 터이 쓰   ㅅ:th 이:ɑɪ 사:sư

시점
時点
じてん

현재의 시점 現在の時点 げんざいのじてん

- 中 时点 shídiǎn　　V thời điểm 터이 디엠　　ㅅ:th 이:ơi 엄:iêm

시민
市民
しみん

시민 의식 市民意識 しみんいしき

- 中 市民 shìmín　　V thị dân 티 전　　ㅅ:th 안:ân

시장
市長
しちょう

앙:yo-

시장 선거 市長選挙 しちょうせんきょ

- 中 市长 shìzhǎng　　V thị trưởng 티 즈엉　　ㅅ:th 앙:ương

시장
市場
しじょう、いちば

증권시장 證券市場 しょうけんしじょう

- 中 市场 shìchǎng　　V thị trường 티 즈엉　　ㅅ:th 앙:ương

시력
視力
しりょく

시력 검사 視力検査 しりょくけんさ

- 中 视力 shìlì ㉠..　　V thị lực 티 륵　　ㅅ:th 역:ực

시찰
視察
しさつ

ㅊs ㄹts

시찰단 視察団 しさつだん

- 中 视察 shìchá ㉡..　　V thị sát 티 쌋　　ㅅ:th ㅊ:s 알:at

시비
是非
ぜひ

ㅂh

시비의 판단 是非の判断 ぜひのはんだん

- 中 是非 shìfēi ㉯f　　V thị phi 티 피　　ㅅ:th ㅂ:ph

시위
示威
しい

민중 시위 民衆示威 みんしゅうしい

㊥ 示威 shìwēi　Ⓥ thị uy 티 위　ㅅ:th 위:uy

시체
死体
したい

㈀:ai

시체 처리 死体処理 したいしょり

㊥ 尸体 shītǐ　Ⓥ thi thể 티 테　ㅅ:th

시행
施行
しこう

㉠k 앵:o-

시행령 施行令 しこうれい

㊥ 施行 shīxíng ⓧx　Ⓥ thi hành 티 하잉　ㅅ:소 앵:anh

식   ㊐ siyoku ㊥ zhi, shi Ⓥ thuc

식물
植物
しょくぶつ

㋰b ㄹts

식물학 植物学 しょくぶつがく

㊥ 植物 zhíwù ㈀.. ㋰w ㉡..　Ⓥ thực vật 특 벗　ㅅ:th 익:ực ㅁ:v 울:ât

식품
食品
しょくひん

㋔h

건강 식품 健康食品 けんこうしょくひん

㊥ 食品 shípǐn ㈀..　Ⓥ thực phẩm 특 펌　ㅅ:th 익:ực 움:âm

신 [日] sin [中] xin, shen, [V] thần, tín, tân

신경
神経
しんけい

영:ei
신경 세포 神経細胞 しんけいさいぼう
[中] 神经 shénjīng [ㄱ]j [V] thần kinh 턴 낀 ㅅ:th 인:ân 영:inh

신비
神秘
しんぴ

[ㅂ]p(h)
신비한 세계 神秘な世界 しんぴなせかい
[中] 神秘 shénmì [V] thần bí 턴 비 ㅅ:th 인:ân

신학
神学
しんがく

[ㅎ]g
신학 연구 神学研究 しんがくけんきゅう
[中] 神学 shénxué [ㅎ]x [ㄱ].. [V] thần học 턴 헉 ㅅ:th 인:ân 악:oc

신념
信念
しんねん

정치적 신념 政治的信念 せいじてきしんねん
[中] 信念 xìnniàn [V] tín nhiệm 띤 니엠 ㅅ:t 염:iêm

신도
信徒
しんと

신도 분포 信徒分布 しんとぶんぷ
[中] 信徒 xìntú [V] tín đồ 띤 도 ㅅ:t

신앙
信仰
しんこう

앙:o-
신앙의 자유 信仰の自由 しんこうのじゆう
[中] 信仰 xìnyǎng [V] tín ngưỡng 띤 응으엉 ㅅ:t 앙:ngưỡng

신용
信用
しんよう

◎o-
신용 조합 信用組合 しんようくみあい

㊥ 信用 xìnyòng ㊦ tín dụng 띤 융 ㅅ:t 용:dung

신호
信号
しんごう

㉡g
신호기 信号機 しんごうき

㊥ 信号 xìnhào ㊦ tín hiệu 띤 히에우 ㅅ:t 오:iêu

신병
新兵
しんぺい

㊼p(h) 영:ei
신병 교육 新兵教育 しんぺいきょういく

㊥ 新兵 xīnbīng ㊦ tân binh 떤 빈 ㅅ:t 안:ân 영:inh

신세계
新世界
しんせかい

예:ai
신세계의 발견 新世界の発見 しんせかいのはっけん

㊥ 新世界 xīnshìjiè ㊦ tân thế giới 떤 테:ân ㅅ:t 예:oi

신혼
新婚
しんこん

㉡k
신혼 생활 新婚生活 しんこんせいかつ

㊥ 新婚 xīnhūn ㊦ tân hôn 떤 혼 ㅅ:t 안:ân

신분
身分
みぶん

신분증명서 身分証明書 みぶんしょうめいしょ

㊥ 身分 shēnfen ㊼f ㊦ thân phận 턴 펀 ㅅ:th 안:ân ㅂ:ph 운:ân

신체
身体
からだ、
しんたい

예:ai
신체 능력 身体能力 しんたいのうりょく

㊥ 身体 shēntǐ ㊦ thân thể 턴 테 ㅅ:th 안:ân ㅊ:th

188

신중
慎重
しんちょう

웅ː yo-

신중한 태도 慎重な態度 しんちょうなたいど

- 慎重 shèn zhòng
- thận trọng 턴 종
- ㅅːth 안ːân 웅ːong

실

- jith, sith
- shi
- thực, thất

실권
実権
じっけん

ㄹts

실권 장악 実権掌握 じっけんしょうあく

- 实权 shíquán
- thực quyền 특 꾸엔
- ㅅːth 알ː(ưc) 원ːuyên

실력
実力
じつりょく

ㄹts

실력 행사 実力行使 じつりょくこうし

- 实力 shílì
- thực lực 특 륵
- ㅅːth 알ː(ưc) 역ːực

실습
実習
じっしゅう

ㄹts 읍ː yu-

실습생 実習生 じっしゅうせい

- 实习 shíxí
- thực tập 특 떱
- ㅅːth 알ː(ưc) 읍ːập

실시
実施
じっし

ㄹts

정책 실시 政策実施 せいさくじっし

- 实施 shíshī
- thực thi 특 티
- ㅅːth 알ː(ưc)

실제
実際
じっさい

ㄹts 에ː ai

실제 문제 実際問題 じっさいもんだい

- 实际 shíjì
- thực tế 특 떼
- ㅅːth 알ː(ưc)

실천
実践
じっせん

ㄹts ㅊs

실천 연습 実践練習 じっせんれんしゅう

中 实践 shíjiàn ㉣.. V thực tiễn 특 띠엔 ㅅ:th 알:(ực) 연:iên

실행
実行
じっこう

ㄹts ㅎk 앵:o-

실행성 実行性 じっこうせい

中 实行 shíxíng ㉣.. ㉥x V thực hành 특 하잉 ㅅ:th 알:(ực) 앵:anh

실현
実現
じつげん

ㄹts ㅎg

실형 가능 実現可能 じつげんかのう

中 实现 shíxiàn ㉣.. ㉥x V thực hiện 특 히엔 ㅅ:th 알:(ực) 연:iên

실례
失礼
しつれい

ㄹts

실례 발언 失礼発言 しつれいはつげん

中 失礼 shīlǐ ㉣.. V thất lễ 텃 레 ㅅ:th 알:ât 예:ê

실망
失望
しつぼう

ㄹts ㅁb

실망 낙담 失望落胆 しつぼうらくたん

中 失望 shīwàng ㉣.. ㉥w V thất vọng 텃 봉 ㅅ:th 알:ât ㅁ:v 앙:ong

실업
失業
しつぎょう

ㄹts 업:yo-

실업 수당 失業手当 しつぎょうてあて

中 失业 shīyè ㉣.. ㉥. V thất nghiệp 텃 응이엡 ㅅ:th 알:ât 업:nghiệp

실연
失恋
しつれん

ㄹts

실연 경험 失恋経験 しつれんけいけん

中 失恋 shīliàn ㉣.. V thất tình 텃 띤 ㅅ:th 알:ât 연:inh

심   🇯 sim 🇨 xin, shen 🇻 tâm, thẩm

심리
心理
しんり

심리 검사 心理検査 しんりけんさ

🇨 心理 xīnlǐ 🇻 tâm lý 떰 리 ㅅ:th 임:âm

심혈
心血
しんけつ

ⓗk ⓡts

심혈관 질환 心血管疾患 しんけっかんしっかん

🇨 心血 xīnxuè ⓗx ⓡ.. 🇻 tâm huyết 떰 후엣 ㅅ:t 임:âm 열:uyêt

심사
審査
しんさ

심사 위원 審査委員 しんさいいん

🇨 审查 shěnchá 🇻 thẩm tra 텀 자 ㅅ:th 임:âm 사:tra

심판
審判
しんぱん

국제 심판 国際審判 こくさいしんぱん

🇨 审判 shěnpàn 🇻 thẩm phán 텀판 ㅅ:th 임:âm

## 아 	 	 ㉥ a, ga ㊥ ya Ⓥ á, nhã

아열대
亜熱帯
あねったい

㋀ts 애:ai
아열대 기후 亜熱帯気候 あねったいきこう

㊥ 亚热带 yàrèdài   ㉭.. 애:ai   Ⓥ á nhiệt đới 열:nhiet 애:ới

아악
雅楽
ががく

아악 연주 雅楽演奏 ががくえんそう

㊥ 雅乐 yǎyuè   ㉠..   Ⓥ nhã nhạc 냐 냑 아:nha 악:nhac

아편
阿片
あへん

㊚ㅎ
아편 전쟁 阿片戦争 あへんせんそう

㊥ 鸦片 yāpiàn   Ⓥ á phiện 아 피엔 연:iên

## 악 	 	 ㉥ aku ㊥ e Ⓥ ác

악덕
悪徳
あくとく

악덕 상술 悪徳商法 あくとくしょうほう

㊥ 恶德 èdé   ㉠..   ㉠..   Ⓥ ác đức 악 득 억:ức

악마
悪魔
あくま

악마와 천사 悪魔と天使 あくまとてんし

🀄 悪魔 èmó ㉠.. 🇻 ác ma 악 마

악몽
悪夢
あくむ

o-
악몽 해석 悪夢解析 あくむかいせき

🀄 恶梦 èmèng ㉠.. 🇻 ác mộng 악 몽

악연
悪縁
あくえん

악연 관계 悪縁関係 あくえんかんけい

🀄 孽缘 nièyuán ㉠.. 🇻 ác duyên 악 주엔 연:duyên

안　　　　　　🇯 an 🀄 an 🇻 an

안심
安心
あんしん

안심감 安心感 あんしんかん

🀄 安心 ānxīn 🇻 an tâm 안 떰 암:âm

안전
安全
あんぜん

안전 지대 安全地帯 あんぜんちたい

🀄 安全 ānquán 🇻 an toàn 안 또안 언:oan

암 ㊐ an ㊥ an ㊵ ám

암살
暗殺
あんさつ

㊧ts

암살 사건 暗殺事件 あんさつじけん

㊥ 暗杀 ànshā ㊧.. ㊵ ám sát 암 삿 알:at

암호
暗号
あんごう

㊲g

암호 통신 暗号通信 あんごうつうしん

㊥ 暗号儿 ànhào ㊵ ám hiệu 암 히에우 오:iêu

압 ㊐ ath ㊥ ya ㊵ áp

압도
圧倒
あっとう

압:ats(예외)

압도적 圧倒的 あっとうてき

㊥ 圧倒 yādǎo ㊧.. ㊵ áp đảo 압 다오 오:ao

압력
圧力
あつりょく

압:ats(예외)

압력계 圧力計 あつりょくけい

㊥ 圧力 yālì ㊧.. ㊷.. ㊵ áp lực 압 륵 역:ực

압박
圧迫
あっぱく

압:ats(예외)

심리적 압박 心理的圧迫 しんりてきあっぱく

㊥ 圧迫 yāpò ㊧.. ㊷.. ㊵ áp bức 압 븍 악:ưc

애   ㊐ ai ㊥ ài Ⓥ ái

애국
愛国
あいこく

애:ai

애국심 愛国心 あいこくしん

㊥ 爱国 àiguó 애:ai ㉠.. Ⓥ ái quốc 아이 꾸억 애:ái 욱:uôc

애모
愛慕
あいぼ

애:ai ⓜb

애모의 정 愛慕の情 あいぼのじょう

㊥ 爱慕 àimù 애:ai Ⓥ ái mộ 아이 모 애:ái

애정
愛情
あいじょう

애:ai 엉:yo-

애정 표현 愛情表現 あいじょうひょうげん

㊥ 爱情 àiqíng 애:ai Ⓥ ái tình 아이 띤 애:ái 엉:inh

야   ㊐ ya ㊥ yě Ⓥ dã

야만
野蛮
やばん

ⓜb

야만 행위 野蛮行為 やばんこうい

㊥ 野蛮 yěmán Ⓥ dã man 자 만 야:dã

야성
野性
やせい

엉:ei

야성 본능 野生本能 やせいほんのう

㊥ 野性 yěxìng Ⓥ dã tính 자 띤 야:dã 엉:inh

야심
野心
やしん

야심만만 野心満々 やしんまんまん

[中] 野心 yěxīn [V] dã tâm 자 떰 야:dã 심:âm

야인
野人
やじん

야인 생활 野人生活 やじんせいかつ

[中] 野人 yěrén [V] dã nhân 자 년 야:dã 인:nhân

야전
野戦
やせん

야전 사령부 野戦司令部 やせんしれいぶ

[中] 野战 yězhàn [V] dã chiến 자 찌엔 야:dã 언:ien

약

[日] yaku [中] yà, di [V] dược, ước

약사
薬師
やくし

사:si

약사회 薬師会 やくしかい

[中] 药师 yàoshī ㉠.. 사:shī [V] dược sĩ 즈억 씨 약:dược 사:sĩ

약초
薬草
やくそう

[ㅊ]s

약초 요법 薬草療法 やくそうりょうほう

[中] 药草 yàocǎo ㉠.. [V] dược thảo 즈억 타오 약:dược 오:ao

약품
薬品
やくひん

[ㅍ]h

약품 처리 薬品処理 やくひんしょり

[中] 药品 yàopǐn ㉠.. [V] dược phẩm 즈억 펌 약:dược 움:âm

양

🇯 yo-,riyo-,jiyo-, 🇨 yan,lian,ran
🇻 dương,lương,nhượng

양력
陽曆
ようれき

양: yo-

양력 표시 陽曆表示 ようれきひょうじ

🇨 阳历 yánglì ㉠.. 🇻 dương lịch 즈엉 릭 양:dương 역:ich

양성
陽性
ようせい

양: yo-

양성 반응 陽性反応 ようせいはんのう

🇨 阳性 yángxìng 🇻 dương tính 즈엉 띤 양:dương 엉:inh

양로
養老
ようろう

양: yo-

양로 보험 養老保険 ようろうほけん

🇨 养老 yǎnglǎo 🇻 dưỡng lão 즈엉 라오 양:dưỡng 오:ao

양육
養育
よういく

양: yo-

양육비 養育費 よういくひ

🇨 养育 yǎngyù ㉠.. 🇻 dưỡng dục 즈엉 죽 양:dưỡng 육:uc

양민
良民
りょうみん

양: yo-

양민 학살 良民虐殺 りょうみんぎゃくさつ

🇨 良民 liángmín 🇻 lương dân 르엉 전 양:lương 안:ân

양심
良心
りょうしん

양: yo-

양심 선언 良心宣言 りょうしんせんげん

🇨 良心 liángxīn 🇻 lương tâm 르엉 떰 양:lương 임:âm

양보
讓步
じょうほ

양:yo- 🗾h
양보 내용 讓步內容 じょうほないよう

🇨🇳 让步 ràngbù 🇻🇳 nhượng bộ 느엉 보 양:ượng

어

🗾 giyo 🇨🇳 yu 🇻🇳 ngư

어민
漁民
ぎょみん

어민 가족 漁民家族 ぎょみんかぞく

🇨🇳 渔民 yúmín 🇻🇳 ngư dân 응으 전 어:ngư 인:ân

어부
漁夫
ぎょふ

🗾h
어부 생활 漁夫生活 ぎょふせいかつ

🇨🇳 渔夫 yúfū 🗾f 🇻🇳 ngư phủ 응으 푸 어:ngư ㅂ:ph

어업
漁業
ぎょぎょう

업:yo-
어업 조합 漁業組合 ぎょぎょうくみあい

🇨🇳 渔业 yúyè 🗾.. 🇻🇳 ngư nghiệp 응으 응이엡 어:ngư 업:nghiệp

언

🗾 gen 🇨🇳 yan 🇻🇳 ngôn

언론
言論
げんろん

언론의 자유 言論の自由 げんろんのじゆう

🇨🇳 言论 yánlùn 🇻🇳 ngôn luận 응온 루언 언:on 온:uân

언어
言語
げんご

언어 통역 言語通訳 げんごつうやく

🀄 言语 yányǔ　🇻 ngôn ngữ 응온 응으　언:on 어:ngư

엄　🇯 gen, en　🀄 yan　🇻 nghiêm, yểm

엄격
厳格
げんかく

엄격한 부모 厳格な両親 げんかくなりょうしん

🀄 严格 yángé ㋠..　🇻 nghiêm khắc 응이엠 칵　엄:iêm 격:ăc

엄금
厳禁
げんきん

접근 엄금 接近厳禁 せっきんげんきん

🀄 严禁 yánjìn ㋠j　🇻 nghiêm cấm 응이엠 껌　엄:iêm 음:âm

엄밀
厳密
げんみつ

㋣ts

엄밀한 관리 厳密な管理 げんみつなかんり

🀄 严密 yánmì ㋠..　🇻 nghiêm mật 응이엠 멋　엄:iêm 밀:ât

엄중
厳重
げんじゅう

웅:yu-

엄중한 처벌 厳重な処罰 げんじゅうなしょばつ

🀄 严重 yánzhòng　🇻 nghiêm trọng 응이엠 종　엄:iêm 웅:ong

5 한국어–일본어 한자 단어 변환　199

업 🇯 giyo- 🇨 ye 🇻 nghiep

업무
業務
ぎょうむ

업:yo-

업무 관리 業務管理 ぎょうむかんり

🇨 业务 yèwù 🇯 w 🇻 nghiệp vụ 응이엡 부 업:iêp ㅁ:v

여 🇯 jiyo, riyo, yo 🇨 nu, lu, yu 🇻 nữ, lữ, dư

여공
女工
じょこう

옹:o-

여공 기숙사 女工寄宿舎 じょこうきしゅくしゃ

🇨 女工 nǔgōng 🇻 nữ công 느꽁 여:ư

여권
女権
じょけん

여권 보호 女権保護 じょけんほご

🇨 女权 nǔquán 🇻 nữ quyền 느 꾸엔 여:ư 원:uyên

여학생
女学生
じょがくせい

ⓗg 앵:ei

여학생의 권한 女学生の権限 じょがくせいのけんげん

🇨 女学生 nǔxuéshēng ⓧ..
🇻 nữ học sinh 느 혁 신 여:ư 학:oc 앵:inh

여객
旅客
りょかく

액:aku

여객선 旅客船 りょかくせん

🇨 旅客 lǔkè ⓙ.. 🇻 lữ khách 르 캑 여:ư

여관
旅館
りょかん

온천 여관 温泉旅館 おんせんりょかん

[中] 旅馆 lǚguǎn [V] lữ quán 르 꽌 여:ư

여론
与論
よろん

여론 형성 与論形成 よろんけいせい

[中] 舆论 yúlùn [V] dư luận 즈 루언 여:ư 온:uân

역

[日] reki [中] li [V] lich

역사
歴史
れきし

사:si

역사적 유산 歴史的遺産 れきしてきいさん

[中] 历史 lìshǐ 사:shǐ [V] lịch sử 릭 쓰 역:ich 사:sử

연

[日] nen,ken,ren [中] nian,yan,ran
[V] liên,diễn,niên,nghiên,luyện

연락
連絡
れんらく

연락 조직 連絡組織 れんらくそしき

[中] 连络 liánluò [ㄱ].. [V] liên lạc 리엔 락 연:iên

연속
連続
れんぞく

연속 기록 連続記録 れんぞくきろく

[中] 连续 liánxù [ㄱ].. [V] liên tục 리엔 뚝 연:iên

연맹
連盟
れんめい

앵ː ei

국제 연맹 国際連盟 こくさいれんめい

- Ⓒ 联盟 liánméng　Ⓥ liên minh 리엔 민　연ːiên 앵ːinh

연방
連邦
れんぽう

Ⓑp(h) 앙ːo-

연방 국가 連邦国家 れんぽうこっか

- Ⓒ 联邦 liánbāng　Ⓥ liên bang 리엔 방　연ːiên

연합
連合
れんごう

ⓗg 압ːo-

연합 기관 連合機関 れんごうきかん

- Ⓒ 联合 liánhé Ⓑ..　Ⓥ liên hợp 리엔 헙　연ːiên 압ːợp

연극
演劇
えんげき

연극부 演劇部 えんげきぶ

- Ⓒ 话剧 huàjù ⓙ..　Ⓥ diễn kịch 지엔 끽　연ːiên 윽ːich

연설
演説
えんぜつ

ⓡts

가두 연설 街頭演説 がいとうえんぜつ

- Ⓒ 演说 yǎnshuō ⓡ..　Ⓥ diễn thuyết 지엔 투엣　연ːiên 얼ːuyêt

연대
年代
ねんだい

애ːai

연대별 年代別 ねんだいべつ

- Ⓒ 年代 niándài 애ːai　Ⓥ niên đại 니엔 다이　연ːiên 애ːại

연표
年表
ねんぴょう

역사 연표 歴史年表 れきしねんぴょう

- Ⓒ 年表 niánbiǎo　Ⓥ niên biểu 니엔 비에우　연ːiên ㅍːb 요ːiêu

연구
研究
けんきゅう

연구 결과 研究結果 けんきゅうけっか

㊥ 研究 yánjiū ㉠j Ⓥ nghiên cứu 응이엔 끄우 연:iên 우:ưu

연료
燃料
ねんりょう

연료 공급 燃料供給 ねんりょうきょうきゅう

㊥ 燃料 ránliào Ⓥ nhiên liệu 느엔 리에우 연:iên 요:iêu

연습
練習
れんしゅう

㊗ -

기본연습 基本練習 きほんれんしゅう

㊥ 练习 liànxí ㊗ .. Ⓥ luyện tập 루엔 떱 연:iên 습:âp

열
㊐ neth, ne, eth ㊥ re, nie, yue Ⓥ nhiệt, duyệt

열기
熱気
ねっき

㊗ ts

청년의 열기 青年の熱気 せいねんのねっき

㊥ 热气 rèqì ㊗ .. Ⓥ nhiệt khí 니엣 키 열:iêt

열대
熱帯
ねったい

㊗ ts 애:ai

열대 식물 熱帯植物 ねったいしょくぶつ

㊥ 热带 rèdài ㊗ .. 애:ai Ⓥ nhiệt đới 니엣 더이 열:iêt 애:ới

열량
熱量
ねつりょう

㊗ ts 양:yo-

열량계 熱量計 ねつりょうけい

㊥ 热量 rèliàng ㊗ .. Ⓥ nhiệt lượng 니엣 르엉 열:iêt 양:ương

열반
涅槃
ねはん

㉣..(예외) ㉥h

열반상 涅槃像 ねはんぞう

㊥ 涅槃 nièpán ㉣.. Ⓥ niết bàn 니엣 반 열:iêt

영

㊐ riyo-, ei, rei ㊥ ling, yong, ling
Ⓥ lãnh, vĩnh, linh

영사
領事
りょうじ

영:yo- 사:ji

일본 영사관 日本領事館 にほんりょうじかん

㊥ 領事 lǐngshì 사:shì Ⓥ lãnh sự 라잉 쓰 영:anh 사:sự

영토
領土
りょうど

영:yo-

영토 확장 領土拡張 りょうどかくちょう

㊥ 領土 lǐngtǔ Ⓥ lãnh thổ 라잉 토 영:anh

영해
領海
りょうかい

영:yo- ㉥k 애:ai

영해 침범 領海侵犯 りょうかいしんぱん

㊥ 領海 lǐnghǎi 애:ɑi Ⓥ lãnh hải 라잉 하이 영:anh 애:ài

영구
永久
えいきゅう

영:ei

영구 보존 永久保存 えいきゅうほぞん

㊥ 永久 yǒngjiǔ ㉢j Ⓥ vĩnh cửu 빈 끄우 영:inh 우:ưu

영원
永遠
えいえん

영:ei

영원한 행복 永遠の幸せ えいえんのしあわせ

㊥ 永远 yǒngyuǎn Ⓥ vĩnh viễn 빈 비엔 영:inh 원:iên

영혼
霊魂
れいこん

영:ei ㉠k

영혼 불멸 霊魂不滅 れいこんふめつ

- ㊥ 灵魂 línghún
- Ⓥ linh hồn 린 홍　영:inh

예

㊐ yo, rei, gei　㊥ yu, li, yi　Ⓥ dự, lễ, nghệ

예감
予感
よかん

예감 적중 予感的中 よかんてきちゅう

- ㊥ 预感 yùgǎn
- Ⓥ dự cảm 즈 깜　예:ư

예방
予防
よぼう

양:o-

예방 주사 予防注射 よぼうちゅうしゃ

- ㊥ 预防 yùfáng　㊐f
- Ⓥ dự phòng 즈 퐁　예:ư ㅂ:ph 앙:ong

예보
予報
よほう

㊐h

일기 예보 天気予報 てんきよほう

- ㊥ 预报 yùbào
- Ⓥ dự báo 즈 바오　예:ư 오:ao

예비
予備
よび

예비군 予備軍 よびぐん

- ㊥ 预备 yùbèi
- Ⓥ dự bị 즈 비　예:ư

예산
予算
よさん

예산안 予算案 よさんあん

- ㊥ 预算 yùsuàn
- Ⓥ dự toán 즈 또안　예:ư 안:oan

예술
芸術
げいじゅつ

ㄹts

예술 작품 芸術作品 げいじゅつさくひん

中 艺术 yìshù ㄹ.. V nghệ thuật 응에 투엇 예:ê 울:uât

오

日 o, go 中 wu V o

오염
汚染
おせん

대기 오염 大気汚染 たいきおせん

中 污染 wūrǎn V ô nhiễm 오 니엠 염:iêm

오인
誤認
ごにん

오인 체포 誤認逮捕 ごにんたいほ

中 误认 wùrèn V ngộ nhận 응오 년 안:nhân

온

日 on 中 wen V ôn

온대
温帯
おんたい

애:ai

온대저기압 温帯低気圧 おんたいていきあつ

中 温带 wēndài 애:ai V ôn đới 온 더이 애:ơi

온화
温和
おんわ

화:wa(예외)

온화한 기후 温和な気候 おんわなきこう

中 温和 wēnhé V ôn hòa 온 화

완 🇯 kan 🇨 wan 🇻 hoàn

완공
完工
かんこう

🇰 o-
건축 완공 建築完工 けんちくかんこう

🇨 完工 wángōng 🇻 hoàn công 환 꽁

완성
完成
かんせい

🇰 :ei
완성품 完成品 かんせいひん

🇨 完成 wánchéng 🇻 hoàn thành 환 타잉 🇰 :anh

완전
完全
かんぜん

완전 범죄 完全犯罪 かんぜんはんざい

🇨 完全 wánquán 🇻 hoàn toàn 환 또안 🇰 :oan

왕 🇯 o- 🇨 wang 🇻 vương

왕국
王国
おうこく

왕: o-
고대 왕국 古代王国 こだいおうこく

🇨 王国 wángguó ㉠.. 🇻 vương quốc 브엉 꾸억 왕:vương 욱:uôc

왕비
王妃
おうひ

왕: o- 🇯 h
영국 왕비 イギリス王妃 イギリスおうひ

🇨 王妃 wángfēi 🇻 vương phi 브엉 피 왕:vương ㅂ:ph

왕자
王子
おうじ

왕:o- 자:ji
어린 왕자 幼い王子 おさないおうじ

🀄 王子 wángzǐ 자:zǐ　🇻 vương tử 브엉 뜨　왕:vương 자:tử

왕조
王朝
おうちょう

왕:o-
역대 왕조 歴代王朝 れきだいおうちょう

🀄 王朝 wángcháo　🇻 vương triều 브엉 지에우　왕:vương 오:iêu

외

🇯 gai　🀄 wai　🇻 ngoại

외과
外科
げか

정형외과 整形外科 せいけいげか

🀄 外科 wàikē 외:ài　🇻 ngoại khoa 응와이 콰　외:oai

외관
外観
がいかん

외:ai
외관 검사 外観検査 がいかんけんさ

🀄 外观 wàiguān 외:ài　🇻 ngoại quan 응와이 꽌　외:oai

외교
外交
がいこう

외:ai
외교 문서 外交文書 がいこうぶんしょ

🀄 外交 wàijiāo 외:ài　🇻 ngoại giao 응와이 자오　외:oai ㄱ:gi 요:ao

외래
外来
がいらい

외:ai 애:ai
외래어 外来語 がいらいご

🀄 外来 wàilái 외:ai 애:ai　🇻 ngoại lai 응와이 라이　외:oai 애:ai

208

외무
外務
がいむ

외무 관리 外務管理 がいむかんり

🀄 外务 wàiwù 외:ài 🇻 ngoại vụ 응와이 부 외:oai ㅁ:v

외화
外貨
がいか

외:ai ㅎk

외화 획득 外貨獲得 がいかかくとく

🀄 外货 wàihuò 외:ài 🇻 ngoại hối 응와이 호이 외:oai 와:ối

요　　　　　　🇯 yo-　🀄 ya　🇻 yếu

요구
要求
ようきゅう

시대의 요구 時代の要求 じだいのようきゅう

🀄 要求 yāoqiú 🇻 yêu cầu 이에우 꺼우 요:yêu 우:âu

요소
要素
ようそ

분석 요소 分析要素 ぶんせきようそ

🀄 要素 yàosù 🇻 yếu tố 이에우 또 요:yêu

요술
妖術
ようじゅつ

🇰ts

요술사 妖術師 ようじゅつし

🀄 妖术 yāoshù ㉯.. 🇻 yêu thuật 이에우 투엇 요:yêu 울:uât

용 　　🇯 yo-, yu-, riu-　🇨 rong, yong, long
　　　　🇻 dung, long

용모
容貌
ようぼう

🇰o- 🇯ㅂ

용모 단정 容貌端麗 ようぼうたんれい

　🇨 容貌 róngmào　🇻 dung mạo 중 마오　용:dung 오:ao

용적
容積
ようせき

🇰o-

용적율 容積率 ようせきりつ

　🇨 容积 róngjī ㉠..　🇻 dung tích 중 띡　용:dung 억:ich

용구
用具
ようぐ

🇰-

의료 용구 医療用具 いりょうようぐ

　🇨 用具 yòngjù　🇻 dụng cụ 중 꾸　용:dung

용량
容量
ようりょう

🇰o- 양:yo-

용량 표시 容量表示 ようりょうひょうじ

　🇨 用量 yòngliàng　🇻 dung lượng 중 르엉　용:dung 양:ương

용의
用意
ようい

🇰o-

용의 주도 用意周到 よういしゅうとう

　🇨 用意 yòngyì　🇻 dụng ý 중 이　용:dung 의:y

용감
勇敢
ゆうかん

🇰-

용감한 전사 勇敢な戦士 ゆうかんなせんし

　🇨 勇敢 yǒnggǎn　🇻 dũng cảm 중 깜　용:dung

용기
勇気
ゆうき

◎-

사랑과 용기 愛と勇気 あいとゆうき

🀄 勇气 yǒngqì　Ⓥ dũng khí 중 키 용:dung

용맹
勇猛
ゆうもう

◎o- 앵:o-

용맹한 병사 勇猛な兵士 ゆうもうなへいし

🀄 勇猛 yǒngměng　Ⓥ dũng mãnh 중 마잉 용:dung 앵:anh

우

🇯 yu-, u　🀄 you, yu　Ⓥ ưu

우대
優待
ゆうたい

애:ai

우대 가격 優待価格 ゆうたいかかく

🀄 优待 yōudài 애:ai　Ⓥ ưu đãi 으우 다이 우:ưu 애:ai

우선
優先
ゆうせん

우선권 優先権 ゆうせんけん

🀄 优先 yōuxiān　Ⓥ ưu tiên 으우 띠엔 우:ưu 언:iên

우세
優勢
ゆうせい

우세 유지 優勢維持 ゆうせいいじ

🀄 优势 yōushì　Ⓥ ưu thế 으우 테 우:ưu

우수
優秀
ゆうしゅう

성적 우수 成績優秀 せいせきゆうしゅう

🀄 优秀 yōuxiù　Ⓥ ưu tú 으우 뚜 우:ưu

우월
優越
ゆうえつ

[ㄹ]ts
우월감 優越感 ゆうえつかん

[中] 优越 yōuyuè [ㄹ].. [V] ưu việt 으우 비엣 우:ưu 월:iêt

우주
宇宙
うちゅう

우주 원리 宇宙原理 うちゅうげんり

[中] 宇宙 yǔzhòu [V] ưutrụ 부 주

운

[日] un [中] yun, [V] vận

운동
運動
うんどう

[◎]o-
운동회 運動会 うんどうかい

[中] 运动 yùndòng [V] vận động 번 동 운:ân

운명
運命
うんめい

영:ei
국가의 운명 国家の運命 こっかのうんめい

[中] 运命 yùnmìng [V] vận mệnh 번 멘 운:ân 영:ênh

운용
運用
うんよう

[◎]o-
자금 운용 資金運用 しきんうんよう

[中] 运用 yùnyòng [V] vận dụng 번 중 운:ân 용:dung

운행
運行
うんこう

[ㅎ]k **앵:**o-
운행 상황 運行状況 うんこうじょうきょう

[中] 运行 yùnxíng [ㅎ]x [V] vận hành 번 하잉 운:ân 앵:anh

웅　🇯 yu-　🇨 xiong　🇻 hung

웅변
雄弁
ゆうべん

◎ o-

웅변가 雄弁家 ゆうべんか

🇨 雄辯 xióngbiàn　🇻 hùng biện 훙 비엔　연:iên

원　🇯 gen, en　🇨 yuan　🇻 nguyên, viện

원료
原料
げんりょう

원료비 原料費 げんりょうひ

🇨 原料 yuánliào　🇻 nguyên liệu 응웬 리에우　원:uyên 요:iêu

원리
原理
げんり

기본 원리 基本原理 きほんげんり

🇨 原理 yuánlǐ　🇻 nguyên lý 응웬 리　원:nguyên

원문
原文
げんぶん

◎ b

원문 공개 原文公開 げんぶんこうかい

🇨 原文 yuánwén ◎w　🇻 nguyên văn 응웬 반　원:nguyên ㅁ:v 운:ân

원생
原生
げんせい

앵:ei

원생 생물 原生生物 げんせいせいぶつ

🇨 原生 yuánshēng　🇻 nguyên sinh 응웬 씬　원:nguyên 앵:inh

원시
原始
げんし

원시인 原始人 げんしじん

- 原始 yuánshǐ
- nguyên thủy 응웬 투이 원:nguyên 이:uy

원인
原因
げんいん

원인 불명 原因不明 げんいんふめい

- 原因 yuányīn
- nguyên nhân 응웬 년 원:nguyên 인:nhân

원자
原子
げんし

자:si

원자력발전 原子力発電 げんしりょくはつでん

- 原子 yuánzǐ 자:zǐ
- nguyên tử 응웬 뜨 원:nguyên 자:tử

원작
原作
げんさく

원작 소설 原作小説 げんさくしょうせつ

- 原作 yuánzuò ㉠..
- nguyên tác 응웬 딱 원:nguyên

원점
原点
げんてん

문제의 원점 問題の原点 もんだいのげんてん

- 原点 yuándiǎn ㉠..
- nguyên điểm 응웬 디엠 원:nguyên 엄:iêm

원칙
原則
げんそく

㉡s

비핵 삼원칙 非核三原則 ひかくさんげんそく

- 原则 yuánzé ㉠..
- nguyên tắc 응우엔 딱 원:익:ăc

원조
援助
えんじょ

원조 국가 援助国家 えんじょこっか

- 援助 yuánzhù
- viện trợ 비엔 쩌 원:uyên

214

원본
元本
がんぽん

[ㅂ]p(h)
원금 보증 元本保証 がんぽんほしょう

[中] 原件 yuánjiàn [V] nguyên bản 응웬 반 원:nguyên 온:an

원소
元素
げんそ

화학 원소 化学元素 かがくげんそ

[中] 元素 yuánsù [V] nguyên tố 응웬 또 원:nguyên

원양
遠洋
えんよう

양:yo
원양 어선 遠洋漁船 えんようぎょせん

[中] 远洋 yuǎnyáng [V] viễn dương 비엔 즈엉 원:uyên 양:ương

원정
遠征
えんせい

엉:ei
해외 원정 海外遠征 かいがいえんせい

[中] 远征 yuǎn zhēng [V] viễn chinh 비엔 찐 원:uyên 엉:inh

월

[日] geth [中] yue [V] nguyet

월식
月蝕
げっしょく

[ㄹ]ts
월식 현상 月蝕現象 げっしょくげんしょう

[中] 月蚀 yuèshí ㄹ.. ㄱ.. [V] nguyệt thực 응우엣 특 월:nguyêt 익:ưc

위   日 i, ki, ei, gi   中 wei   V uy, nguy, vi, ve

위력 威力 いりょく
환경의 위력 環境の威力 かんきょうのいりょく
中 威力 wēilì ㉠..   V uy lực 우이 륵 역:ực

위세 威勢 いせい
위세와 무력 威勢と無力 いせいとむりょく
中 威勢 wēishì   V uy thế 우이 테

위신 威信 いしん
국가의 위신 国家の威信 こっかのいしん
中 威信 wēixìn   V uy tín 우이 띤

위엄 威厳 いげん
아버지의 위엄 父の威厳 ちちのいげん
中 威严 wēiyán   V uy nghiêm 우이 응이엠 엄:iêm

위기 危機 きき
위기 의식 危機意識 ききいしき
中 危机 wēijī ㉠j   V nguy cơ 응위 꺼 어:o

위험 危険 きけん
㋑k
위험 구역 危険区域 きけんくいき
中 危险 wēixiǎn ㋑x   V nguy hiểm 응우이 히엠 엄:iêm

위원
委員
いいん

대표 위원 代表委員 だいひょういいん

🀄 委员 wěiyuán　🇻 ủy viên 우이 비엔　원:iên

위임
委任
いにん

위임권 委任権 いにんけん

🀄 委任 wěirèn　🇻 ủy nhiệm 우이 니엠　암:iêm

위탁
委託
いたく

위탁 운영 委託運用 いたくうんよう

🀄 委托 wěituō ㊀..　🇻 ủy thác 우이 탁

위반
違反
いはん

㊇h

법률 위반 法律違反 ほうりついはん

🀄 违反 wéifǎn ㊇f　🇻 ei phạm 비 팜　위:i ㅂ:ph

위법
違法
いほう

㊇h 업:o-

위법 행위 違法行為 いほうこうい

🀄 违法 wéifǎ ㊇f ㊀..　🇻 vi pháp 비 팝　위:i ㅂ:ph

위대
偉大
いだい

애:ai

위대한 역사 偉大な歴史 いだいなれきし

🀄 伟大 wěidà 애:ai　🇻 vĩ đại 비 다이　위:I 애:ại

위인
偉人
いじん

위인 열전 偉人列伝 いじんれつでん

🀄 伟人 wěirén　🇻 vĩ nhân 비 년　위:i 안:nhân

위생
衛生
えいせい

앵:ei

위생 관리 衛生管理 えいせいかんり

㊥ 卫生 wèishēng　Ⓥ vệ sinh 베 씬　위:ệ 앵:inh

위성
衛星
えいせい

엉:ei

위성 도시 衛星都市 えいせいとし

㊥ 卫星 wèixīng　Ⓥ vệ tinh 베 띤　위:ệ 엉:inh

위도
緯度
いど

위도 경도 緯度経度 いどけいど

㊥ 纬度 wěidù　Ⓥ vĩ độ 비 도　위:i

위장
僞裝
ぎそう

앙:o-

위장 결혼 僞裝結婚 ぎそうけっこん

㊥ 伪装 wěizhuāng　Ⓥ ngụy trang 응위 짱

위치
位置
いち

위치 변경 位置変更 いちへんこう

㊥ 位置 wèizhì　Ⓥ vị trí 비 찌　위:i

유　㊐ yu-, i, riyu-,　㊥ you, yi, liu　Ⓥ hữu, di, lưu, du

유선
有線
ゆうせん

유선 전화 有線電話 ゆうせんでんわ

㊥ 有线 yǒuxiàn　Ⓥ hữu tuyến 흐우 뚜엔　유:ưu 언:uyên

유용
有用
ゆうよう

ⓞ-

유용한 정보 有用な情報 ゆうようなじょうほう

⊕ 有用 yǒuyòng　Ⓥ hữu dụng 흐우 중　유:ɯu 용:dung

유익
有益
ゆうえき

유익한 경험 有益な経験 ゆうえきなけいけん

⊕ 有益 yǒuyì ⓙ..　Ⓥ hữu ích 흐우 익　유:ɯu

유한
有限
ゆうげん

ⓗg

유한 회사 有限会社 ゆうげんがいしゃ

⊕ 有限 yǒuxiàn ⓗx　Ⓥ hữu hạn 흐우 한　유:ɯu

유형
有形
ゆうけい

ⓗk 영:ei

유형 문화재 有形文化財 ゆうけいぶんかざい

⊕ 有形 yǒuxíng ⓗx　Ⓥ hữu hình 흐우 힌　유:ɯu 영:inh

유효
有効
ゆうこう

ⓗk

유효 기간 有効期限 ゆうこうきげん

⊕ 有效 yǒuxiào ⓗx　Ⓥ hữu hiệu 흐우 히에우　유:ɯu 요:iêu

유적
遺跡
いせき

유적 조사 遺跡調査 いせきちょうさ

⊕ 遗迹 yíjì ⓙ..　Ⓥ di tích 지 띡　유:ɯu 억:ich

유전
遺伝
いでん

가족 유전 家族遺伝 かぞくいでん

⊕ 遗传 yíchuán　Ⓥ di truyền 지 쭈엔　유:i 언:uyên

유족
遺族
いぞく

유족연금 遺族年金 いぞくねんきん

- 中 遺族 yízú ㉠.. V di tộc 지 똑 유:i

유역
流域
りゅういき

하유역 下流域 かりゅういき

- 中 流域 liúyù ㉠.. V lưu vực 르우 븍 유:ưu 역:ưc

유통
流通
りゅうつう

◎-

유통 경로 流通経路 りゅうつうけいろ

- 中 流通 liútōng V lưu thông 르우 통 유:ưu

유의
留意
りゅうい

유의 사항 留意事項 りゅういじこう

- 中 留意 liúyì V lưu ý 르우 이 유:ưu 의:y

유학
留学
りゅうがく

ㅎg

유학생 留学生 りゅうがくせい

- 中 留学 liúxué ⓧx ㉠.. V du học 주 혹 유:u 학:oc

유람
遊覧
ゆうらん

유람선 遊覧船 ゆうらんせん

- 中 游览 yóulǎn V du lãm 주 람 유:u

유산
遺産
いさん

유산 관리 遺産管理 いさんかんり

- 中 遗产 yíchǎn V di sản 지 싼 유:i

육

[日] riku, roku, niku [中] lu, liu, rou [V] lục, nhục

육군
陸軍
りくぐん

육군사관학교 陸軍士官学校 りくぐんしかんがっこう

[中] 陆军 lùjūn ㉠.. ㉠j [V] lục quân 룩 꾸언 육:uc 운:uân

육지
陸地
りくち

육지 면적 陸地面積 りくちめんせき

[中] 陆地 lùdì ㉠.. [V] lục địa 룩 디아 육:uc 이:ia

육각
六角
ろっかく

육각 구조 六角構造 ろっかくこうぞう

[中] 六角 liùjiǎo ㉠j ㉠.. ㉠.. [V] lục giác 룩 작 육:uc ㄱ:gi

육체
肉体
にくたい

에:ai

육체 노동 肉体労働 にくたいろうどう

[中] 肉体 ròutǐ ㉠.. [V] nhục thể 늑 테 육:uc

윤

[日] lin [中] lun [V] luan

윤회
輪廻
りんね

㉭k 외;ai

윤회 전생 輪廻転生 りんねてんしょう

[中] 轮回 lúnhuí ㉭k 외;ai [V] luân hồi 루언 호이 윤:uân 외:ôi

은

🇯 on, gin 🇨 en, yin 🇻 ân, ngân

은덕
恩德
おんとく

조상의 은덕 先祖の恩徳 せんぞのおんとく

🇨 恩德 ēndé ㉠.. 🇻 ân đức 언 득 은:ân 억:ưc

은인
恩人
おんじん

은인 관계 恩人関係 おんじんかんけい

🇨 恩人 ēnrén 🇻 ân nhân 언 년 은:ân 인:nhân

은혜
恩惠
おんけい

㉠k 예:ei

부모의 은혜 両親の恩恵 りょうしんのおんけい

🇨 恩惠 ēnhuì 🇻 ân huệ 언 후에 은:ân 예:uê

은하
銀河
ぎんが

㉠g

은하 철도 銀河鉄道 ぎんがてつどう

🇨 銀河 yínhé 🇻 ngân hà 응언 하 은:ngân

은행
銀行
ぎんこう

㉠k 앵:o-

은행 계좌 銀行口座 ぎんこうこうざ

🇨 銀行 yínháng 🇻 ngân hàng 응언 항 은:ngân 앵:ang

음 ❺ on, in ㊥ yin ❻ âm

음성
音声
おんせい

엉ːei

음성 인식 音声認識 おんせいにんしき

㊥ 声音 shēng yīn ❻ âm thanh 엄 타잉 음ːâm 엉ːanh

음악
音楽
おんがく

음악 감상 音楽鑑賞 おんがくかんしょう

㊥ 音乐 yīnyuè ㉠.. ❻ âm nhạc 엄 냑 음ːâm 악ːnhac

음향
音響
おんきょう

㉠k 양ːyo-

음향 효과 音響効果 おんきょうこうか

㊥ 音响 yīnxiǎng ⓢx ❻ âm hưởng 엄 흐엉 음ːâm 향ːương

음력
陰暦
いんれき

음력 양력 陰暦と陽暦 いんれきとようれき

㊥ 阴历 yīnlì ㉠.. ❻ âm lịch 엄 릭 음ːâm 역ːich

음모
陰謀
いんぼう

b

음모론 陰謀論 いんぼうろん

㊥ 阴谋 yīnmóu ❻ âm mưu 엄 므우 음ːâm 오ːưu

음양
陰陽
いんよう

양ːyo-

음양 조화 陰陽の調和 いんようのちょうわ

㊥ 阴阳 yīnyáng ❻ âm dương 엄 즈엉 음ːâm 양ːương

응

🇯 o- 🇨 ying 🇻 ung

응용
応用
おうよう

◎o- ◎o-

응용 과학 応用科学 おうようかがく

🇨 应用 yìngyòng 🇻 ứng dụng 응중 용:dung

의

🇯 i, gi, ri 🇨 yi, li, lu 🇻 y, nghi, nghĩa, ly, lợi, di

의견
意見
いけん

의견 교환 意見交換 いけんこうかん

🇨 意见 yìjiàn ⊙j 🇻 ý kiến 이 끼엔 의:y 연:iên

의도
意図
いと

상대방의 의도 相手の意図 あいてのいと

🇨 意图 yìtú 🇻 ý đồ 이 도 의:y

의식
意識
いしき

의식 개혁 意識改革 いしきかいかく

🇨 意识 yìshí ⊙.. 🇻 ý thức 이 특 의:y 익:ức

의지
意志
いし

자유 의사 自由意志 じゆういし

🇨 意志 yìzhì 🇻 ý chí 이 지 의:y

의약
医薬
いやく

의약품 医薬品 いやくひん

- 中 医药 yīyào ⓣ.. V y dược 이 즈억 의:y 약:ược

의학
医学
いがく

ⓗg
예방 의학 予防医学 よぼういがく

- 中 医学 yīxué ⓢx ⓣ.. V y học 이 헉 의:y 악:oc

의례
儀礼
ぎれい

종교 의례 宗教儀礼 しゅうきょうぎれい

- 中 礼仪 lǐyí V nghi lễ 응이 레 의:nghi 예:ê

의식
儀式
ぎしき

국가 의식 国家儀式 こっかぎしき

- 中 仪式 yíshì ⓣ.. V nghi thức 응이 특 의:nghi 악:ực

의논
議論
ぎろん

상호 의논 相互議論 そうごぎろん

- 中 议论 yìlùn V nghị luận 응이 루언 의:nghị 온:uân

의무
義務
ぎむ

의무 교육 義務教育 ぎむきょういく

- 中 义务 yìwù ⓦw V nghĩa vụ 응이아 부 의:nghĩa ㅁ:v

의문
疑問
ぎもん

의문점 疑問点 ぎもんてん

- 中 疑问 yíwèn ⓦw V nghi vấn 응이 번 의:nghi ㅁ:v 운:ân

의원
議員
ぎいん

국회의원 国会議員 こっかいぎいん

🀄 议员 yìyuán　🇻 nghị viên 응이 비엔　의:nghi 원:iên

이
🇯 li, i　🀄 li, lu, yi　🇻 ly, loi, di

이별
離別
りべつ

ㄹts

이별 경험 離別経験 りべつけいけん

🀄 离别 líbié　ㄹ..　🇻 ly biệt 리 비엣　열:iêt

이산
離散
りさん

이산 가족 離散家族 りさんかぞく

🀄 离散 lísàn　🇻 ly tán 리 딴　ㅅ:t

이혼
離婚
りこん

ㅎk

이혼 소송 離婚訴訟 りこんそしょう

🀄 离婚 líhūn　🇻 ly hôn 리 혼

이론
理論
りろん

이론 전개 理論展開 りろんてんかい

🀄 理论 lǐlùn　🇻 lý luận 리 루언　온:uân

이상
理想
りそう

앙:o-

이상과 현실 理想と現実 りそうとげんじつ

🀄 理想 lǐxiǎng　🇻 lý tưởng 리 뜨엉　앙:ương

이유
理由
りゆう

존재 이유 存在理由 そんざいりゆう

- 🀄 理由 lǐyóu　Ⓥ lý do 리 저　유:o

이력
履歴
りれき

이력서 履歴書 りれきしょ

- 🀄 履历 lǚlì　Ⓥ lý lịch 리 릭　역:ich

이익
利益
りえき

이익 충돌 利益衝突 りえきしょうとつ

- 🀄 利益 lìyì　Ⓥ lợi ích 러이 익　아:ơi

이주
移住
いじゅう

강제 이주 強制移住 きょうせいいじゅう

- 🀄 移居 yíjū　Ⓥ di trú 지 쭈

인

🇯🇵 jin, in, (rin)　🀄 ren, yin, (lin)　Ⓥ nhân, ấn, (lân)

인격
人格
じんかく

인격 형성 人格形成 じんかくけいせい

- 🀄 人格 réngé　Ⓥ nhân cách 년 까익　안:nhân 역:ach

인공
人工
じんこう

◎-

인공 호흡 人工呼吸 じんこうこきゅう

- 🀄 人工 réngōng　Ⓥ nhân công 년 꽁　안:nhân

인권
人権
じんけん

인권 주장 人権主張 じんけんしゅちょう

- 🀄 人权 rénquán
- 🇻 nhân quyền 년 꾸엔
- 🇰 nhân 원:uyên

인도
人道
じんどう

인도 주의 人道主義 じんどうしゅぎ

- 🀄 人道 réndào
- 🇻 nhân đạo 년 다오
- 🇰 nhân 오:ao

인력
人力
じんりき、
じんりょく

인력거 人力車 じんりきしゃ

- 🀄 人力 rénlì ㉠..
- 🇻 nhân lực 년 륵
- 🇰 nhân 역:ực

인류
人類
じんるい

인류학 人類学 じんるいがく

- 🀄 人类 rénlèi
- 🇻 nhân loại 년 로아이
- 🇰 nhân 유:oai

인마
人馬
じんば

Ⓓb

인마 일체 人馬一体 じんばいったい

- 🀄 人马 rénmǎ
- 🇻 nhân mã 년 마
- 🇰 nhân

인문
人文
じんぶん

Ⓓb

인문 과학 人文科学 じんぶんかがく

- 🀄 人文 rénwén ㉨w
- 🇻 nhân văn 년 반
- 🇰 nhân ㅁ:v 운:an

인물
人物
じんぶつ

Ⓓb Ⓛts

인물 사전 人物事典 じんぶつじてん

- 🀄 人物 rénwù ㉨w ㉡..
- 🇻 nhân vật 년 벗
- 🇰 nhân ㅁ:v 울:ât

인민
人民
じんみん

인민 재판 人民裁判 じんみんさいばん

🀄 人民 rénmín　Ⓥ nhân dân 년 전　안:nhân 안:ân

인사
人事
じんじ

사:ji

인사 이동 人事異動 じんじいどう

🀄 人事 rénshì　사:shì　Ⓥ nhân sự 년 쓰　안:nhân 사:sự

인원
人員
じんいん

인원 동원 人員動員 じんいんどういん

🀄 人员 rényuán　Ⓥ nhân viên 년 비엔　안:nhân 원:iên

인재
人材
じんざい

애:ai

인재 육성 人材育成 じんざいいくせい

🀄 人才 réncái 애:ai　Ⓥ nhân tài 년 따이　안:nhân 애:ài

인조
人造
じんぞう

인조 인간 人造人間 じんぞうにんげん

🀄 人造 rénzào　Ⓥ nhân tạo 년 따오　안:nhân 오:ao

인종
人種
じんしゅ

옹:yu(예외)

인종 문제 人種問題 じんしゅもんだい

🀄 人种 rénzhǒng　Ⓥ nhân chủng 년 중　안:nhân 옹:ung

인애
仁愛
じんあい

애:ai

인애한 정신 仁愛の精神 じんあいのせいしん

🀄 仁爱 rén'ài 애:ɑi　Ⓥ nhân ái 년 아이　안:nhân 애:ái

인의
仁義
じんぎ

인의의 도 仁義の道 じんぎのみち

[中] 仁义 rényì [V] nhân nghĩa 년 응이아 인:nhân 의:nghia

인과
因果
いんが

인과응보 因果応報 いんがおうほう

[中] 因果 yīnguǒ [V] nhân quả 년 꽈 인:nhân

인연
因縁
いんねん

인연 관계 因縁関係 いんねんかんけい

[中] 因缘 yīnyuán [V] nhân duyên 년 주엔 인:nhân 연:uyên

인상
印象
いんしょう

앙:yo-

인상적 印象的 いんしょうてき

[中] 印象 yìnxiàng [V] ấn tượng 언 뜨엉 인:an 앙:ương

인식
認識
にんしき

인식 부족 認識不足 にんしきぶそく

[中] 认识 rènshi ㉠.. [V] nhận thức 년 특 인:nhân 익:ưc

일

[日] nith, iyh [中] ri, yi [V] nhất,

일기
日記
にっき

㉣ts

교환 일기 交換日記 こうかんにっき

[中] 日记 rìjì ㉣.. ㉠J [V] nhật ký 녓 끼 일:nhât

일보
日報
にっぽう

ㄹts p(h)(연음)

인민 일보 人民日報 じんみんにっぽう

㊥ 日报 rìbào ㉣.. Ⓥ nhật báo 녓 빠오 일:nhât 오:ao

일본
日本
にほん、
にっぽん

ㄹts ㅂp(h)(연음)

일본 국가 日本国家 にほんこっか

㊥ 日本 Rìběn ㉣.. Ⓥ Nhật Bản 녓 빤 일:nhât 온:an

일식
日蝕
にっしょく

ㄹts

부분 일식 部分日蝕 ぶぶんにっしょく

㊥ 日蚀 rìshí ㉣.. ㉠. Ⓥ nhật thực 녓 특 일:nhât 익:ưc

일관
一貫
いっかん

ㄹts

일관 교육 一貫教育 いっかんきょういく

㊥ 一贯 yíguàn ㉣.. Ⓥ nhất quán 녓 꽌 일:nhât

일정
一定
いってい

ㄹts

일정 거리 一定距離 いっていきょり

㊥ 一定 yídìng ㉣.. Ⓥ nhất định 녓 딘 일:nhât 엉:inh

일체
一体
いったい

ㄹts 에:ai

지역 일체 地域一体 ちいきいったい

㊥ 一体 yìtǐ ㉣.. Ⓥ nhất thể 녓 테 일:nhât

임 ㉰ nin, rin ㉱ ren, lin Ⓥ nhiệm, lâm

임기
任期
にんき

임기 만료 任期満了 にんきまんりょう

㉱ 任期 rènqī   Ⓥ nhiệm kỳ 니엠 끼 임:nhiem

임무
任務
にんむ

임무 수행 任務遂行 にんむすいこう

㉱ 任務 rènwu ㉰w Ⓥ nhiệm vụ 니엠 부 임:nhiêm ㅁ:v

임시
臨時
りんじ

임시 정부 臨時政府 りんじせいふ

㉱ 临时 línshí   Ⓥ lâm thời 럼 터이 임:âm ㅅ:th 이:ơi

입 ㉰ rith, niyu- ㉱ li, ru Ⓥ lập, nhập

입법
立法
りっぽう

㉰ts(예외) ㉱p(h)(연음) 업:o-

입법 기관 立法機関 りっぽうきかん

㉱ 立法 lìfǎ ㉰.. ㉱f ㉱.. Ⓥ lập pháp 럽 팝 임:âp ㅂ:ph 입:ap

입체
立体
りったい

에:ai

입체 모형 立体模型 りったいもけい

㉱ 立体 lìtǐ ㉰.. Ⓥ lập thể 럽 테 입:âp

입원
入院
にゅういん

입:yu-

입원 기간 入院期間 にゅういんきかん

🀄 入院 rùyuàn ㅂ.. 🇻 nhập viện 녑 비엔 입:nhập 원:iên

입학
入学
にゅうがく

입:yu-

대학 입학 大学入学 だいがくにゅうがく

🀄 入学 rùxué ㅂ.. ⓧx ㄱ.. 🇻 nhập học 녑 혹 입:nhập 악:oc

자

🇯 ji, si 🀄 zi, (xu, ci) 🇻 tự

자각
自覚
じかく

자:ji

자각 증상 自覚症状 じかくしょうじょう

🀄 自觉 zìjué 자:zì ⓙj ㅂ.. 🇻 tự giác 뜨 쟉 자:tự ㄱ:gi

자급
自給
じきゅう

자:ji ㅂ-

자급자족 自給自足 じきゅうじそく

🀄 自给 zìjǐ 자:zì ⓙj ㅂ.. 🇻 tự cấp 뜨 껍 자:tự 읍:âp

자동
自動
じどう

자:ji ◎-
자동 제어 自動制御 じどうせいぎょ

🀄 自动 zìdòng 자:zi Ⓥ tự động 뜨 동 자:tự

자력
自力
じりき

자:ji
자력 갱생 自力更生 じりきこうせい

🀄 力 zìlì 자:zì ㊀.. Ⓥ tự lực 뜨 륵 자:tự 역:ực

자립
自立
じりつ

자:ji ㊇ts(예외)
경제적 자립 經濟的自立 けいざいてきじりつ

🀄 自立 zìlì 자:zì ㊇.. Ⓥ tự lập 뜨럽 자:tự 입:âp

자만
自慢
じまん

자:ji
자랑거리 自慢話 じまんばなし

🀄 自满 zìmǎn 자:zi Ⓥ tự mãn 뜨 만 자:tự

자문
自問
じもん

자:ji
자문 자답 自問自答 じもんじとう

🀄 自问 zìwèn 자:zì ㊇w Ⓥ tự vấn 뜨 번 자:tự ㅁ:v 운:ân

자백
自白
じはく

자:ji ㊇h 액:aku
범죄 자백 犯罪自白 はんざいじはく

🀄 自白 zìbái 자:zì 애:ɑi ㊀.. Ⓥ tự bạch 뜨 바익 자:tự 액:ach

자부
自負
じふ

자:ji ㊇h
자부심 自負心 じふしん

🀄 自负 zìfù 자:zì ㊇f Ⓥ tự phụ 뜨 푸 자:tự ㅂ:ph

자살
自殺
じさつ

자:ji ㄹts
자살 예방 自殺予防 じさつよぼう

- 中 自杀 zìshā 자:zi ㄹ..
- V tự sát 뜨 삿 자:tự 알:at

자수
自首
じしゅ

자:ji
자수 권고 自首勧告 じしゅかんこく

- 中 自首 zìshǒu 자:zi
- V tự thú 뜨 투 자:tự ㅅ:th

자신
自身
じしん

자:ji
자기 자신 自分自身 じぶんじしん

- 中 自身 zìshēn 자:zi
- V tự thân 뜨 턴 자:tự ㅅ:th 인:ân

자연
自然
しぜん

자:si
자연 현상 自然現象 しぜんげんしょう

- 中 自然 zìrán 자:zi
- V tự nhiên 뜨 니엔 자:tự 연:ien

자유
自由
じゆう

자:ji
자유 언론 自由言論 じゆうげんろん

- 中 自由 zìyóu 자:zi
- V tự do 뜨 저 자:tự 유:o

자존
自尊
じそん

자:ji
자존심 自尊心 じそんしん

- 中 自存 zì cún 자:zi
- V tự tôn 뜨 똔 자:tự

자주
自主
じしゅ

자:ji
자주 독립 自主独立 じしゅどくりつ

- 中 自主 zìzhǔ 자:zi
- V tự chủ 뜨 주 자:tự

자치
自治
じち

자:ji

지방 자치 地方自治 ちほうじち

🀄 自治 zìzhì　자:zì　🇻 tự trị 뜨 찌　자:tự

자격
資格
しかく

자:si

국가 자격 国家資格 こっかしかく

🀄 资格 zīgé　자:zī ㉠..　🇻 tư cách 뜨 까익　자:tư 역:ách

자료
資料
しりょう

자:si

자료 수집 資料収集 しりょうしゅうしゅう

🀄 资料 zīliào　자:zī　🇻 tư liệu 뜨 리에우　자:tư 요:iêu

자본
資本
しほん

자:si ⓗh

자본 주의 資本主義 しほんしゅぎ

🀄 资本 zīběn　자:zī　🇻 tư bản 뜨 반　자:tư 온:an

자산
資産
しさん

자:si

자산 관리 資産管理 しさんかんり

🀄 资产 zīchǎn　자:zī　🇻 tư sản 뜨 산　자:tư

자질
資質
ししつ

자:ji ⓛts

자질 능력 資質能力 ししつのうりょく

🀄 资质 zīzhì　자:zī ㉠..　🇻 tư chất 뜨 젓　자:tư 일:ât

자세
姿勢
しせい

자:si

강경 자세 強硬姿勢 きょうこうしせい

🀄 姿势 zīshì　자:zī　🇻 tư thế 뜨 테　자:tư

236

자궁
子宮
しきゅう

자:si ◎-

자궁 내막염 子宮内膜症 しきゅうないまくしょう

- ㊥ 子宮 zǐgōng 자:zǐ Ⓥ tử cung 뜨 꿍 자:tử

자문
諮問
しもん

자:ji

자문 위원 諮問委員 しもんいいん

- ㊥ 询问 xúnwèn 자:xú ⓤw Ⓥ tư vấn 뜨 번 자:tư ㅁ:v 우:ân

자선
慈善
じぜん

자:ji

자선 활동 慈善活動 じぜんかつどう

- ㊥ 慈善 císhàn 자:cí Ⓥ từ thiện 뜨 티엔 자:tư ㅅ:th 안:iên

작

㊐ saku ㊥ zu Ⓥ tác

작가
作家
さっか

작가 협회 作家協会 さっかきょうかい

- ㊥ 作家 zuòjiā ⓐ.. ⓘj Ⓥ tác giả 딱 쟈 자:tác ㄱ:g 아:ia

작업
作業
さぎょう

작:sa(예외) **업:**yo-

작업 범위 作業範囲 さぎょうはんい

- ㊥ 作业 zuòyè ⓐ.. ⓑ.. Ⓥ tác nghiệp 딱 응이엡 작:tác 업:nghiệp

작용
作用
さよう

작:sa(예외) ◎-

화학 작용 化学作用 かがくさよう

- ㊥ 作用 zuòyòng ⓐ.. Ⓥ tác dụng 딱 중 작:tác 용:dung

작전
作戦
さくせん

작전 계획 作戦計画 さくせんけいかく

⊕ 作战 zuòzhàn ㉠.. Ⓥ tác chiến 딱 지엔 작:tác 안:iên

작품
作品
さくひん

㊗h
수상 작품 受賞作品 じゅしょうさくひん

⊕ 作品 zuòpǐn ㉠.. Ⓥ tác phẩm 딱 펌 작:tác 움:âm

잔

🇯 jan ⊕ can Ⓥ tan

잔인
殘忍
ざんにん

잔인 행위 殘忍行為 ざんにんこうい

⊕ 残忍 cánrěn Ⓥ tàn nhẫn 딴 년 ㅈ:t 안:nhân

잡

🇯 jath ⊕ za Ⓥ tạp

잡거
雜居
ざっきょ

㊗ts(예외)
잡거 주택 雜居住宅 ざっきょじゅうたく

⊕ 杂居 zájū ㊗.. ㉠j Ⓥ tạp cư 땁 끄 ㅈ:t 어:ư

잡기
雜技
ざつぎ

㊗ts(예외)
잡기 공연 雜技公演 ざつぎこうえん

⊕ 杂技 zájì ㊗.. ㉠j Ⓥ tạp kĩ 땁 끼 ㅈ:t

잡기
雜記
ざっき

ⓑts(예외)
잡기 형식 雜記形式 ざっきけいしき

　ⓒ 杂记 zájì　ⓑ.. ⓙj　Ⓥ tạp kí 땁 끼　ㅈ:t

잡념
雜念
ざつねん

ⓑts(예외)
잡념 배제 雜念排除 ざつねんはいじょ

　ⓒ 杂念 zániàn　ⓑ..　Ⓥ tạp niệm 땁 니엠　ㅈ:t 염:iêm

잡무
雜務
ざつむ

ⓑts(예외)
잡무 처리 雜務処理 ざつむしょり

　ⓒ 杂务 záwù　ⓑ.. ⓑw　Ⓥ tạp vụ 땁 부　ㅈ:t ㅁ:v

잡음
雜音
ざつおん

ⓑts(예외)
잡음 제거 雜音除去 ざつおんじょきょ

　ⓒ 杂音 záyīn　ⓑ..　Ⓥ tạp âm 땁 엄　ㅈ:t 음:âm

잡종
雜種
ざっしゅ

ⓑts(예외) 옹:yu(예외)
잡종 동물 雜種動物 ざっしゅどうぶつ

　ⓒ 杂种 zázhǒng　ⓑ..　Ⓥ tạp chủng 땁 중　ㅈ:t 옹:ung

잡지
雜誌
ざっし

ⓑts
생활 잡지 生活雜誌 せいかつざっし

　ⓒ 杂志 zázhì　ⓑ..　Ⓥ tạp chí 땁 지　ㅈ:t

장

🇯 chyo-, siyo-, so- 🇨 zhang, chang, jiang
🇻 trường, tướng, (trang, tang,)

장기
長期
ちょうき

앙:yo-

장기 전략 長期戦略 ちょうきせんりゃく

🇨 长期 chángqī 🇻 trường kỳ 쯔엉 끼 앙:ương

장남
長男
ちょうなん

앙:yo-

장남의 역할 長男の役割 ちょうなんのやくわり

🇨 长男 zhǎngnán 🇻 trường nam 쯔엉 남 앙:ương

장로
長老
ちょうろう

앙:o-

장로교회 長老教会 ちょうろうきょうかい

🇨 长老 zhǎnglǎo 🇻 trường lão 쯔엉 라오 앙:ương 오:ao

장성
長城
ちょうじょう

앙:ei

만리장성 万里の長城 ばんりのちょうじょう

🇨 长城 zhǎngchéng
🇻 trường thành 쯔엉 타잉 앙:ương ㅅ:th 엉:anh

장수
長寿
ちょうじゅ

앙:yo-

장수 비결 長寿の秘訣 ちょうじゅのひけつ

🇨 长寿 chángshòu 🇻 trường thọ 쯔엉 토 앙:ương 우:o

장래
将来
しょうらい

앙:yo- **애:**ai

장래 설계 将来設計 しょうらいせっけい

🇨 将来 jiānglái 애:ai 🇻 tương lai 뜨엉 라이 앙:ương 애:ai

장군
将軍
しょうぐん

앙:yo-

대장군 大将軍 だいしょうぐん

- 将军 jiāngjūn ㉠j Ⓥ tướng quân 뜨엉 꾸언 앙:ương 운:uân

장례
葬礼
そうれい

앙:o-

장례 의식 葬礼儀式 そうれいぎしき

- 葬礼 zànglǐ Ⓥ tang lễ 땅 레 예:ê

장비
装備
そうび

앙:o-

대포 장비 大砲装備 たいほうそうび

- 设备 shèbèi ㉣.. Ⓥ trang bị 짱 비

재

㈰ sai, jai ㊥ zai,cai Ⓥ tái

재검사
再検査
さいけんさ

애:ai

재검사 기간 再検査期間 さいけんさきかん

- 复查 fùchá Ⓥ tái kiểm tra 애:ái 엄:iêm 자:tra

재검토
再検討
さいけんとう

애:ai

재검토 요구 再検討の要求 さいけんとうのようきゅう

- 再次研究 zàicìyánjiū 애:ai Ⓥ tái kiểm thảo 애:ái 엄:iêm 오:ao

재결합
再結合
さいけつごう

애:ai ㉣ts ㉢g **압:**o-

재결합 방법 再結合の方法 さいけつごうのほうほう

- 再结合 zài jiéhé 애:ái ㉠j ㉣.. ㉥.. Ⓥ tái kết hợp 애:ái 열:et 압:op

재발
再発
さいはつ

애:ai ㅂh ㄹts

재발 예방 再発予防 さいはつよぼう

中 复发 fùfā 애:ai ㅂf ㄹx V tái phát 따이 팟 애:ái ㅂ:ph ㄹ:t

재범
再犯
さいはん

애:ai ㅂh

재범 방지 再犯防止 さいはんぼうし

中 再犯 zàifàn 애:ai ㅂf V tái phạm 따이 팜 애:ái ㅂ:ph 엄:am

재생
再生
さいせい

애:ai 앵:ei

도시 재생 都市再生 としさいせい

中 再生 zàishēng 애:ai V tái sinh 따이 신 애:ái 앵:inh

재연
再演
さいえん

애:ai

재연 작품 再演作品 さいえんさくひん

中 重演 chóngyǎn V tái diễn 따이 지엔 애:ái 연:iên

재혼
再婚
さいこん

애:ai ㅎk

재혼 조건 再婚条件 さいこんじょうけん

中 再婚 zàihūn 애:ai V tái hôn 따이 혼 애:ái

재벌
財閥
ざいばつ

애:ai ㄹb(연음) ㄹts

재벌 자본 財閥資本 ざいばつしほん

中 财阀 cáifá 애:ai ㅂf ㄹ.. V tài phiệt 따이 피엣 애:ài ㅂ:ph 얼:iêt

재산
財産
ざいさん

애:ai

재산 관리 財産管理 ざいさんかんり

中 财产 cáichǎn 애:ai V tài sản 따이 산 애:ài

재정
財政
ざいせい

애:ai 엉:ei

재정 위기 財政危機 ざいせいきき

中 财政 cáizhèng 애:ai Ⓥ tài chính 따이 찐 애:ài 엉:inh

재난
災難
さいなん

애:ai

재난 구조 災難救助 さいなんきゅうじょ

中 灾难 zāinàn 애:ai Ⓥ tai nạn 따이 난 애:ai

재능
才能
さいのう

애:ai ◎-

재능 발휘 才能発揮 さいのうはっき

中 才能 cáinéng 애:ai Ⓥ tài năng 따이 낭 애:ài 응:ang

적

日 teku, seku 中 shi, ji, chi Ⓥ thích, tích, xích

적당
適当
てきとう

앙:o-

적당한 배상 適当な賠償 てきとうなばいしょう

中 适当 shìdàng ㉠.. Ⓥ thích đáng 틱 당 억:ich

적응
適応
てきおう

◎-

적응 장애 適応障害 てきおうしょうがい

中 适应 shìyìng ㉠.. Ⓥ thích ứng 틱 응 억:ich

적합
適合
てきごう

㉻g 압:o-

적합 증명 適合証明 てきごうしょうめい

中 适合 shìhé ㉠.. ㉥.. Ⓥ thích hợp 틱 헙 억:ich 압:ơp

적극
積極
せっきょく

적극적 積極的 せっきょくてき

🀄 积极 jījí ㉠.. ㉠j ㉠..　🇻 tích cực 띡 끅　억:ich

적도
赤道
せきどう

적도 직하 赤道直下 せきどうちょっか

🀄 赤道 chìdào ㉠..　🇻 xích đạo 씩 다오　억:ich 오:ao

전

🇯 jen, den, sen　🀄 kuan, dian, chuan, zhan, qian, zhuan　🇻 toàn, điện, truyền, chiến, tiền, triển, chuyên

---

전경
全景
ぜんけい

영:ei

도시 전경 都市全景 としぜんけい

🀄 全景 quánjǐng　🇻 toàn cảnh 또안 까잉　연:oan 영:anh

전국
全国
ぜんこく

전국 대회 全国大会 ぜんこくたいかい

🀄 全国 quánguó ㉠..　🇻 toàn quốc 또안 꾸억　연:oan 욱:uôc

전권
全権
ぜんけん

전권 대사 全権大使 ぜんけんたいし

🀄 全权 quánquán　🇻 toàn quyền 또안 꾸엔　연:oan 원:uyên

전당
全党
ぜんとう

앙:o-

전당 대회 全党大会 ぜんとうたいかい

🀄 全党 quán dǎng　🇻 toàn đảng 또안 당　연:oan

전력
全力
ぜんりょく

전력 투쟁 全力闘争 ぜんりょくとうそう

- 🀄 全力 quánlì ⓣ..
- 🇻 toàn lực 또안 륵 안:oan 역:ực

전면
全面
ぜんめん

전면 전쟁 全面戦争 ぜんめんせんそう

- 🀄 全面 quánmiàn
- 🇻 toàn diện 또안 지엔 안:oan 연:iên

전부
全部
ぜんぶ

전부 개정 全部改正 ぜんぶかいせい

- 🀄 全部 quánbù
- 🇻 toàn bộ 또안 보 안:oan 우:ô

전신
全身
ぜんしん

전신 운동 全身運動 ぜんしんうんどう

- 🀄 全身 quánshēn
- 🇻 toàn thân 또안 턴 안:oan 안:ân

전체
全体
ぜんたい

에:ai

전체 주의 全体主義 ぜんたいしゅぎ

- 🀄 全体 quántǐ
- 🇻 toàn thể 또안 테 안:oan

전력
電力
でんりょく

전력 보급 電力補給 でんりょくほきゅう

- 🀄 电力 diànlì ⓣ..
- 🇻 điện lực 디엔 륵 연:iên 역:ực

전류
電流
でんりゅう

고압 전류 高圧電流 こうあつでんりゅう

- 🀄 电流 diànliú
- 🇻 điện lưu 디엔 르우 연:iên 유:ưu

전보
電報
でんぽう

㉰p(h)

긴급 전보 緊急電報 きんきゅうでんぽう

㊥ 电报 diànbào　Ⓥ điện báo 디엔 바오　언:iên 오:ao

전산
電算
でんさん

전산 처리 電算処理 でんさんしょり

㊥ 电算 diànsuàn　Ⓥ điện toán 디엔 또안　언:iên 안:oan

전신
電信
でんしん

전신 내용 電信内容 でんしんないよう

㊥ 传信 chuánxìn　Ⓥ điện tín 디엔 띤　언:iên

전압
電圧
でんあつ

압:ats(예외)

전압계 電圧計 でんあつけい

㊥ 电压 diànyā ㉰..　Ⓥ điện áp 디엔 압　언:iên

전자
電子
でんし

자:si

전자 음악 電子音楽 でんしおんがく

㊥ 电子 diànzǐ 자:zǐ　Ⓥ điện tử 디엔 뜨　언:iên 자:tử

전형
典型
てんけい

영:ei

전형적 典型的 てんけいてき

㊥ 典型 diǎnxíng ㊂x　Ⓥ điển hình 디엔 힌　언:iên 영:inh

전달
伝達
でんたつ

㉣ts

의견 전달 意見伝達 いけんでんたつ

㊥ 传达 chuándá ㉣..　Ⓥ truyền đạt 쭈옌 닷　언:uyên 알:at

전도
伝道
でんどう

전도사 伝道師 でんどうし

[中] 传道 chuándào [V] truyền đạo 쭈엔 다오 언:uyên 오:ao

전설
伝説
でんせつ

[ㄹ]ts
도시 전설 都市伝説 としでんせつ

[中] 传说 chuánshuō [ㄹ].. [V] truyền thuyết 쭈엔 투엣 언:uyên 얼:uyêt

전염
伝染
でんせん

전염병 伝染病 でんせんびょう

[中] 传染 chuánrǎn [V] truyền nhiễm 쭈엔 니엠 언:uyên 염:iêm

전통
伝統
でんとう

[ㅇ]-
전통 음악 伝統音楽 でんとうおんがく

[中] 传统 chuántǒng [V] truyền thống 쭈엔 통 언:uyên

전략
戦略
せんりゃく

경제 전략 経済戦略 けいざいせんりゃく

[中] 战略 zhànlüè [ㄱ].. [V] chiến lược 찌엔 르억 언:iên 약:ươc

전사
戦士
せんし

사:si
기업 전사 企業戦士 きぎょうせんし

[中] 战士 zhànshì 사:shì [V] chiến sỹ 찌엔 씨 언:iên 사:sỹ

전선
戦線
せんせん

투쟁 전선 闘争戦線 とうそうせんせん

[中] 战线 zhànxiàn [V] chiến tuyến 찌엔 뚜엔 언:iên 언:uyên

전술
戦術
せんじゅつ

ㄹts
군사 전술 軍事戦術 ぐんじせんじゅつ

中 战术 zhànshù ⓔ.. Ⅴ chiến thuật 찌엔 투엇 언:iên 울:uât

전쟁
戦争
せんそう

앵:o-
전쟁 반대 戦争反対 せんそうはんたい

中 战争 zhànzhēng Ⅴ chiến tranh 찌엔 짜잉 언:iên 앵:anh

전도
前途
ぜんと

전도 다난 前途多難 ぜんとたなん

中 前途 qiántú Ⅴ tiền đồ 띠엔 도 언:iên

전례
前例
ぜんれい

전례 조사 前例調査 ぜんれいちょうさ

中 前例 qiánlì Ⅴ tiền lệ 띠엔 레 언:iên 예:ê

전선
前線
ぜんせん

전선 기지 前線基地 ぜんせんきち

中 前线 qiánxiàn Ⅴ tiền tuyến 띠엔 뚜옌 언:iên 언:uyên

전임
前任
ぜんにん

전임자 前任者 ぜんにんしゃ

中 前任 qiánrèn Ⅴ tiền nhiệm 띠엔 니엠 언:iên 임:nhiêm

전망
展望
てんぼう

ㅁb 앙:o-
전망대 展望台 てんぼうだい

中 展望 zhǎnwàng ⓦ Ⅴ triển vọng 찌엔 봉 언:iên ㅁ:v 앙:ong

전람
展覽
てんらん

전람회 展覧会 てんらんかい

🀄 展览 zhǎnlǎn　🇻 triển lãm 찌엔 람　안:iên

전문
專門
せんもん

전문가 専門家 せんもんか

🀄 专门 zhuānmén　🇻 chuyên môn 쭈엔 몬　안:uyen 운:ôn

전용
專用
せんよう

◎-
전용 도구 専用道具 せんようどうぐ

🀄 专用 zhuānyòng　🇻 chuyên dụng 쭈엔 중　안:uyên 용:dung

절

🇯 jeth, seth　🀄 jue, jie　🇻 tuyệt, tiết

절경
絕景
ぜっけい

🇰ts 영:ei
절경 사진 絶景写真 ぜっけいしゃしん

🀄 绝景 juéjǐng　ⓔ.. ⓙj　🇻 tuyệt cảnh 뚜엣 까잉　얼:uyêt 영:anh

절교
絕交
ぜっこう

🇰ts
절교 선언 絶交宣言 ぜっこうせんげん

🀄 绝交 juéjiāo　ⓔ.. ⓙj　🇻 tuyệt giao 뚜엣 자오　얼:uyêt ㄱ:gi 요:ao

절구
絕句
ぜっく

🇰ts
절구 상태 絶句状態 ぜっくじょうたい

🀄 绝句 juéjù　ⓔ..　🇻 tuyệt cú 뚜엣 꾸　얼:uyêt

절대
絶対
ぜったい

㊀ts 애ːai

절대 반대 絶対反対 ぜったいはんたい

㊥ 绝对 juéduì ㊐.. 애ːui ㊥ tuyệt đối 뚜엣 도이 ㄹːt 애ːôi

절망
絶望
ぜつぼう

㊀ts ㊂b 앙ːo-

절망감 絶望感 ぜつぼうかん

㊥ 绝望 juéwàng ㊐.. ㊂w ㊥ tuyệt vọng 뚜엣 봉 얼ːuyêt ㅁːv 앙ːong

절호
絶好
ぜっこう

㊀ts ㊅k

절호의 기회 絶好の機会 ぜっこうのきかい

㊥ 绝好 juéhǎo ㊐.. ㊥ tuyệt hảo 뚜엣 하오 얼ːuyêt 오ːao

절제
節制
せっせい

㊀ts

절제 생활 節制生活 せっせいせいかつ

㊥ 节制 jiézhì ㊐.. ㊥ tiết chế 띠엣 쩨 얼ːuyêt

점

㊐ sen, jen, den　㊥ zhan, jian, dian
㊥ chiếm, chiếm, điểm

점거
占拠
せんきょ

점거 구역 占拠区域 せんきょくいき

㊥ 占据 zhànjù ㊐j ㊥ chiếm cứ 찌엠 끄 얌ːiêm 어ːư

점령
占領
せんりょう

영ːyo-

군사 점령 軍事占領 ぐんじせんりょう

㊥ 占领 zhànlǐng ㊥ chiếm lĩnh 찌엠 린 얌ːiêm 영ːinh

점술
占術
せんじゅつ

ⓡts

점술사 占術師 せんじゅつし

ⓒ 占术 zhānshù ⓥ chiêm thuật 찌엠 투엇 엄:iêm 울:uât

점유
占有
せんゆう

재산 점유 財産占有 ざいさんせんゆう

ⓒ 占有 zhànyǒu ⓥ chiếm hữu 찌엠 흐우 엄:iêm 유:ưu

점근
漸近
ぜんきん

점근선 漸近線 ぜんきんせん

ⓒ 渐近 jiānjìn ⓙj ⓥ chiếm cận 띠엠 껀 엄:iêm 은:ân

점화
点火
てんか

ⓗk

점화 장치 点火装置 てんかそうち

ⓒ 点火 diǎnhuǒ ⓥ điểm hỏa 디엠 화 엄:iêm

접　　　ⓙ seth ⓒ jie ⓥ tiếp

접견
接見
せっけん

ⓑts(예외)

외교 접견 外交接見 がいこうせっけん

ⓒ 接见 jiējiàn ⓑ.. ⓙj ⓥ tiếp kiến 띠엡 끼엔 엄:iêp 연:iên

접근
接近
せっきん

ⓑts(예외)

접근 금지 接近禁止 せっきんきんし

ⓒ 接近 jiējìn ⓑ.. ⓙj ⓥ tiếp cận 띠엡 껀 엄:iêp 은:ân

접대
接待
せったい

ⓑts(예외) 애:ai

접대 교제비 接待交際費 せったいこうさいひ

㊥ 接待 jiēdài ⓑ.. 애:ai Ⓥ tiếp đãi 띠엡 다이 업:iêp 애:ai

접선
接線
せっせん

ⓑts(예외)

접선의 방정식 接線の方程式 せっせんのほうていしき

㊥ 接线 jiēxiàn ⓑ.. Ⓥ tiếp tuyến 띠엡 뚜엔 업:iêp 언:uyên

접전
接戰
せっせん

ⓒts

접전 영역 接戰領域 せっせんりょういき

㊥ 交战 jiāozhàn ⓙj Ⓥ 업:iêp 언:iên

접점
接点
せってん

ⓒts

접점 일치 接点一致 せってんいっち

㊥ 接点 jiēdiǎn ⓑ.. Ⓥ tiếp điểm 띠엡 디엠 업:iêp 엄:iêm

접종
接種
せっしゅ

ⓒts 옹:yo-

예방 접종 予防接種 よぼうせっしゅ

㊥ 接踵 jiēzhǒng ⓑ.. Ⓥ tiêm chủng 띠엠 쭝 엄:iêm 옹:ung

접합
接合
せつごう

ⓒts ⓗg 압:o-

접합 부분 接合部分 せつごうぶぶん

㊥ 接合 jiēhé ⓑ.. ⓑ.. Ⓥ tiếp hợp 띠엡 헙 업:iêp 압:ợp

정

🇯 sei,siyo-,tei,jiyo-, 🇨 zhen,ding, ting,qing,jing 🇻 chính,định,tình,chỉnh

---

정객
政客
せいかく

엉:ei 액:aku

정객 관계 政客関係 せいかくかんけい

🇨 政客 zhèngkè ㉠.. 🇻 chính khách 찐 카익 엉:inh 액:ach

정견
政見
せいけん

엉:ei

정견 방송 政見放送 せいけんほうそう

🇨 政见 zhèngjiàn ㉠j 🇻 chính kiến 찐 끼엔 엉:inh 연:iên

정계
政界
せいかい

엉:ei 예:ai

정계 개편 政界改編 せいかいかいへん

🇨 政界 zhèngjiè 🇻 chính giới 찐 저이 엉:inh ㄱ:gi 예:ới

정권
政権
せいけん

엉:ei

정권 유지 政権維持 せいけんいじ

🇨 政权 zhèngquán 🇻 chính quyền 찐 꾸엔 엉:inh 원:uyên

정부
政府
せいふ

엉:ei ㅂh

정부 조직 政府組織 せいふそしき

🇨 政府 zhèngfǔ ㅂf 🇻 chính phủ 찐 푸 엉:inh ㅂ:ph

정책
政策
せいさく

엉:ei ㅊs 액:aku

정책 발표 政策発表 せいさくはっぴょう

🇨 政策 zhèngcè ㉠.. 🇻 chính sách 찐 사익 엉:inh 액:ach

정치
政治
せいじ

어:ei

민주 정치 民主政治 みんしゅせいじ

🀄 政治 zhèngzhì　🇻 chính trị 찐 찌　어:inh

정규
正規
せいき

어:ei

정규군 正規軍 せいきぐん

🀄 正规 zhènggūi　🇻 chính quy 찐 뀌　어:inh 유:uy

정당
正当
せいとう

어:ei 앙:o-

정당 방위 正当防衛 せいとうぼうえい

🀄 正当 zhèngdàng せいとう　🇻 chính đáng 찐 당　어:inh

정론
正論
せいろん

어:ei

정치 정론 政治正論 せいじせいろん

🀄 正论 zhènglùn　🇻 chính luận 찐 루언　어:inh 온:uân

정면
正面
しょうめん

엉:yo-

정면 충돌 正面衝突 しょうめんしょうとつ

🀄 正面 zhèngmiàn　🇻 chính diện 찐 지엔　어:inh 연:iên

정사
正史
せいし

어:ei 사:si

정사 토론 正史討論 せいしとうろん

🀄 正史 zhèngshǐ 사:shǐ　🇻 chính sử 찐 쓰　어:inh 사:sử

정상
正常
せいじょう

어:ei 앙:o-

정상 관계 正常関係 せいじょうかんけい

🀄 正常 zhèngcháng　🇻 bình thường 빈 트엉　어:inh ㅅ:th 앙:ương

정식
正式
せいしき

엉ː ei

정식 명칭 正式名称 せいしきめいしょう

- 正式 zhèngshì ㉠.. 　 chính thức 찐 특　엉ːinh 익ːưc

정의
正義
せいぎ

엉ː ei

정의 사회 正義社会 せいぎしゃかい

- 正义 zhèngyì 　 chính nghĩa 찐 응이아　엉ːinh 의ːnghia

정전
正殿
せいでん

엉ː ei

화려한 정전 華麗な正殿 かれいなせいでん

- 正殿 zhèngdiàn 　 chính điện 찐 디엔　엉ːinh 언ːiên

정직
正直
しょうじき

엉ː yo-

정직한 성격 正直な性格 しょうじきなせいかく

- 正直 zhèngzhí ㉠.. 　 chính trực 찐 쯕　엉ːinh 익ːưc

정체
正体
しょうたい

엉ː yo- 에ː ai

정체 불명 正体不明 しょうたいふめい

- 正体 zhèngtǐ 　 chính thể 찐 테　엉ːinh

정통
正統
せいとう

엉ː ei ◎-

정통 주의 正統主義 せいとうしゅぎ

- 正统 zhèngtǒng 　 chính thống 찐 통　엉ːinh

정가
定価
ていか

엉ː ei

정가 판매 定価販売 ていかはんばい

- 定价 dìngjià ㉠j 　 định giá 띤 자　엉ːinh ㄱːg 아ːiá

5　한국어–일본어 한자 단어 변환　255

정기
定期
ていき

어:ei

정기권 定期券 ていきけん

- 中 定期 dìngqī
- V định kỳ 딘 끼 어:inh

정량
定量
ていりょう

어:ei 야:yo-

정량 표시 定量表示 ていりょうひょうじ

- 中 定量 dìngliàng
- V định lượng 딘 르엉 어:inh 야:ương

정례
定例
ていれい

어:ei

정례 회의 定例会議 ていれいかいぎ

- 中 定例 dìnglì
- V định lệ 딘 레 어:inh 예:ê

정론
定論
ていろん

어:ei

학회의 정론 学会の定論 がっかいのていろん

- 中 定论 dìnglùn
- V định luận 딘 루언) 어:inh 온:uân

정형
定形
ていけい

어:ei ㅎk 여:ei

정형 표현 定形表現 ていけいひょうげん

- 中 定形 dìngxíng ㅎx
- V định hình 딘 힌 어:inh 여:inh

정전
停戰
ていせん

어:ei

정전 상태 停戦状態 ていせんじょうたい

- 中 停战 tíngzhàn
- V đình chiến 딘 찌엔 어:inh 언:iên

정지
停止
ていし

어:ei

정지 신호 停止信号 ていししんごう

- 中 停止 tíngzhǐ
- V đình chỉ 딘 찌 어:inh

정체
停滞
ていたい

엉:ei 에:ai
정체 저기압 停滞低気圧 ていたいていきあつ

- 🀄 停滞 tíngzhì　- 🇻 đình trệ 딘 쩨　엉:inh

정보
情報
じょうほう

엉:yo- 🀄h
정보 기관 情報機関 じょうほうきかん

- 🀄 情报 qíngbào　- 🇻 tình báo 띤 바오　엉:inh 오:ao

정세
情勢
じょうせい

엉:yo-
정세 분석 情勢分析 じょうせいぶんせき

- 🀄 情势 qíngshì　- 🇻 tình thế 띤 테　엉:inh

정신
精神
せいしん

엉:ei
정신 세계 精神世界 せいしんせかい

- 🀄 精神 jīngshén　- 🇻 tinh thần 띤 턴　엉:inh 안:ân

정제
精製
せいせい

엉:ei
약품 정제 薬品精製 やくひんせいせい

- 🀄 精制 jīngzhì　- 🇻 tinh chế 띤 쩨　엉:inh

정통
精通
せいつう

엉:ei 🎯-
정통한 분야 精通した分野 せいつうしたぶんや

- 🀄 精通 jīngtōng　- 🇻 tinh thông 띤 통　엉:inh

정리
整理
せいり

엉:ei
정리 정돈 整理整頓 せいりせいとん

- 🀄 整理 zhěnglǐ　- 🇻 chỉnh lý 찐 리　엉:inh

정형
整形
せいけい

엉:ei ㅎk 영:ei
정형 외과 整形外科 せいけいげか

㊥ 整形 zhěngxíng ㊐x　㊦ chỉnh hình 찐 힌　엉:inh 영:inh

정맥
静脈
じょうみゃく

엉:yo- 액:yaku
정맥 주사 静脈注射 じょうみゃくちゅうしゃ

㊥ 静脉 jìngmài ㊐..　㊦ tĩnh mạch 띤 막　엉:inh 액:ach

정양
静養
せいよう

엉:ei 양:yo-
정양 목적 静養目的 せいようもくてき

㊥ 静养 jìngyǎng　㊦ tĩnh dưỡng 띤 즈엉　엉:inh 양:ương

정복
征服
せいふく

엉:ei ㅂh
세계 정복 世界征服 せいかいせいふく

㊥ 征服 zhēngfú ㊐..　㊦ chinh phục 찐 푹　엉:inh ㅂ:ph 옥:uc

정정
訂正
ていせい

엉:ei
항목 정정 項目訂正 こうもくていせい

㊥ 订正 dìngzhèng　㊦ đính chính 딘 찐　엉:inh 엉:inh

정중
丁重
ていちょう

엉:ei ◎-
정중한 태도 丁重な態度 ていちょうなたいど

㊥ 郑重 zhèngzhòng　㊦ trịnh trọng 찐 쫑　엉:inh 웅:ong

제

🇯 sei, sai, tei, (dai, de) 🇨 zhi, ji, ti, di
🇻 chế, tế, đề

제도
制度
せいど

보험 제도 保険制度 ほけんせいど

🇨 制度 zhìdù 🇻 chế độ 제 도

제어
制御
せいぎょ

자동 제어 自動制御 じどうせいぎょ

🇨 制御 zhìyù 🇻 chế ngự 제 응으 어:ngư

제작
制作
せいさく

졸업 제작 卒業制作 そつぎょうせいさく

🇨 制作 zhìzuò ⓙ.. 🇻 chế tác 제 딱

제재
制裁
せいさい

애:ai

경제 제재 経済制裁 けいざいせいさい

🇨 制裁 zhìcái 🇻 chế tài 제 따이 애:ai

제정
制定
せいてい

법률 제정 法律制定 ほうりつせいてい

🇨 制定 zhìdìng 🇻 chế định 제 딘 앙:inh

제한
制限
せいげん

ㅎg

속도 제한 速度制限 そくどせいげん

🇨 制限 zhìxiàn ⓙx 🇻 chế hạn 제 한

제사
祭祀
さいし

에:ai 사:si

제사 의식 祭祀儀式 さいしぎしき

- 祭祀 jìsì 사:sì
- tế tự 떼 뜨 사:tự

제의
提議
ていぎ

타협 제의 妥協提議 だきょうていぎ

- 提议 tíyì
- đề nghị 데 응이 의:nghị

제창
提唱
ていしょう

ㅊs 앙:yo-

제창자 提唱者 ていしょうしゃ

- 提倡 tíchàng
- đề xướng 데 쓰엉 ㅊ:x 앙:ương

제출
提出
ていしゅつ

ㅊs ㄹts

의견 제출 意見提出 いけんていしゅつ

- 提出 tíchū
- đề xuất 데 쑤엇 ㅊ:x 울:uât

제국
帝国
ていこく

제국 주의 帝国主義 ていこくしゅぎ

- 帝国 dìguó ㉠..
- đế quốc 데 꾸억 욱:uôc

제왕
帝王
ていおう

왕:o-

고대 제왕 古代帝王 こだいていおう

- 帝王 dìwáng
- đế vương 제 브엉 왕:vương

제조
製造
せいぞう

제조 능력 製造能力 せいぞうのうりょく

- 制造 zhìzào
- chế tạo 제 따오 오:ao

제품
製品
せいひん

㊐ h
국내 제품 国内製品 こくないせいひん

㊥ 制品 zhìpǐn　㊵ chế phẩm 제 펌 움:âm

제자
弟子
でし

자:si
애제자 愛弟子 まなでし

㊥ 弟子 dìzǐ 자:zǐ　㊵ đệ tử 데 뜨 자:tử

조

㊐ jiyo-,chiyo-,so,jo,so-　㊥ tiao,diao,zu,chao,ji,zao,　㊵ điều,tổ,trợ,trợ,tạo

---

조건
条件
じょうけん

결혼 조건 結婚条件 けっこんじょうけん

㊥ 条件 tiáojiàn　㊵ điều kiện 디에우 끼엔　오:iêu 언:iên

조례
条例
じょうれい

당의 조례 党の条例 とうのじょうれい

㊥ 条例 tiáolì　㊵ điều lệ 디에우 레　오:iêu

조목
条目
じょうもく

조목의 내용 条目の内容 じょうもくのないよう

㊥ 条目 tiáomù ㊀..　㊵ điều mục 디에우 묵　오:iêu

조약
条約
じょうやく

조약의 규정 条約の規定 じょうやくのきてい

㊥ 条约 tiáoyuē ㊀..　㊵ điều ước 디에우 으억　오:iêu 약:ước

조사
調査
ちょうさ

조사 대상 調査対象 ちょうさたいしょう

- 中 調査 diàochá
- V điều tra 디에우 짜 오:iêu 사:tra

조절
調節
ちょうせつ

ㄹts

온도 조절 温度調節 おんどちょうせつ

- 中 调节 tiáojié ㉠..
- V điều tiết 디에우 띠엣 오:iêu 얼:iêt

조정
調整
ちょうせい

엉:ei

조정 기관 調整機関 ちょうせいきかん

- 中 调整 tiáozhěng
- V điều chỉnh 디에우 찐 오:iêu 엉:inh

조화
調和
ちょうわ

화:wa(예외)

양자의 조화 両者の調和 りょうしゃのちょうわ

- 中 调和 tiáohé
- V điều hòa 디에우 화 오:iêu

조국
祖国
そこく

조국 통일 祖国統一 そこくとういつ

- 中 祖国 zǔguó ㉠..
- V tổ quốc 또 꾸억 욱:uôc

조세
租税
そぜい

조세 의무 租税義務 そぜいぎむ

- 中 租税 zūshuì
- V tô thuế 또 투에

조력
助力
じょりょく

조력 장치 助力装置 じょりょくそうち

- 中 助力 zhùlì ㉠..
- V trợ lực 쩌 륵 역:ực

조류
潮流
ちょうりゅう

시대 조류 時代の潮流 じだいのちょうりゅう

- 中 潮流 cháoliú   V trợ lưu 짜오 르우   오:ao 유:ưu

조문
弔文
ちょうぶん

日b

조문 발표 弔文発表 ちょうぶんはっぴょう

- 中 祭文 jìwén   日w   V điếu văn 디에우 반   오:ieu ㅁ:v 운:ăn

조직
組織
そしき

조직 구조 組織構造 そしきこうぞう

- 中 组织 zǔzhī   ㅇ..   V tổ chức 또 쯕   익:ưc

조형
造形
ぞうけい

ㅎk 영:ei

조형 미술 造形美術 ぞうけいびじゅつ

- 中 造形 zàoxíng   ㅎx   V tạo hình 따오 힌   오:ao 영:inh

조혼
早婚
そうこん

ㅎk

조혼 풍습 早婚の風習 そうこんのふうしゅう

- 中 早婚 zǎohūn   V tảo hôn 따오 혼   오:ao

존

日 son   中 zun, cun,   V tôn

존엄
尊厳
そんげん

개인의 존엄 個人の尊厳 こじんのそんげん

- 中 尊严 zūnyán   V tôn nghiêm 똔 응이엠   엄:nghiêm

존중
尊重
そんちょう

웅:yo-
인권 존중 人権尊重 じんけんそんちょう

[中] 尊重 zūnzhòng [V] tôn trọng 뜬 쫑 웅:ong

존재
存在
そんざい

애:ai
존재 이유 存在理由 そんざいりゆう

[中] 存在 cúnzài 애:ai [V] tồn tại 뜬 따이 애:ại

졸

[日] sots [中] o [V] ot

졸업
卒業
そつぎょう

[ㄹ]ts **업:**yo-
졸업 여행 卒業旅行 そつぎょうりょこう

[中] 毕业 bìyè [ㄹ].. [ㅂ].. [V] tốt nghiệp 똣 응이엡 올:ôt 업:nghiêp

종

[日] shu, shu-, so- [中] zhong [V] chủng, tổng

종류
種類
しゅるい

◎..(예외)
책의 종류 本の種類 ほんのしゅるい

[中] 种类 zhǒnglèi [V] chủng loại 쭝 로아이 옹:ung 유:oai

종족
種族
しゅぞく

◎..(예외)
종족 본능 種族本能 しゅぞくほんのう

[中] 种族 zhǒngzú [ㄱ]x [V] chủng tộc 쭝 똑 옹:ung

종신
終身
しゅうしん

옹:yu-
종신 보험 終身保險 しゅうしんほけん

- 终身 zhōngshēn
- chung thân 쯩 턴　옹:ung 안:ân

주　　　日 shu, shu-　中 zhu, jiu, zhou　V chủ, tửu, chu

주관
主観
しゅかん

주관론 主観論 しゅかんろん

- 主观 zhǔguān
- chủ quan 쭈 꽌

주권
主権
しゅけん

국가 주권 国家主権 こっかしゅけん

- 主权 zhǔquán
- chủ quyền 쭈 꾸엔　원:uyên

주도
主導
しゅどう

주도권 主導權 しゅどうけん

- 主导 zhǔdǎo
- chủ đạo 쭈 다오　오:ao

주력
主力
しゅりょく

주력 선수 主力選手 しゅりょくせんしゅ

- 主力 zhǔlì ㉠..
- chủ lực 쭈 륵　역:ực

주석
主席
しゅせき

억:eki
주석 졸업 主席卒業 しゅせきそつぎょう

- 主席 zhǔxí ㉠..
- chủ tịch 쭈 띡　억:ich

주요
主要
しゅよう

주요 원인 主要原因 しゅようげんいん

- 主要 zhǔyào
- chủ yếu 쭈 이에우 요:yếu

주의
主義
しゅぎ

민주주의 民主主義 みんしゅしゅぎ

- 主义 zhǔyì
- chú ý 쭈 이 의:y

주인
主人
しゅじん

노포의 주인 老舗の主人 しにせのしゅじん

- 主人 zhǔ·rén
- chủ nhân 쭈 년 인:nhân

주임
主任
しゅにん

주임 교수 主任教授 しゅにんきょうじゅ

- 主任 zhǔrèn
- chủ nhiệm 쭈 니엠 임:nhiêm

주제
主題
しゅだい

예:ai

논문 주제 論文の主題 ろんぶんのしゅだい

- 主题 zhǔtí
- chủ đề 쭈 데

주체
主体
しゅたい

예:ai

주체성 主体性 しゅたいせい

- 主体 zhǔtǐ
- chủ thể 쭈 테

주량
酒量
しゅりょう

양:yo-

주량 측정 酒量測定 しゅりょうそくてい

- 酒量 jiǔliàng
- tửu lượng 뜨우 르엉 우:ưu 양:ương

주위
周囲
しゅうい

주위 측량 周囲測量 しゅういそくりょう

- 周围 zhōuwéi
- chu vi 쭈 비 위:i

준

- jiyun
- zhun, zun
- chuẩn, tuân

준비
準備
じゅんび

준비 과정 準備過程 じゅんびかてい

- 准备 zhǔnbèi
- chuẩn bị 쭈언 비 운:uân

준수
遵守
じゅんしゅ

규정 준수 規定遵守 きていじゅんしゅ

- 遵守 zūnshǒu
- tuân thủ 뚜언 투 운:uân ㅅ:th

중

- chiyu-, jiyu-, siyu
- zhong
- trung, chúng

중간
中間
ちゅうかん

◎-

중간 보고 中間報告 ちゅうかんほうこく

- 中间 zhōngjiān
- trung gian 쭝 잔 ㄱ:g 안:an

중고
中古
ちゅうこ

◎-

중고차 中古車 ちゅうこしゃ

- 中古 zhōnggǔ
- trung cổ 쭝 꼬

중급 中級 ちゅうきゅう
◎- 읍:yu-
중급 과정 中級課程 ちゅうきゅうかてい
- 中级 zhōngjí ⓗ..
- trung cấp 쭝 껍 읍:âp

중년 中年 ちゅうねん
◎-
중년 부부 中年夫婦 ちゅうねんふうふ
- 中年 zhōngnián
- trung niên 쭝 니엔 연:iên

중독 中毒 ちゅうどく
◎-
식중독 食中毒 しょくちゅうどく
- 中毒 zhòngdú ㉠..
- trúng độc 쭝 독

중류 中流 ちゅうりゅう
◎-
중류 계급 中流階級 ちゅうりゅうかいきゅう
- 中流 zhōngliú
- trung lưu 쭝 르우 유:ưu

중립 中立 ちゅうりつ
◎- ⓑts
중립 국가 中立国家 ちゅうりつこっか
- 中立 zhōnglì ⓗ..
- trung lập 쭝 럽 입:âp

중심 中心 ちゅうしん
◎-
중심 인물 中心人物 ちゅうしんじんぶつ
- 中心 zhōngxīn
- trung tâm 쭝 떰 임:âm

중앙 中央 ちゅうおう
◎- 앙:o-
중앙 정부 中央政府 ちゅうおうせいふ
- 中央 zhōngyāng
- trung ương 쭝 으엉 앙:ương

중화
中華
ちゅうか

◎- ㅎk
중화 사상 中華思想 ちゅうかしそう
🀄 中华 Zhōnghuá   🇻 Trung Hoa 쭝 화

중대
重大
じゅうだい

◎- 애ːai
중대 발표 重大発表 じゅうだいはっぴょう
🀄 重大 zhòngdà   🇻 trọng đại 쫑 다이   웅ːong 애ːai

중량
重量
じゅうりょう

◎- 양ːyo-
총중량 総重量 そうじゅうりょう
🀄 重量 zhòngliàng   🇻 trọng lượng 쫑 르엉   웅ːong 양ːương

중력
重力
じゅうりょく

◎-
무중력 상태 無重力状態 むじゅうりょくじょうたい
🀄 重力 zhònglì ㉠..   🇻 trọng lực 쫑 륵   웅ːong 역ːực

중병
重病
じゅうびょう

◎- 영ːyo
중병 환자 重病患者 じゅうびょうかんじゃ
🀄 重病 zhòngbìng   🇻 trọng bệnh 쫑 벤   웅ːong 영ːênh

중상
重傷
じゅうしょう

◎- 양ːyo-
중상자 重傷者 じゅうしょうしゃ
🀄 重伤 zhòngshāng   🇻 trọng thương 쫑 트엉   웅ːong 양ːương

중요
重要
じゅうよう

◎-
중요 사항 重要事項 じゅうようじこう
🀄 重要 zhòngyào   🇻 trọng yếu 쫑 이에우   웅ːong 요ːyêu

중점
重点
じゅうてん

◎-

중점 관리 重点管理 じゅうてんかんり

🟢 重点 zhòngdiǎn　🟣 trọng điểm 쫑 디엠　웅:ong 암:iêm

중죄
重罪
じゅうざい

◎- 외:ai

중죄 처벌 重罪処罰 じゅうざいしょばつ

🟢 重罪 zhòngzuì 와:uì　🟣 trọng tội 쫑 또이　웅:ong 와:ôi

중재
仲裁
ちゅうさい

◎- 애:ai

국제 중재 国際仲裁 こくさいちゅうさい

🟢 仲裁 zhòngcái 애:ai　🟣 trọng tài 쫑 따이　웅:ong

즉

🟠 sok　🟢 ji　🟣 tuc

즉각
即刻
そっこく

즉각 퇴장 即刻退場 そっこくたいじょう

🟢 即刻 jíkè ㉠.　🟣 tức khắc 뜩 칵

증

🟠 siyo-　🟢 zheng　🟣 chứng

증거
証拠
しょうこ

응:yo-

증거 수집 証拠収集 しょうこしゅうしゅう

🟢 证据 zhèngjù ㉠j　🟣 chứng cứ 쯩 끄 어:ư

증권
証券
しょうけん

응:yo-
증권 시장 証券市場 しょうけんしじょう

[中] 证券 zhèngquàn [V] chứng khoán 쯩 콴 완:oan

증명
証明
しょうめい

응:yo- 영:ei
증명 서류 証明書類 しょうめいしょるい

[中] 证明 zhèngmíng [V] chứng minh 쯩 민 영:inh

지

[日] ji, chi, si [中] di, zhi, chi [V] địa, chi, tri

지구
地球
ちきゅう

지구 온난화 地球温暖化 ちきゅうおんだんか

[中] 地球 dìqiú [V] địa cầu 디아 꺼우 이:ia 우:au

지리
地理
ちり

인문 지리 人文地理 じんぶんちり

[中] 地理 dìlǐ [V] địa lý 디아 리 이:ia

지명
地名
ちめい

영:ei
지명 표시 地名表示 ちめいひょうじ

[中] 地名 dìmíng [V] địa danh 디아 자잉 이:ia 영:anh

지반
地盤
じばん

[ㅂ]h
지반 침하 地盤沈下 じばんちんか

[中] 地盘 dìpán [V] địa bàn 디아 반 이:ia

지방
地方
ちほう

ⓑh 앙ː o-

지방 방송 地方放送 ちほうほうそう

㊥ 地方 dìfāng ⓑf Ⓥ địa phương 디아 프엉 이ːia 앙ːương

지위
地位
ちい

지위 향상 地位向上 ちいこうじょう

㊥ 地位 dìwèi Ⓥ địa vị 디아 비 이ːia 위ːi

지정학
地政学
ちせいがく

ⓗg

지정학적 원리 地政学的原理 ちせいがくてきげんり

㊥ 地政学 dìzhèngxué ⓗx ㊀.. Ⓥ địa chính học 이ːia 엉ːinh 악ːoc

지주
地主
じぬし

(훈독)

지주 계급 地主階級 じぬしかいきゅう

㊥ 地主 dìzhǔ Ⓥ địa chủ 디아 쭈 이ːia

지중해
地中海
ちちゅうかい

ⓞ- ⓗk 애ːai

지중해 기후 地中海気候 ちちゅうかいきこう

㊥ 地中海 Dìzhōnghǎi 애ːai Ⓥ Địa Trung Hải 이ːia 애ːai

지진
地震
じしん

지진 피해 地震被害 じしんひがい

㊥ 地震 dìzhèn Ⓥ địa chấn 디아 쩐 이ːia 안ːân

지질
地質
ちしつ

ⓡts

지질 조사 地質調査 ちしつちょうさ

㊥ 地质 dìzhì ⓡ.. Ⓥ địa chất 디아 쩟 이ːia 알ːât

지형
地形
ちけい

ㅎk 영ːei
지형학 연구 地形学研究 ちけいがくけんきゅう

㊥ 地形 dìxíng ㉠x　㋻ địa hình 디아 힌　이ːia 영ːinh

지급
支給
しきゅう

ㅂ-
지급 금액 支給金額 しきゅうきんがく

㊥ 支给 zhīgei ㉠..　㋻ chi cấp 찌 껍　읍ːâp

지배
支配
しはい

ㅂh 애ːai
지배권 支配権 しはいけん

㊥ 支配 zhīpèi 애ːei　㋻ chi phối 찌 포이　ㅂːph 애ːôi

지원
支援
しえん

지원 물자 支援物資 しえんぶっし

㊥ 支援 zhīyuán　㋻ chi viện 찌 비엔　원ːiên

지도
指導
しどう

지도자 指導者 しどうしゃ

㊥ 指导 zhǐdǎo　㋻ chỉ đạo 찌 다오　오ːao

지시
指示
しじ

지시 내용 指示内容 しじないよう

㊥ 指示 zhǐshì　㋻ chỉ thị 찌 티

지정
指定
してい

엉ːei
지정석 指定席 していせき

㊥ 指定 zhǐdìng　㋻ chỉ định 찌 딘　엉ːinh

지식
知識
ちしき

지식층 知識層 ちしきそう

㊥ 知识 zhīshi ㉠.. Ⓥ tri thức 찌 특 익:ức

지체
遲滯
ちたい

예:ai

지체 이유 遲滯理由 ちたいりゆう

㊥ 迟滞 chízhì Ⓥ trì trệ 찌 쩨

직
㊐ chiyoku, siyoku ㊥ zhi Ⓥ trực

직감
直感
ちょっかん

직감력 直感力 ちょっかんりょく

㊥ 直觉 zhíjué ㉠.. Ⓥ trực cảm 쯔 깜 익:ức

직계
直系
ちょっけい

직계 혈족 直系血族 ちょっけいけつぞく

㊥ 直系 zhíxì ㉠.. Ⓥ trực hệ 쯔 헤 익:ức 예:ê

직속
直屬
ちょくぞく

직속 기관 直属機関 ちょくぞくきかん

㊥ 直属 zhíshǔ ㉠.. ㉠.. Ⓥ trực thuộc 쯔 투억 익:ức 옥:uôc

직접
直接
ちょくせつ

업:ets(예외)

직접 투자 直接投資 ちょくせつとうし

㊥ 直接 zhíjiē ㉠.. ㊀.. Ⓥ trực tiếp 쯔 띠엡 익:ức 업:iêp

직권
職權
しょっけん

직권 남용 職權濫用 しょっけんらんよう

🀄 职权 zhíquán ㉠.. 🇻 trực quyền 쯔 꾸엔 익:ực 원:uyên

진　　　🇯 sin, chin, 🀄 jin, zhen, chen
　　　　🇻 tiến, chân, trấn

진도
進度
しんど

학습 진도 学習進度 がくしゅうしんど

🀄 进度 jìndù　🇻 tiến độ 띠엔 도 인:iên

진보
進步
しんぽ

진보 주의 進步主義 しんぽしゅぎ

🀄 进步 jìnbù　🇻 tiến bộ 띠엔 보 인:iên

진전
進展
しんてん

진전 상황 進展狀況 しんてんじょうきょう

🀄 进展 jìnzhǎn　🇻 tiến triển 띠엔 찌엔 인:iên 언:iên

진퇴
進退
しんたい

외:ai

진퇴 문제 進退問題 しんたいもんだい

🀄 进退 jìntuì　🇻 tiến thoái 띠엔 토아이 인:iên 외:oai

진행
進行
しんこう

㉠k 앵:o-

사회 진행 司会進行 しかいしんこう

🀄 进行 jìnxíng ㉥x　🇻 tiến hành 띠엔 하잉 인:iên 앵:anh

진화 進化 しんか	ㅎk 진화 생물학 進化生物学 しんかせいぶつがく 中 进化 jìnhuà　V tiến hóa 띠엔 화　안:iên
진공 真空 しんくう	◎- 진공 상태 真空状態 しんくうじょうたい 中 真空 zhēnkōng　V chân không 쩐 콩　안:ân
진실 真実 しんじつ	ㄹts 진실성 真実性 しんじつせい 中 真实 zhēnshí ㉣..　V chân thật 쩐 텃　안:ân 일:ât
진압 鎮圧 ちんあつ	압:ats(예외) 무장 진압 武装鎮圧 ぶそうちんあつ 中 镇压 zhènyā ㉥..　V trấn áp 쩐 압　안:ân
진정 鎮静 ちんせい	엉:ei 진정제 鎮静剤 ちんせいざい 中 镇静 zhènjìng　V trấn tĩnh 쩐 띤　안:ân 언:inh
진단 診断 しんだん	진단 결과 診断結果 しんだんけっか 中 诊断 zhěnduàn　V chẩn đoán 쩐 도안　안:ân 안:oan
진동 振動 しんどう	◎- 진동계 振動計 しんどうけい 中 振动 zhèndòng　V chấn động 쩐 동　안:ân

진술
陳述
ちんじゅつ

㉣ts

진술서 陳述書 ちんじゅつしょ

㊉ 陈述 chénshù ㉣.. ⓥ trần thuật 쩐 투엇 안:ân 울:uât

질

㉭ jith ㊉ zhi ⓥ trat

질서
秩序
ちつじょ

㉣ts

질서 유지 秩序維持 ちつじょいじ

㊉ 秩序 zhìxù ㉣.. ⓥ trật tự 쩟 뜨 일:ât 어:uʼ

집

㉭ siyu-, sith ㊉ ji, zhi ⓥ tập, chấp

집단
集団
しゅうだん

㉴-

집단 의식 集団意識 しゅうだんいしき

㊉ 集団 jítuán ㉴.. ⓥ tập đoàn 떱 도안 압:âp 안:oan

집중
集中
しゅうちゅう

㉴- ⓞ-

집중 공격 集中攻撃 しゅうちゅうこうげき

㊉ 集中 jízhōng ㉴.. ⓥ tập trung 떱 쭝 압:âp

집합
集合
しゅうごう

㉴- ㊅g 압:o-

집합 명사 集合名詞 しゅうごうめいし

㊉ 集合 jíhé ㉴.. ㉴.. ⓥ tập hợp 떱 헙 압:âp 압:ợp

---

5 한국어–일본어 한자 단어 변환 277

집권
執権
しっけん

입:its**(예외)**

중앙 집권 中央執権 ちゅうおうしっけん

[中] 执权 zhíquán ㉥.. [V] tập quyền 떱 꾸엔 입:âp 원:uyên

집행
執行
しっこう

입:its ㉭k **앵:**o-

집행 기관 執行機関 しっこうきかん

[中] 执行 zhíxíng ㉥.. ㉭x [V] chấp hành 쩝 하잉 입:âp 앵:anh

징

[日] chiyo- [中] cheng [V]chinh

징벌
懲罰
ちょうばつ

㉧- ㉣ts

엄격한 징벌 厳格な懲罰 げんかくなちょうばつ

[中] 惩罚 chéngfá ㉥f ㉣.. [V] chinh phạt 찐 퐛 잉:inh ㅂ:ph ㄹ:t

차
🗾 ji, Chiya 🇨🇳 ci, cha 🇻🇳 thứ, trà

차남
次男
じなん

차:ji(예외)
삼형제의 차남 三兄弟の次男 さんきょうだいのじなん

🇨🇳 次男 cìnán   차:ci   🇻🇳 thứ nam 트 남   차:thứ

차녀
次女
じじょ

차:ji(예외)
삼자매의 차녀 三姉妹の次女 さんしまいのじじょ

🇨🇳 次女 cìnǚ   차:ci   🇻🇳 thứ nữ 트 느   차:thứ 여:ư

차
茶
ちゃ

홍차 紅茶 こうちゃ

🇨🇳 茶 chá   🇻🇳 trà 짜   ㅊ:t

찬
🗾 san 🇨🇳 zan 🇻🇳 tan

찬성
贊成
さんせい

ㅊs 엉:ei
찬성 의견 贊成意見 さんせいいけん

🇨🇳 赞成 zànchéng   🇻🇳 tán thành 딴 타잉   ㅊ:t 엉:anh

5 한국어-일본어 한자 단어 변환   279

참

🇯 san 🇨 can 🇻 tham, thảm

참가
参加
さんか

ㅊs

참가 인원 参加人数 さんかにんずう

🇨 参加 cānjiā ⓙj 🇻 tham gia tham자 ㅊ:th ㄱ:g 아:ia

참고
参考
さんこう

ㅊs

참고 자료 参考資料 さんこうしりょう

🇨 参考 cānkǎo 🇻 tham khảo tham 카오 ㅊ:th 오:ao

참관
参観
さんかん

ㅊs

수업 참관 授業参観 じゅぎょうさんかん

🇨 参观 cānguān 🇻 tham quan tham 꽌 ㅊ:th

참모
参謀
さんぼう

ㅊs ㅁb

참모 총장 参謀総長 さんぼうそうちょう

🇨 参谋 cānmóu 🇻 tham mưu tham 므우 ㅊ:th 오:ưu

참극
惨劇
さんげき

ㅊs

참극 현장 惨劇現場 さんげきげんば

🇨 惨剧 cǎnjù ⓙj ⓙ.. 🇻 thảm kịch tham 끽 ㅊ:th 윽:ich

참살
惨殺
ざんさつ

ㄹts

참살 사건 惨殺事件 ざんさつじけん

🇨 惨杀 cǎnshā ⓙ.. 🇻 thảm sát tham 쌋 ㅊ:th 알:at

참상
惨状
さんじょう

ⓒs 앙:yo-

전쟁의 참상 戦争の惨状 せんそうのさんじょう

㊥ 惨状 cǎnzhuàng　ⓥ thảm trạng 탐 짱　ㅊ:th

참패
惨敗
ざんぱい

ⓒs ⓟp(h) 애:ai

역사적 참패 歴史的惨敗 れきしてきざんぱい

㊥ 惨败 cǎnbài 애:ai　ⓥ thảm bại 탐 바이　ㅊ:th 애:ai

참해
惨害
さんがい

ⓒs ⓗg 애:ai

참해 상황 惨害状況 さんがいじょうきょう

㊥ 惨重 cǎnzhòng　ⓥ thảm hại 탐 하이　ㅊ:th 애:ai

참화
惨禍
さんか

ⓒs ⓗk

전쟁의 참화 戦争の惨禍 せんそうのさんか

㊥ 惨祸 cǎnhuò　ⓥ thảm họa 탐 화　ㅊ:th

참전
参戦
さんせん

ⓒs

참전 용사 参戦勇士 さんせんゆうし

㊥ 参战 cānzhàn　ⓥ tham chiến 탐 찌엔　ㅊ:th 언:ien

창

㊐ so-　㊥ chuang　ⓥ sáng

창립
創立
そうりつ

ⓒs 앙:o- 입:its

창립 기념 創立記念 そうりつきねん

㊥ 创立 chuànglì　㊐..　ⓥ sáng lập 쌍 럽　ㅊ:s 압:ập

창작
創作
そうさく

ㅊs 앙ːo-
창작 능력 創作能力 そうさくのうりょく

🀄 创作 chuàngzuò ⓐ.. 🇻 sáng tác 쌍 딱 ㅊːs

창조
創造
そうぞう

ㅊs 앙ːo-
창조 활동 創造活動 そうぞうかつどう

🀄 创造 chuàngzào 🇻 sáng tạo 쌍 따오 ㅊːs 오ːao

책

🇯 saku, seki 🀄 ce, ze 🇻 sach

책임
責任
せきにん

ㅊs
책임 전가 責任転嫁 せきにんてんか

🀄 责任 zérèn ⓐ.. 🇻 trách nhiệm 짜익 니엠 ㅊːs 액ːach 암ːnhiêm

처

🇯 siyo 🀄 chu 🇻 xu

처리
処理
しょり

ㅊs
처리 과정 処理過程 しょりかてい

🀄 处理 chǔlǐ 🇻 xử lý 쓰 리 ㅊːx 어ːưっ 어ːy

처벌
処罰
しょばつ

ㅊs ㄹts
형사 처벌 刑事処罰 けいじしょばつ

🀄 处罚 chǔfá ⓕ ⓐ 🇻 xử phạt 쓰 팟 ㅊːx 어ːư ㅂːph 얼ːat

천 🇯 ten, sen 🇨 tian, qian, jian 🇻 thiên, tiến

천명
天命
てんめい

영:ei

사람의 천명 人の天命 ひとのてんめい

🇨 天命 tiānmìng 🇻 thiên mệnh 티엔 멘 ㅊ:th 언:iên 영:ênh

천문
天文
てんもん

천문대 天文台 てんもんだい

🇨 天文 tiānwén 🇯w 🇻 thiên văn 티엔 반 ㅊ:th 언:iên ㅁ:v

천부
天賦
てんぷ

🇰p(h)

천부의 재능 天賦の才 てんぷのさい

🇨 天賦 tiānfù 🇯f 🇻 thiên phú 티엔 푸 ㅊ:th 언:iên

천사
天使
てんし

사:si

수호 천사 守護天使 しゅごてんし

🇨 天使 tiānshǐ 사:shǐ 🇻 thiên sứ 티엔 쓰 ㅊ:th 언:iên 사:sứ

천성
天性
てんせい

엉:ei

천성 재능 天性の才能 てんせいのさいのう

🇨 天性 tiānxìng 🇻 thiên tính 티엔 띤 ㅊ:th 언:iên 엉:inh

천연
天然
てんねん

천연 소재 天然素材 てんねんそざい

🇨 天然 tiānrán 🇻 thiên nhiên 티엔 니엔 ㅊ:th 언:iên 연:nhiên

천운 / 天運 / てんうん

천운의 결과 天運の結果 てんうんのけっか

- 🀄 天运 tiānyùn
- 🇻 thiên vận 티엔 번
- ㅊ:th 언:iên 운:ân

천재 / 天才 / てんさい

애:ai

음악 천재 音楽の天才 おんがくのてんさい

- 🀄 天才 tiāncái 애:ai
- 🇻 thiên tài 티엔 따이
- ㅊ:th 언:iên 애:ài

천재 / 天災 / てんさい

애:ai

천재지변 天災地変 てんさいちへん

- 🀄 天灾 tiānzāi
- 🇻 thiên tai 티엔 따이
- ㅊ:th 언:iên 애:ai

천주 / 天主 / てんしゅ

천주교회 天主教会 てんしゅきょうかい

- 🀄 天主 tiānzhǔ
- 🇻 thiên chúa 티엔 쭈어
- ㅊ:th 언:iên 우:ua

천지 / 天地 / てんち

천지 창조 天地創造 てんちそうぞう

- 🀄 天地 tiāndì
- 🇻 thiên địa 티엔 디아
- ㅊ:th 언:iên 이:ia

천직 / 天職 / てんしょく

나의 천직 自分の天職 じぶんのてんしょく

- 🀄 天职 tiānzhí ㉠..
- 🇻 thiên chức 티엔 쯕
- ㅊ:th 언:iên 익:ưc

천하 / 天下 / てんか

천하 무적 天下無敵 てんかむてき

- 🀄 天下 tiānxià
- 🇻 thiên hạ 티엔 하
- ㅊ:th 언:iên

천추
千秋
せんしゅう

ㅊːs ㅊːs

천추만세 千秋万歳 せんしゅうばんざい

🀄 千秋 qiānqiū　🇻 thiên thu 티엔 투　ㅊːth 언ːiên

청

🇯 sei, cho　🀄 qing, ting,　🇻 thanh, thính

청렴
清廉
せいれん

ㅊs 엉ːei

청렴결백 清廉潔白 せいれんけっぱく

🀄 清廉 qīnglián　🇻 thanh liêm 타잉 리엠　ㅊːth 엉ːanh 염ːiêm

청산
清算
せいさん

ㅊs 엉ːei

과거 청산 過去清算 かこせいさん

🀄 清算 qīngsuàn　🇻 thanh toán 타잉 또안　ㅊːth 엉ːanh 안ːoan

청각
聴覚
ちょうかく

엉ːyo-

청각 검사 聴覚検査 ちょうかくけんさ

🀄 听觉 tīngjué 🇯j ㅇː..　🇻 thính giác 틴 작　ㅊːth 엉ːinh ㄱːgi 악ːac

청강
聴講
ちょうこう

엉ːyo- 앙ːo-

특별 청강 特別聴講 とくべつちょうこう

🀄 听讲 tīngjiǎng　🇻 thính giảng 틴 장　ㅊːth 엉ːinh 강ːgiàng

청력
聴力
ちょうりょく

ㅊs 엉ːyo-

청력 저하 聴力低下 ちょうりょくていか

🀄 听力 tīnglì ㅇː..　🇻 thính lực 틴 륵　ㅊːth 엉ːinh 역ːực

청년
青年
せいねん

ㅊs 엉:ei

청년회의소 青年会議所 せいねんかいぎしょ

⊕ 青年 qīngnián　Ⓥ thanh niên 타잉 니엔　ㅊ:th 엉:anh 연:iên

청소년
青少年
せいしょうねん

ㅊs 엉:ei

청소년 범죄 青少年犯罪 せいしょうねんはんざい

⊕ 青少年 qīngshàonián　Ⓥ thanh thiếu niên　ㅅ:th 오:ieu 연:iên

청춘
青春
せいしゅん

ㅊs 엉:ei ㅊs

청춘 시대 青春時代 せいしゅんじだい

⊕ 青春 qīngchūn　Ⓥ thanh xuân 타잉 쑤언　ㅊ:th 엉:anh ㅊ:x 운:uân

청구
請求
せいきゅう

ㅊs 엉:ei

청구서 請求書 せいきゅうしょ

⊕ 请求 qǐngqiú　Ⓥ thỉnh cầu 틴 꺼우　ㅊ:th 엉:inh 우:âu

체

㈰ tai　⊕ ti　Ⓥ thế

체력
体力
たいりょく

에:ai

체력 회복 体力回復 たいりょくかいふく

⊕ 体力 tǐlì ㈰..　Ⓥ thể lực 테 륵　ㅊ:th 역:ực

체육
体育
たいいく

에:ai

체육관 体育館 たいいくかん

⊕ 体育 tǐyù ㈰..　Ⓥ thể dục 테 죽　ㅊ:th 육:uc

체제
体制
たいせい

에:ai

정치 체제 政治体制 せいじたいせい

- 体裁 tǐcái
- thể chế 테 쩨 ㅊ:th

체중
体重
たいじゅう

에:ai ◎-

체중 측정 体重測定 たいじゅうそくてい

- 体重 tǐzhòng
- thể trọng 테쫑 ㅊ:th 웅:ong

체질
体質
たいしつ

에:ai ㄹts

체질 개선 体質改善 たいしつかいぜん

- 体质 tǐzhì ㄹ..
- thể chất 테 쩟 ㅊ:th 일:ât

체험
体験
たいけん

에:ai

체험담 体験談 たいけんだん

- 体验 tǐyàn
- thể nghiệm 테 응이엠 ㅊ:th 엄:nghiêm

초

- chiyo-,siyo,so-,siyo-
- chao,chu,cao,zhao
- siêu,sơ,thảo,chiêu

초능력
超能力
ちょうのうりょく

◎-

초능력 발휘 超能力発揮 ちょうのうりょくはっき

- 超能力 chāonénglì ①..
- siêu năng lực ㅊ:s 오:ieu 응:ăng 역:ực

초인
超人
ちょうじん

초인적인 기술 超人的な技術 ちょうじんてきなぎじゅつ

- 超人 chāorén
- siêu nhân 씨에우 년 ㅊ:s 오:ieu 연:nhân

초급
初級
しょきゅう

ㅊs 읍:yu-

초급 과정 初級課程 しょきゅうかてい

- ㊥ 初级 chūjí ㊀..
- Ⓥ sơ cấp 써 껍 ㅊ:s 읍:âp

초원
草原
そうげん

ㅊs

초원 평지 草原平地 そうげんへいち

- ㊥ 草原 cǎoyuán
- Ⓥ thảo nguyên 타오 응우엔 ㅊ:th 오:ao 원:nguyên

초혼
招魂
しょうこん

ㅊs ㅎk

초혼 의식 招魂儀式 しょうこんぎしき

- ㊥ 招魂 zhāohún
- Ⓥ chiêu hồn 찌에우 혼 ㅊ:s 오:iêu

총

㊐ so- ㊥ zong, cong Ⓥ tổng, thông

총공격
総攻撃
そうこうげき

ㅊs ㅇ-

총공격 명령 総攻撃命令 そうこうげきめいれい

- ㊥ 总攻击 zǒnggōngjī ㊀j ㊀..
- Ⓥ tổng công kích ㅊ:t 역:ich

총괄
総括
そうかつ

ㅊs ㄹts

활동의 총괄 活動の総括 かつどうのそうかつ

- ㊥ 总括 zǒngkuò ㊀..
- Ⓥ tổng quát 똥 꽛 ㅊ:t 왈:uât

총동원
総動員
そうどういん

ㅊs ㅇ-

총동원령 総動員令 そうどういんれい

- ㊥ 总动员 zǒngdòngyuán
- Ⓥ tổng động viên ㅊ:t 원:iên

총량
総量
そうりょう

ㅊs 양ː yo-

총량 법칙 総量法則 そうりょうほうそく

中 总量 zǒngliàng　V tổng lượng 똥 르엉　ㅊːt 양ːương

총력
総力
そうりょく

ㅊs

총력 외교 総力外交 そうりょくがいこう

中 全力 quánlì ⓘ..　V tổng lực 똥 륵　ㅊːt 역ːưc

총무
総務
そうむ

ㅊs ⓜ-

총무부장 総務部長 そうむぶちょう

中 总务 zǒngwù ⓜw　V tổng vụ 똥 부　ㅊːt ㅁːv

총선거
総選挙
そうせんきょ

ㅊs

총선거의 결과 総選挙の結果 そうせんきょのけっか

中 大选 dàxuǎn　V tổng tuyển cử　ㅊːt ㅅːt 얀ːuyên 어ːư

총영사
総領事
そうりょうじ

ㅊs ⓜ- 영ːyo- 사ːji

총영사 의견 総領事の意見 そうりょうじのいけん

中 总领事 zǒnglǐngshì 사ːshì　V tổng lãnh sự　ㅊːt 영ːanh 사ːsự

총명
聡明
そうめい

ㅊs ⓜ- 영ːei

총명한 판단 聡明な判断 そうめいなはんだん

中 聪明 cōngming　V thông minh 통 민　ㅊːth 안ːinh

최 ㈰ sai ㊥ zui, cui Ⓥ tối, thôi

최고
最高
さいこう

ㅊs 외:ai
최고 수준 最高水準 さいこうすいじゅん
㊥ 最高 zuìgāo 와:uì Ⓥ tối cao 또이 까오 ㅊ:t 와:ôi 오:ao

최대
最大
さいだい

ㅊs 외:ai 애:ai
최대공약수 最大公約數 さいだいこうやくすう
㊥ 最大 zuìdà 와:uì Ⓥ tối đa 또이 다 ㅊ:t 와:ôi 애:a(예외)

최소
最少
さいしょう

ㅊs 외:ai
최소 득점 最少得点 さいしょうとくてん
㊥ 最少 zuìshǎo Ⓥ tối thiểu 또이 티에우 ㅊ:th 와:ôi 오:iêu

최신
最新
さいしん

ㅊs 외:ai
최신 기술 最新技術 さいしんぎじゅつ
㊥ 最新 zuìxīn Ⓥ tối tân 또이 떤 ㅊ:t 와:ôi ㅅ:t 안:ân

최후
最後
さいご

ㅊs 외:ai ㅎg
최후의 만찬 最後の晩餐 さいごのばんさん
㊥ 最后 zuìhòu Ⓥ tối hậu 또이 허우 ㅊ:t 와:ôi 우:âu

최면
催眠
さいみん

ㅊs 외:ai
최면 상태 催眠状態 さいみんじょうたい
㊥ 催眠 cuīmián Ⓥ thôi miên 토이 미엔 ㅊ:th 와:ôi 연:ien

추 ⓘ chiyu-, su- ⓒ chou, qu ⓥ truu, xu

추상
抽象
ちゅうしょう

앙:yo-

추상 명사 抽象名詞 ちゅうしょうめいし

ⓒ 抽象 chōuxiàng   ⓥ trừu tượng 쯔우 뜨엉   우:ưu 앙:ương

추세
趨勢
すうせい

ㅊs

정치의 추세 政治の趨勢 せいじのすうせい

ⓒ 趨勢 qūshì   ⓥ xu thế 쑤 테   ㅊ:x

축 ⓘ shiyuku ⓒ zhu ⓥ chuc

축복
祝福
しゅくふく

ㅊs ㅂh

축복의 말 祝福の言葉 しゅくふくのことば

ⓒ 祝福 zhùfú ㄱ.. ㅂf ㄱ..   ⓥ chúc phúc 쭉 푹 ㅂ:ph 옥:uc

출 ⓘ shiyuth ⓒ chu ⓥ xuất

출가
出家
しゅっけ

ㅊs ㄹts

출가 수행자 出家修行者 しゅっけしゅぎょうしゃ

ⓒ 出家 chūjiā ㄹ.. ㄱj   ⓥ xuất giá 쑤엇 자 ㅊ:x 울:uât 가:gia

출고
出庫
しゅっこ

ㅊs ㄹts
출고 전표 出庫伝票 しゅっこでんぴょう
🀄 出库 chūkù ㄹ.. Ⓥ xuất kho 쑤엇 코 ㅊ:x 울:uât

출발
出発
しゅっぱつ

ㅊs ㄹts ㅂp(h) ㄹts
출발 시간 出発時間 しゅっぱつじかん
🀄 出发 chūfā ㄹ.. ㅂf ㄹ.. Ⓥ xuất phát 쑤엇 팟 ㅊ:x 울:uât ㅂ:ph 알:at

출신
出身
しゅっしん

ㅊs ㄹts
귀족 출신 貴族出身 きぞくしゅっしん
🀄 出身 chūshēn ㄹ.. Ⓥ xuất thân 쑤엇 턴 ㅊ:x 울:uât 안:ân

출입
出入
しゅつにゅう

ㅊs ㄹts ㅂ-
출입국관리 出入国管理 しゅつにゅうこくかんり
🀄 出入 chūrù ㄹ.. ㅂ.. Ⓥ xuất nhập 쑤엇 녑 ㅊ:x 울:uât 입:nhập

출판
出版
しゅっぱん

ㅊs ㄹts ㅍp(h)
출판 기념 出版記念 しゅっぱんきねん
🀄 出版 chūbǎn ㄹ.. Ⓥ xuất bản 쑤엇 반 ㅊ:x 울:uât ㅍ:b

출현
出現
しゅつげん

ㅊs ㄹts ㅎg
인류의 출현 人類の出現 じんるいのしゅつげん
🀄 出现 chūxiàn ㄹ.. ㅎx Ⓥ xuất hiện 쑤엇 히엔 ㅊ:x 울:uât 연:iên

출혈
出血
しゅっけつ

ㅊs ㄹts ㅎk ㄹts
뇌출혈 脳出血 のうしゅっけつ
🀄 出血 chūxiě ㄹ.. ㅎx ㄹ.. Ⓥ xuất huyết 쑤엇 후이엣 ㅊ:x 울:uât 열:uyêt

충   🇯 chiyu-, jiyu, shiyo-   🇨 zhong, chong
           🇻 trung, xung, sung

충성
忠誠
ちゅうせい

ㅊs ㅇ- 엉:ei

충성심 忠誠心 ちゅうせいしん

🇨 忠诚 zhōngchéng   🇻 trung thành 쭝 타잉   ㅊ:t ㅅ:th 엉:anh

충실
忠実
ちゅうじつ

ㅇ- ㄹts

충실한 부하 忠実な部下 ちゅうじつなぶか

🇨 忠实 zhōngshí ⓔ..   🇻 trung thực 쭝 특   ㅊ:t 일:ực

충만
充満
じゅうまん

ㅇ-

가스 충만 ガス充満 ガスじゅうまん

🇨 充滿 chōngmǎn   🇻 xung mãn 쑹 만   ㅊ:x

충족
充足
じゅうそく

ㅇ-

충족감 充足感 じゅうぞくかん

🇨 充足 chōngzú ⓘ..   🇻 sung túc 쑹 뚝   ㅊ:s 옥:úc

충돌
衝突
しょうとつ

ㅊs ㅇ- ㄹts

의견 충돌 意見衝突 いけんしょうとつ

🇨 冲突 chōngtū ⓔ..   🇻 xung đột 쑹 돗   ㅊ:x 올:ôt

측   🇯 soku 🇨 ce 🇻 trac

측량 測量 そくりょう
🇰s 양:yo
측량 기술 測量技術 そくりょうぎじゅつ
🇨 測量 cèliáng 🇻 trắc lượng 짝 르엉 ㅊ:t 윽:ăc 양:ương

치   🇯 chi 🇨 zhi, chi 🇻 tri, si

치안 治安 ちあん
치안 유지 治安維持 ちあんいじ
🇨 治安 zhì'ān 🇻 trị an 찌 안 ㅊ:t

치욕 恥辱 ちじょく
국가의 치욕 国家の恥辱 こっかのちじょく
🇨 恥辱 chǐrǔ 🇻 sĩ nhục 씨 늇 ㅊ:s 욕:nhục

친   🇯 sin 🇨 qin 🇻 thân

친근 親近 しんきん
🇰s
친근감 親近感 しんきんかん
🇨 亲近 qīnjìn 🇻 thân cận 턴 껀 ㅊ:th 인:ân 은:ân

친애
親愛
しんあい

ㅊs 애:ai

친애 국민 親愛なる国民 しんあいなるこくみん

中 亲爱 qīn'ài 애:ai　V thân ái 턴 아이　ㅊ:th 인:ân 애:ai

친척
親戚
しんせき

ㅊs ㅊs

친척 관계 親戚関係 しんせきかんけい

中 亲戚 qīnqī ㉠..　V thân thích 턴 틱　ㅊ:th 인:ân 억:ich

침

日 sin　中 qin　V xam

침략
侵略
しんりゃく

ㅊs

침략 세력 侵略勢力 しんりゃくせいりょく

中 侵略 qīnlüè ㉠..　V xâm lược 썸 르억　ㅊ:x 임:âm 약:ược

침범
侵犯
しんぱん

ㅊs ㅂp(h)

영토의 침범 領土の侵犯 りょうどのしんぱん

中 侵犯 qīnfàn ㅂf　V xâm phạm 썸 팜　ㅊ:x 임:âm ㅂ:ph 엄:am

침입
侵入
しんにゅう

ㅊs 입:yu-

침입 방지 侵入防止 しんにゅうぼうし

中 侵入 qīnrù ㉠..　V xâm nhập 썸 녑　ㅊ:x 임:âm 입:nhập

침해
侵害
しんがい

ㅊs ㅎg 애:ai

인권 침해 人権侵害 じんけんしんがい

中 侵害 qīnhài 애:ai　V xâm hại 썸 하이　ㅊ:x 임:âm 애:ai

쾌 　　　　🄹 kai 🄒 kuai 🅥 khoai

쾌락
快楽
かいらく

왜ː ai
쾌락 주의자 快楽主義者 かいらくしゅぎしゃ

🄒 快乐 kuàilè 왜ːuɑi ㉠..　🅥 khoái lạc 코아이 락 왜ːoai

타 　　　　🄹 ta, da 🄒 ta, tuo 🅥 tha

타향
他郷
たきょう

㉠k 양ː yo-
타향 생활 他郷生活 たきょうせいかつ

🄒 他乡 tāxiāng ⑧x　🅥 tha hương 타 흐엉 양ːương

타협
妥協
だきょう

ⓗk 엽ː yo-

타협안 妥協案 だきょうあん

ⓒ 妥协 tuǒxié ⓑx ⓑ.. Ⓥ thỏa hiệp 토아 히엡 아ːoa 엽ːiêp

탄　　　　ⓙ tan, dan　ⓒ tan　Ⓥ thán, đàn

탄압
弾圧
だんあつ

압ː ats

무력 탄압 武力弾圧 ぶりょくだんあつ

ⓒ 弹压 tányā ⓑ.. Ⓥ đàn áp 단 압 ㅌːđ

탐　　　　ⓙ tan　ⓒ tan　Ⓥ tham

탐험
探検
たんけん

ⓗk

탐험대 探検隊 たんけんたい

ⓒ 探险 tànxiǎn ⓑx Ⓥ thám hiểm 탐 히엠 엄ːiêm

태　　　　ⓙ tai　ⓒ tai　Ⓥ thái

태양
太陽
たいよう

애ː ai **양ː** yo

태양계 太陽系 たいようけい

ⓒ 太阳 tàiyáng 애ːai Ⓥ thái dương 타이 즈엉 애ːai 양ːương

태자
太子
たいし

애:ai 자:si
황태자 皇太子 こうたいし

[中] 太子 tàizǐ 애:ai 자:zǐ [V] thái tử 타이 뜨 애:ai 자:tử

태조
太祖
たいそ

애:ai
조선의 태조 朝鮮の太祖 ちょうせんのたいそ

[中] 太祖 tàizǔ 애:ai [V] thái tổ 타이 또 애:ai

태평
太平
たいへい

애:ai [ㅍ]h 영:ei
태평 천하 太平天下 たいへいてんか

[中] 太平 tàipíng 애:ai [V] thái bình 타이 빈 애:ai ㅌ:b 영:inh

태평양
太平洋
たいへいよう

애:ai [ㅍ]h 영:ei 양:yo-
태평양 횡단 太平洋横断 たいへいようおうだん

[中] 太平洋 Tàipíngyáng 애:ai
[V] Thái Bình Dương 애:ai 영:inh 양:ương

태후
太后
たいこう

애:ai [ㅎ]k
황태후 皇太后 こうたいごう

[中] 太后 tàihòu 애:ai [V] thái hậu 타이 허우 애:ai 우:âu

태도
態度
たいど

애:ai
우호적인 태도 友好的な態度 ゆうこうてきなたいど

[中] 态度 tàidu 애:ai [V] thái độ 타이 도 애:ai

토   ⓙ do, to-, to ⓒ tu, tao ⓥ thổ, thảo

토양
土壌
どじょう

양:yo-

토양 오염 土壌汚染 どじょうおせん

ⓒ 土壤 tǔrǎng ⓥ thổ nhưỡng 토 느엉 양:ương

토론
討論
とうろん

공개 토론 公開討論 こうかいとうろん

ⓒ 讨论 tǎolùn ⓥ thảo luận 타오 루언 오:ao 온:uân

토사
吐瀉
としゃ

사:sya

토사물 吐瀉物 としゃぶつ

ⓒ 吐泻 tùxiè ⓥ thổ tả 토 따 사:ta

통   ⓙ thu-, to- ⓒ tong ⓥ thông

통과
通過
つうか

◎-

통과 의례 通過儀礼 つうかぎれい

ⓒ 通过 tōngguò ⓥ thông qua 통 꽈

통례
通例
つうれい

◎-

통례 사항 通例事項 つうれいじこう

ⓒ 通例 tōnglì ⓥ thông lệ 통 레 예:ê

통보
通報
つうほう

◎- ㉻h

통보 창구 通報窓口 つうほうまどぐち

㊥ 通报 tōngbào　Ⓥ thông báo 통 바오 오:ao

통상
通商
つうしょう

◎- 앙:yo-

통상 조약 通商条約 つうしょうじょうやく

㊥ 通商 tōngshāng　Ⓥ thông thương 통 트엉 앙:ương

통속
通俗
つうぞく

◎-

통속 소설 通俗小説 つうぞくしょうせつ

㊥ 通俗 tōngsú ㉠..　Ⓥ thông tục 통 뚝 옥:uc

통신
通信
つうしん

◎-

통신망 通信網 つうしんもう

㊥ 通信 tōngxìn　Ⓥ thông tin 통 띤

통역
通訳
つうやく

◎-

통역사 通訳士 つうやくし

㊥ 翻译 fānyì ㉠..　Ⓥ thông dịch 통 직 역:ich

통용
通用
つうよう

◎- ◎-

통용 기간 通用期間 つうようきかん

㊥ 通用 tōngyòng　Ⓥ thông dụng 통 중 용:ung

통행
通行
つうこう

◎- ㉻k 앵:o-

통행 금지 通行禁止 つうこうきんし

㊥ 通行 tōngxíng ⓢx　Ⓥ thông hành 통 하잉 앵:anh

300

통계
統計
とうけい

◎-

통계표 統計表 とうけいひょう

⊕ 统计 tǒngjì ㉥j　Ⓥ thống kê 통 께 ㉮:e

통솔
統率
とうそつ

◎- ㉣ts

통솔 방법 統率方法 とうそつほうほう

⊕ 统率 tǒngshuài ㉣..　Ⓥ thông suất 통 쑤엇 올:ât

통일
統一
とういつ

◎- ㉣ts

국가 통일 国家統一 こっかとういつ

⊕ 统一 tǒngyī ㉣..　Ⓥ thống nhất 통 녓 일:nhât

통치
統治
とうち

◎-

군사 통치 軍事統治 ぐんじとうち

⊕ 统治 tǒngzhì　Ⓥ thống trị 통 찌

退　　　　　　　㊐ tai　⊕ tui　Ⓥ thoai

퇴위
退位
たいい

외:ai

천황의 퇴위 天皇の退位 てんのうのたいい

⊕ 退位 tuìwèi 외:ui　Ⓥ thoái vị 토아이 비 외:oai 위:i

투 ⓙ to- ⓒ tou, dou ⓥ đầu,

투자
投資
とうし

자ː si

공공 투자 公共投資 こうきょうとうし

ⓒ 投资 tóuzī 자ːzī　ⓥ đầu tư 더우 뜨　우ːâu 자ːtư

투항
投降
とうこう

ⓗk 앙ː o-

무조건 투항 無條件投降 むじょうけんとうこう

ⓒ 投降 tóuxiáng ⓢx　ⓥ đầu hàng 더우 항　우ːâu

투쟁
鬪爭
とうそう

앵ː o-

계급 투쟁 階級鬪爭 かいきゅうとうそう

ⓒ 斗争 dòuzhēng　ⓥ đấu tranh 더우 짜잉　우ːâu 앵ːanh

특 ⓙ toku ⓒ te ⓥ đặc

특권
特權
とっけん

영사 특권 領事特權 りょうじとっけん

ⓒ 特权 tèquán ⓐ..　ⓥ đặc quyền 닥 꾸엔　으ːăc 왇ːuyên

특명
特命
とくめい

영ː ei

특명전권대사 特命全權大使 とくめいぜんけんたいし

ⓒ 特命 tèmìng ⓐ..　ⓥ đặc mệnh 닥 멘　으ːăc 영ːênh

특별
特別
とくべつ

㉹ts

특별 대우 特別待遇 とくべつたいぐう

㊥ 特別 tèbié ㉠.. ㉹..　Ⓥ đặc biệt 닥 비엣　음:ăc 열:iêt

특산
特産
とくさん

특산물 特産物 とくさんぶつ

㊥ 特产 tèchǎn ㉠..　Ⓥ đặc sản 닥 싼　음:ăc

특색
特色
とくしょく

액:yoku

지방의 특색 地方の特色 ちほうのとくしょく

㊥ 特色 tèsè ㉠.. ㉠..　Ⓥ đặc sắc 닥 싹　음:s8c 액:ăc

특성
特性
とくせい

엉:ei

유전적 특성 遺伝的特性 いでんてきとくせい

㊥ 特性 tèxìng ㉠..　Ⓥ đặc tính 닥 띤　음:ăc 엉:inh

특징
特徴
とくちょう

잉:yo-

신체적 특징 身体的特徴 しんたいてきとくちょう

㊥ 特征 tèzhēng ㉠..　Ⓥ đặc trưng 닥 쯩　음:ăc 잉:ưng

특파
特派
とくは

㉤h

해외 특파원 海外特派員 かいがいとくはいん

㊥ 特派 tèpài ㉠..　Ⓥ đặc phái 닥 파이　음:ăc 아:((ai))

특혜
特恵
とっけい

㉱k

특혜 관세 特恵関税 とっけいかんぜい

㊥ 特惠 tèhuì ㉠..　Ⓥ đặc huệ 닥 후에　음:ăc 예:uê

파   日 ha   中 po, pai   V phá, phái

파괴
破壊
はかい

㊊h 외:ai

파괴력 破壊力 はかいりょく

中 破坏 pòhuài   외:uài   V phá hủy 파 휘   외:((uy))

파산
破産
はさん

㊊h

파산 선고 破産宣告 はさんせんこく

中 破产 pòchǎn   V phá sản 파 싼

파병
派兵
はへい

㊊h ㊋h 영:ei

해외 파병 海外派兵 かいがいはへい

中 派兵 pàibīng   V phái binh 파이 빈   아:((ai))   영:inh

판   日 han   中 pan   V phán

판결
判決
はんけつ

㊊h ㊃ts

판결 이유 判決理由 はんけつりゆう

中 判决 pànjué   ㊃..   V phán quyết 판 꾸옛   열:uyêt

판단
判断
はんだん

㉠h

상황 판단 状況判断 じょうきょうはんだん

- 中 判断 pànduàn
- V phán đoán 판 도안 안:oan

판정
判定
はんてい

㉠h 엉:ei

판정 기준 判定基準 はんていきじゅん

- 中 判定 pàndìng
- V phán định 판 딘 엉:inh

패

日 hai 中 bai V bai

패망
敗亡
はいぼう

㉠h ㉡b 앙:o-

대국의 패망 大国の敗亡 たいこくのはいぼう

- 中 败亡 bàiwáng ㉡b ㉢f
- V bại vong 바이 봉 ㅍ:b 애:ai ㅁ:v 앙:ong

패전
敗戰
はいせん

㉠h 애:ai

패전 국가 敗戦国家 はいせんこっか

- 中 战败 zhànbài ㉡b 애:ài
- V bại trận 바이 쩐 ㅍ:b 애:ai

편

日 ben, hen 中 bian V tien

편의
便宜
べんぎ

편의 제공 便宜提供 べんぎていきょう

- 中 便宜 biànyí ㉡b
- V tiện nghi 띠엔 응이 ㅍ:t 연:iên 의:nghi

편집
編集
へんしゅう

[ㅍ]h **입:**yu-

편집 위원 編集委員 へんしゅういいん

[中] 编辑 biānjí [ㅍ]b [ㅂ].. [V] biên tập 삐엔 떱 ㅍ:b 연:iên 입:âp

평

[日] hei, hiyo- [中] ping [V] bình

평균
平均
へいきん

[ㅍ]h

평균 온도 平均温度 へいきんおんど

[中] 平均 píngjūn [ㄱ]j [V] bình quân 빈 꾸언 ㅍ:b 영:inh 윤:uân

평등
平等
びょうどう

[ㅍ]b**(예외) 영:**yo- [ㅇ]-

평등 사회 平等社会 びょうどうしゃかい

[中] 平等 píngděng [V] bình đẳng 빈 당 ㅍ:b 영:inh 응:ăng

평면
平面
へいめん

[ㅍ]h **영:**ei

평면도 平面図 へいめんず

[中] 平面 píngmiàn [V] bình diện 빈 지엔 ㅍ:b 영:inh 연:iên

평안
平安
へいあん

[ㅍ]h **영:**ei

평안한 나날 平安な日々 へいあんなひび

[中] 平安 píng'ān [V] bình an 빈 안 ㅍ:b 영:inh

평지
平地
へいち

[ㅍ]h **영:**ei

평지 면적 平地面積 へいちめんせき

[中] 平地 píngdì [V] bình địa 빈 디아 ㅍ:b 영:inh 이:((ia))

평탄
平坦
へいたん

㊐h 영:ei

평탄 작업 平坦作業 へいたんさぎょう

㊥ 平坦 píngtǎn ㊵ bình thản 빈 탄 ㅍ:b 영:inh

평론
評論
ひょうろん

㊐h 영:yo-

작품 평론 作品評論 さくひんひょうろん

㊥ 评论 pínglùn ㊵ bình luận 빈 루언 ㅍ:b 영:inh 온:uân

폐

㊐ hai, hei ㊥ fei, bi ㊵ phế, bế

폐인
廃人
はいじん

㊐h 예:ai

폐인 구제 廃人救済 はいじんきゅうさい

㊥ 废人 fèirén ㊵ phế nhân 폐 년 예:e 인:nhân

폐품
廃品
はいひん

㊐h 예:ai

폐품 회수 廃品回収 はいひんかいしゅう

㊥ 废品 fèipǐn ㊵ phế phẩm 폐 펌 예:e 움:âm

폐막
閉幕
へいまく

㊐h 영:ei

폐막 공연 閉幕公演 へいまくこうえん

㊥ 闭幕 bìmù ㊐b ㊀.. ㊵ bế mạc 베 막 ㅍ:b 예:ê

포   🇯 ho-   🇨 pao, bao   🇻 phao, bao

포병
砲兵
ほうへい

㉤h ㉥h 영ːei

포병단 砲兵団 ほうへいだん

🇨 炮兵 pàobīng   🇻 pháo binh 파오 빈   오ːao 영ːinh

포위
包囲
ほうい

㉤h

포위 작전 包囲作戦 ほういさくせん

🇨 包围 bāowéi ㉤b   🇻 bao vây 바오 버이   ㅍːb 오ːao 위ːây

폭   🇯 bo-   🇨 bao   🇻 bạo

폭동
暴動
ぼうどう

㉤b ㉠(예외) ◎o-

무장 폭동 武装暴動 ぶそうぼうどう

🇨 暴动 bàodòng ㉤b ㉠..   🇻 bạo động 바오 동   ㅍːb 옥ː((ao))

폭력
暴力
ぼうりょく

㉤b ㉠(예외)

폭력 행위 暴力行為 ぼうりょくこうい

🇨 暴力 bàolì ㉤b ㉠.. ㉠..   🇻 bạo lực 바오 륵   ㅍːb 옥ː((ao)) 역ːực

폭행
暴行
ぼうこう

㉤b ㉠(예외) ㉯k 앵ːo-

폭행 사건 暴行事件 ぼうこうじけん

🇨 暴行 bàoxíng ㉤b ㉠..㉯x
🇻 bạo hành 바오 하잉   ㅍːb 옥ː((ao)) 앵ːanh

표
🅙 hiyo-　🇨🇳 biao, piao　🇻🇳 biểu, phiêu, tiêu

표결
表決
ひょうけつ

㉕h ㉢ts
표결 결과 表決結果 ひょうけつけっか

🇨🇳 表決 biǎojué ㉕b ㉢..　🇻🇳 biểu quyết 비에우 꾸옛　ㅍ:b 요:iêu 열:uyêt

표시
表示
ひょうじ

㉕h
의사 표시 意思表示 いしひょうじ

🇨🇳 表示 biǎoshì ㉕b　🇻🇳 biểu thị 비에우 티　ㅍ:b 요:iêu

표현
表現
ひょうげん

㉕h ㉣g
표현력 表現力 ひょうげんりょく

🇨🇳 表现 biǎoxiàn ㉕b ㉣x　🇻🇳 biểu hiện 비에우 히엔　ㅍ:b 요:iêu 연:iên

표류
漂流
ひょうりゅう

㉕h
표류기 漂流記 ひょうりゅうき

🇨🇳 漂流 piāoliú　🇻🇳 phiêu lưu 피에우 르우　요:iêu 유:ưu

표어
標語
ひょうご

㉕h
교통안전의 표어 交通安全の標語 こうつうあんぜんのひょうご

🇨🇳 标语 biāoyǔ ㉕b　🇻🇳 biểu ngữ 비에우 응으　ㅍ:b 요:iêu 어:ngữ

표준
標準
ひょうじゅん

㉕h
표준 장비 標準裝備 ひょうじゅんそうび

🇨🇳 标准 biāozhǔn ㉕b　🇻🇳 tiêu chuẩn 띠에우 쭈언　ㅍ:t 요:iêu 운:uân

품

[日] hin [中] pin [V] phẩm

품격
品格
ひんかく

[ㅍ]h
신사의 품격 紳士の品格 しんしのひんかく

[中] 品格 pǐngé [ㄱ].. [V] phẩm cách 펌 까익 움:âm 역:ach

품위
品位
ひんい

[ㅍ]h
품위 결여 品位の欠如 ひんいのけつじょ

[中] 品位 pǐnwèi [V] phẩm vị 펌 비 움:âm 위:i

품질
品質
ひんしつ

[ㅍ]h [ㄹ]ts
품질 관리 品質管理 ひんしつかんり

[中] 品质 pǐnzhì [ㄹ].. [V] phẩm chất 펌 쩟 움:âm 일:ât

품행
品行
ひんこう

[ㅍ]h [ㅎ]k 앵:o-
품행 방정 品行方正 ひんこうほうせい

[中] 品行 pǐnxíng [ㅎ]x [V] phẩm hạnh 펌 하잉 움:âm 앵:anh

풍

[日] hu-, ho- [中] feng [V] phong

풍경
風景
ふうけい

[ㅍ]h [ㅇ]- 영:ei
풍경 사진 風景写真 ふうけいしゃしん

[中] 风景 fēngjǐng [ㄱ]j [V] phong cảnh 퐁 까잉 웅:ong 영:anh

풍류
風流
ふうりゅう

㊗h ⓞ-

풍류한 취미 風流な趣味 ふうりゅうなしゅみ

㊥ 风流 fēngliú　Ⓥ phong lưu 퐁 르우　웅:ong 유:ưu

풍속
風俗
ふうぞく

㊗h

전통 풍속 伝統風俗 でんとうふうぞく

㊥ 风俗 fēngsú ㊀..　Ⓥ phong tục 퐁 뚝　웅:ong 옥:uc

풍토
風土
ふうど

㊗h ⓞ-

정치적 풍토 政治的風土 せいじてきふうど

㊥ 风土 fēngtǔ　Ⓥ phong thổ 퐁 토　웅:ong

풍부
豊富
ほうふ

㊗h ⓞ- ㊗h

경험 풍부 経験豊富 けいけんほうふ

㊥ 丰富 fēngfù　Ⓥ phong phú 퐁 푸　웅:ong ㅂ:ph

5　한국어-일본어 한자 단어 변환　311

하　　🇯 ka, ge　🇨 xia, he　🇻 hạ

하급
下級
かきゅう

🇰 k 읍:yu-

하급생 下級生 かきゅうせい

🇨 下级 xiàjí　🇯x ㊀j ㊁..　🇻 hạ cấp 하 껍 읍:âp

하등
下等
かとう

🇰 k ◎-

하등 생물 下等生物 かとうせいぶつ

🇨 下等 xiàděng　🇯x　🇻 hạ đẳng 하 당 응:ăng

하류
下流
かりゅう

🇰 k

하류 사회 下流社会 かりゅうしゃかい

🇨 下流 xiàliú　🇯x　🇻 hạ lưu 하 르우　유:ưu

하산
下山
げざん

🇰 g

하산 준비 下山準備 げざんじゅんび

🇨 下山 xiàshān　🇯x　🇻 hạ sơn 하 썬　안:ơn

하순
下旬
げじゅん

🇰 g

매월 하순 毎月下旬 まいつきげじゅん

🇨 下旬 xiàxún　🇯x　🇻 hạ tuần 하 뚜언　운:uân

312

하원
下院
かいん

㊐k

하원 의원 下院議員 かいんぎいん

㊥ 下院 xiàyuàn ⓢx Ⓥ hạ viện 하 비엔 원:iên

학   ㊐ gaku ㊥ xue Ⓥ học

학기
学期
がっき

㊐g

학기말 시험 学期末試験 がっきまつしけん

㊥ 学期 xuéqī ⓢx ㊀.. Ⓥ học kỳ 헉 끼 악:oc

학력
学力
がくりょく

㊐k

학력 향상 学力向上 がくりょくこうじょう

㊥ 学力 xuélì ⓢx ㊀.. ㊀.. Ⓥ học lực 헉 륵 악:oc 역:ực

학문
学問
がくもん

㊐g

학문의 자유 学問の自由 がくもんのじゆう

㊥ 学问 xuéwen ⓢx ㊀.. ⓦw Ⓥ học vấn 헉 번 악:oc ㅁ:v 운:ân

학비
学費
がくひ

㊐g ㊗h

학비 면제 学費免除 がくひめんじょ

㊥ 学费 xuéfèi ⓢx ㊀.. ㊗f Ⓥ học phí 헉 피 악:oc ㅂ:ph

학생
学生
がくせい

㊐g 앵:ei

우수한 학생 優秀な学生 ゆうしゅうながくせい

㊥ 学生 xuésheng ⓢx ㊀.. Ⓥ học sinh 헉 씬 악:oc 앵:inh

학설
学説
がくせつ

ㅎg ㄹts
학설의 대립 学説の対立 がくせつのたいりつ

🀄 学说 xuéshuō ⓢx ㉠.. ㉣.. 🇻 học thuyết 헉 투엣 악:oc 얼:uyêt

학술
学術
がくじゅつ

ㅎg ㄹts
학술 논문 学術論文 がくじゅつろんぶん

🀄 学术 xuéshù ⓢx ㉠.. ㉣.. 🇻 học thuật 헉 투엇 악:oc 울:uât

학습
学習
がくしゅう

ㅎg 읍:yu-
학습 효과 学習効果 がくしゅうこうか

🀄 学习 xuéxí ⓢx ㉠.. ㉡.. 🇻 học tập 헉 떱 악:oc 읍:âp

학식
学識
がくしき

ㅎg
학식 풍부 学識豊富 がくしきほうふ

🀄 学识 xuéshí ⓢx ㉠.. ㉠.. 🇻 học thức 헉 특 악:oc 윽:ưc

학위
学位
がくい

ㅎg
박사 학위 博士学位 はかせがくい

🀄 学位 xuéwèi ⓢx ㉠.. 🇻 học vị 헉 비 악:oc ○:v

학자
学者
がくしゃ

ㅎg 자:sya
물리 학자 物理学者 ぶつりがくしゃ

🀄 学者 xuézhě ⓢx ㉠.. 🇻 học giả 헉 쟈 악:oc 쟈:gia

한
🇯 gen, kan　🇨 xian, han　🇻 hạn, Hán

한도
限度
げんど

🇯 g

신용 한도 信用限度 しんようげんど

🇨 限度 xiàndù　🇯 x　🇻 hạn độ 한 도

한정
限定
げんてい

🇯 g 엉:ei

수량 한정 数量限定 すうりょうげんてい

🇨 限定 xiàndìng　🇯 x　🇻 hạn định 한 딘 엉:inh

한문
漢文
かんぶん

🇯 k 🇯 b

한문의 해석 漢文の解釈 かんぶんのかいしゃく

🇨 汉文 hànwén　🇯 w　🇻 Hán văn 한 반 ㅁ:v 운:ăn

한국
韓国
かんこく

🇯 k

한국 문화 韓国文化 かんこくぶんか

🇨 韩国 Hánguó　🇯 ..　🇻 Hàn Quốc 한 꾸억 욱:uôc

함
🇯 gan. kan　🇨 jian, han　🇻 ham, ham

함장
艦長
かんちょう

🇯 k 앙:yo-

함장의 명령 艦長の命令 かんちょうのめいれい

🇨 舰长 jiànzhǎng　🇻 hạm trưởng 함 쯔엉 앙:ương

5　한국어-일본어 한자 단어 변환　315

함축
含蓄
がんちく

ㅎg
함축이 있는 말 含蓄ある言葉 がんちくあることば

⊕ 含蓄 hánxù ㉠.. Ⓥ hàm súc 함 쑥 ㅊ:s

합

㈰ gath, go- ⊕ he Ⓥ hợp

합금
合金
ごうきん

ㅎg 압:o-
합금 원소 合金元素 ごうきんげんそ

⊕ 合金 héjīn ㉠.. ㉠j Ⓥ hợp kim 헙 낌 압:ợp 음:im

합류
合流
ごうりゅう

ㅎg 압:o-
합류 지점 合流地点 ごうりゅうちてん

⊕ 合流 héliú ㉠.. Ⓥ hợp lưu 헙 르우 압:ợp 유:ưu

합리
合理
ごうり

ㅎg 압:o-
합리화 合理化 ごうりか

⊕ 合理 hélǐ ㉠.. Ⓥ hợp lý 헙 리 압:ợp

합법
合法
ごうほう

ㅎg 압:o- ㈏h 업:o-
합법성 合法性 ごうほうせい

⊕ 合法 héfǎ ㉠..f ㉠.. Ⓥ hợp pháp 헙 팝 압:ợp ㅂ:ph

합성
合成
ごうせい

ㅎg 압:o- 엉:ei
합성 사진 合成写真 ごうせいしゃしん

⊕ 合成 héchéng ㉠.. Ⓥ hợp thành 헙 타잉 압:ợp 엉:anh

합작
合作
がっさく

ⓗg 압:ats(예외)
양국 합작 両国合作 りょうこくがっさく
- 中 合作 hézuò ⓑ.. ⓙ..　V hợp tác 헙 딱　압:ơp

합창
合唱
がっしょう

ⓗg 압:ats ⓒs 앙:yo-
합창단 合唱団 がっしょうだん
- 中 合唱 héchàng ⓑ..　V hợp xướng 헙 쓰엉　압:ơp 앙:ương

항

- 日 ko-　中 kang, hang, xiang
- V kháng, hàng, hạng

항생
抗生
こうせい

ⓗk 앙:o- 앵:ei
항생제 抗生剤 こうせいざい
- 中 抗生 kàngshēn　V kháng sinh 캉 씬　ㅎ:((kh)) 앵:inh

항전
抗戦
こうせん

ⓗk 앙:o-
장기 항전 長期抗戦 ちょうきこうせん
- 中 抗战 kàngzhàn　V kháng chiến 캉 찌엔　ㅎ:((kh)) 언:iên

항체
抗体
こうたい

ⓗk 앙:o- 에:ai
항체 검사 抗体検査 こうたいけんさ
- 中 抗体 kàngtǐ　V kháng thể 캉 테　ㅎ:((kh))

항공
航空
こうくう

ⓗk 앙:o- ⓞ-
항공 모함 航空母艦 こうくうぼかん
- 中 航空 hángkōng　V hàng không 항 콩

항해
航海
こうかい

ⓗk 앙:o- ⓗk 애:ai
항해 기록 航海記錄 こうかいきろく

⊕ 航海 hánghǎi 애:ai Ⓥ hàng hải 항 하이 애:ai

항목
項目
こうもく

ⓗk 앙:o-
항목 검토 項目檢討 こうもくけんとう

⊕ 項目 xiàngmù ⓢx ⓙ.. Ⓥ hạng mục 항 묵 옥:uc

항복
降伏
こうふく

ⓗk 앙:o- ⓑh
무조건 항복 無條件降伏 むじょうけんこうふく

⊕ 降伏 xiángfú ⓢx ⓑf ⓙ.. Ⓥ hàng phục 항 푹 ㅂ:ph 옥:uc

해

ⓙ kai ⊕ jie, hai Ⓥ giải, hải

해결
解決
かいけつ

ⓗk 애:ai ⓛts
해결책 解決策 かいけつさく

⊕ 解決 jiějué ⓙj ⓛ.. Ⓥ giải quyết 자이 꾸옛 ㅎ:((g)) 애:ai 열:uyêt

해방
解放
かいほう

ⓗk 애:ai ⓑh 앙:o-
해방감 解放感 かいほうかん

⊕ 解放 jiěfàng ⓑf Ⓥ giải phóng 자이 퐁 애:ai ㅂ:ph 앙:ong

해부
解剖
かいぼう

ⓗk 애:ai
해부 실습 解剖實習 かいぼうじっしゅう

⊕ 解剖 jiěpōu Ⓥ giải phẫu 자이 퍼우 ㅎ:((g)) 애:ai 우:âu

해산
解散
かいさん

ㅎk 애ːai

강제 해산 強制解散 きょうせいかいさん

中 解散 jiěsàn　V giải tán 자이 딴 ㅎː((g)) 애ːai

해설
解説
かいせつ

ㅎk 애ːai ㄹts

해설 위원 解説委員 かいせついいん

中 解说 jiěshuō ㉣..　V giải thuyết 자이 투엣 ㅎː((g)) 애ːai 얼ːuyêt

해체
解体
かいたい

ㅎk 애ːai 에ːai

해체 작업 解体作業 かいたいさぎょう

中 解体 jiětǐ　V giải thể 자이 테 ㅎː((gi)) 애ːai

해답
解答
かいとう

ㅎk 애ːai 압ːo-

해답 용지 解答用紙 かいとうようし

中 解答 jiědá ㉡..　V giải đáp 자이 답 ㅎː((gi)) 애ːai

해독
解毒
げどく

ㅎg

해독 작용 解毒作用 げどくさよう

中 解毒 jiědú ㉠..　V giải độc 자이 독 ㅎː((gi)) 애ːai

해군
海軍
かいぐん

ㅎk 애ːai

해군 사관 海軍士官 かいぐんしかん

中 海军 hǎijūn 애ːai ㉠j　V hải quân 하이 꾸언 애ːai 운ːuân

해류
海流
かいりゅう

ㅎk 애ːai

해류 순환 海流循環 かいりゅうじゅんかん

中 海流 hǎiliú 애ːai　V hải lưu 하이 르우 애ːai 유ːưu

해리
海里
かいり

[ㅎ]k **애:**ai
해리 환산 海里換算 かいりかんさん

[中] 海里 hǎilǐ 애:ai [V] hải lý 하이 리 애:ai

해병
海兵
かいへい

[ㅎ]k **애:**ai [ㅂ]h **영:**ei
해병대 海兵隊 かいへいたい

[中] 海军 hǎijūn 애:ai [ㄱ]j [V] hải binh 하이 빈 애:ai 영:inh

해산
海産
かいさん

[ㅎ]k **애:**ai
해산물 海産物 かいさんぶつ

[中] 海产品 hǎichǎnpǐn 애:ai [V] hải sản 하이 싼 애:ai

해양
海洋
かいよう

[ㅎ]k **애:**ai **양:**yo-
해양학 海洋学 かいようがく

[中] 海洋 hǎiyáng 애:ai [V] hải dương 하이 즈엉 애:ai 양:ương

해외
海外
かいがい

[ㅎ]k **애:**ai **외:**ai
해외 원정 海外遠征 かいがいえんせい

[中] 海外 hǎiwài 애:ai 외:ai [V] hải ngoại 하이 응오아이 애:ai 외:ngoại

해적
海賊
かいぞく

[ㅎ]k **애:**ai
해적선 海賊船 かいぞくせん

[中] 海贼 hǎizéi 애:ai [ㄱ].. [V] hải tặc 하이 딱 애:ai 억:ac

해전
海戦
かいせん

[ㅎ]k **애:**ai
역사적 해전 歴史的海戦 れきしてきかいせん

[中] 海战 hǎizhàn 애:ai [V] hải chiến 하이 찌엔 애:ai 언:iên

행   ㉝ giyo-, ko-   ㊥ xing   ⓥ hành, hạnh

행군
行軍
こうぐん

㉠k 앵:o-

행군 계획 行軍計画 こうぐんけいかく

㊥ 行军 xíngjūn ㉠x ㉠j   ⓥ hành quân 하잉 꾸언 앵:anh 운:uân

행동
行動
こうどう

㉠k 앵:o- ◎-

행동 범위 行動範囲 こうどうはんい

㊥ 行动 xíngdòng ㉠x   ⓥ hành động 하잉 동 앵:anh

행위
行為
こうい

㉠k 앵:o-

법률 행위 不法行為 ふほうこうい

㊥ 行为 xíngwéi ㉠x   ⓥ hành vi 하잉 비 앵:anh ㅇ:v 위:i

행정
行政
ぎょうせい

㉠g 앵:yo 엉:ei

행정 구역 行政区域 ぎょうせいくいき

㊥ 行政 xíngzhèng ㉠x   ⓥ hành chính 하잉 찐 앵:anh 엉:inh

행복
幸福
こうふく

㉠k 앵:o- ㉣h

행복 지수 幸福指数 こうふくしすう

㊥ 幸福 xìngfú ㉠x ㉣f ㉠..   ⓥ hạnh phúc 하잉 푹 앵:anh ㅂ:ph 욱:uc

향

Ⓙ kiyo-, ko- Ⓒ xiang Ⓥ hưởng

향료
香料
こうりょう

ⓗk 약:o-

인공 향료 人工香料 じんこうこうりょう

Ⓒ 香料 xiāngliào ⓗx Ⓥ hương liệu 흐엉 리에우 양:ương 요:iêu

향미
香味
こうみ

ⓗk 약:o-

향미 성분 香味成分 こうみせいぶん

Ⓒ 香味 xiāngwèi ⓗx ⓜw Ⓥ hương vị 흐엉 비 양:ương ㅁ:v

헌

Ⓙ ken Ⓒ xian Ⓥ hiến

헌법
憲法
けんぽう

ⓗk ⓑp(h) 업:o-

헌법 개정 憲法改正 けんぽうかいせい

Ⓒ 宪法 xiànfǎ ⓗx ⓑf ⓑx Ⓥ hiến pháp 히엔 팝 언:iên ㅂ:ph 업:ap

헌병
憲兵
けんぺい

ⓗk ⓑp(h) 영:ei

헌병대 憲兵隊 けんぺいたい

Ⓒ 宪兵 xiànbīng ⓗx Ⓥ hiến binh 히엔 빈 언:iên 영:inh

헌신
献身
けんしん

ⓗk

헌신적 献身的 けんしんてき

Ⓒ 献身 xiànshēn ⓗx Ⓥ hiến thân 히엔 턴 언:iên 인:ân

험
🇯 ken 🇨 xian 🇻 hiem

험악
險惡
けんあく

🇰k

험악한 분위기 險惡な雰囲気 けんあくなふんいき

🇨 险恶 xiǎn'è ⓗx ⓚ.. 🇻 hiểm ác 히엠 악 엄:iêm

혁
🇯 kaku 🇨 ge 🇻 cach

혁명
革命
かくめい

🇰k 영:ei

혁명가 革命家 かくめいか

🇨 革命 gémìng ⓚ.. 🇻 cách mạng 까익 망 역:ach 영:ang

혁신
革新
かくしん

🇰k

혁신파 革新派 かくしんは

🇨 革新 géxīn ⓚ.. 🇻 cách tân 까익 떤 역:ach 안:ân

현
🇯 gen 🇨 xian 🇻 hiện

현금
現金
げんきん

🇰g

현금 관리 現金管理 げんきんかんり

🇨 现金 xiànjīn ⓗx ⓚj 🇻 hiện kim 히엔 낌 연:iên 음:im

5 한국어-일본어 한자 단어 변환 323

현대
現代
げんだい

㊿g 애ːai

현대 과학 現代科学 げんだいかがく

㊥ 現代 xiàndài ㊐x 애ːai ㊻ hiện đại 히엔 다이 연ːiên 애ːai

현상
現象
げんしょう

㊿g 앙ːyo-

사회 현상 社会現象 しゃかいげんしょう

㊥ 現象 xiànxiàng ㊐x ㊻ hiện tượng 히엔 뜨엉 연ːiên 앙ːương

현장
現場
げんば

㊿g 장ːba(훈독)

건설 현장 建設現場 けんせつげんば

㊥ 現場 xiànchǎng ㊐x ㊻ hiện trường 히엔 즈엉 연ːiên 앙ːương

현행
現行
げんこう

㊿g ㊿k 앵ːo-

현행법 現行法 げんこうほう

㊥ 現行 xiànxíng ㊐x ㊻ hiện hành 히엔 하잉 연ːiên 앵ːanh

혈

㊐ geth ㊥ xue ㊻ huyết

혈관
血管
けっかん

㊿k ㊣ts

혈관 파열 血管破裂 けっかんはれつ

㊥ 血管 xuèguǎn ㊐x ㊣.. ㊻ huyết quản 후옛 꽌 열ːuyêt

혈구
血球
けっきゅう

㊿k ㊣ts

적혈구 赤血球 せっけっきゅう

㊥ 血球 xuèqiú ㊐x ㊣.. ㊻ huyết cầu 후옛 꺼우 열ːuyêt

혈압
血圧
けつあつ

ⓗk ㄹts 압:ats
고혈압 高血圧 こうけつあつ

🌏中 血压 xuèyā ⓗx ㄹ.. ㅂ.. 🌏V huyết áp 후옛 압 열:uyêt

혈족
血族
けつぞく

ⓗk ㄹts
혈족 관계 血族関係 けつぞくかんけい

🌏中 血族 xuèzú ⓗx ㄹ.. ㄱ.. 🌏V huyết tộc 후옛 똑 열:uyêt

혈통
血統
けっとう

ⓗk ㄹts ㅇ-
혈통서 血統書 けっとうしょ

🌏中 血统 xuètǒng ⓗx ㄹ.. 🌏V huyết thống 후옛 통 열:uyêt

협   🌏日 kiyo- 🌏中 xie, xia 🌏V hiệp

협동
協同
きょうどう

ⓗk 엽:yo- ㅇ-
협동 조합 協同組合 きょうどうくみあい

🌏中 协同 xiétóng ⓗx ㅂ.. 🌏V hiệp đồng 히엡 동 엽:iêp

협력
協力
きょうりょく

ⓗk 엽:yo-
경제 협력 経済協力 けいざいきょうりょく

🌏中 协力 xiélì ⓗx ㅂ.. ㄱ.. 🌏V hiệp lực 히엡 륵 엽:iêp 윽:ưc

협정
協定
きょうてい

ⓗk 엽:yo- 엉:ei
국제 협정 国際協定 こくさいきょうてい

🌏中 协定 xiédìng ⓗx ㅂ.. 🌏V hiệp định 히엡 딘 엽:iêp 엉:inh

5 한국어–일본어 한자 단어 변환   325

협회
協会
きょうかい

ⓗk **협:**yo- ⓗk **외:**ai

무역 협회 貿易協会 ぼうえききょうかい

㊥ 协会 xiéhuì ⓗx ⓑ.. 외:uì Ⓥ hiệp hội 히엡 호이 엽:iêp 외:ôi

형

㊐ kei ㊥ xing Ⓥ hình

형법
刑法
けいほう

ⓗk **영:**ei ⓑh **업:**o-

형법 학자 刑法学者 けいほうがくしゃ

㊥ 刑法 xíngfa ⓗx ⓑf ⓑ.. Ⓥ hình pháp 히잉 팝 영:inh ㅂ:ph 업:ap

형사
刑事
けいじ

ⓗk **영:**ei **사:**ji

형사 처벌 刑事処罰 けいじしょばつ

㊥ 刑事 xíngshì ⓗx 사:shì Ⓥ hình sự 히잉 쓰 영:inh 사:sự

형성
形成
けいせい

ⓗk **영:**ei **엉:**ei

가치관 형성 価値観形成 かちかんけいせい

㊥ 形成 xíngchéng ⓗx Ⓥ hình thành 히잉 타잉 영:inh 엉:anh

형식
形式
けいしき

ⓗk **영:**ei

형식적 形式的 けいしきてき

㊥ 形式 xíngshì ⓗx ㉠.. Ⓥ hình thức 히잉 틐 영:anh 익:ưc

형태
形態
けいたい

ⓗk **영:**ei **애:**ai

언어 형태 言語形態 げんごけいたい

㊥ 形态 xíngtài ⓗx 애:ai Ⓥ hình thái 히잉 타이 영:hình 애:ai

호   🇯 go-, ko, ko-   🇨 hao, hu   🇻 hào, hộ, hô

호걸
豪傑
ごうけつ

ㅎg ㄹts
호걸 전설 豪傑伝説 ごうけつでんせつ

🇨 豪杰 háojié ㊀j ㊃..   🇻 hào kiệt 하오 끼엣   오:ao 얼:iêt

호화
豪華
ごうか

ㅎg ㅎk
호화 여행 豪華旅行 ごうかりょこう

🇨 豪华 háohuá   🇻 hào hoa 하오 화   오:ao

호구
戸口
とぐち

(훈독)
호구 조사 戸口調査 とぐちちょうさ

🇨 户口 hùkǒu   🇻 hộ khẩu 호 커우   우:âu

호적
戸籍
こせき

ㅎk
호적 등본 戸籍謄本 こせきとうほん

🇨 户籍 hùjí ㊀..   🇻 hộ tịch 호 띡   억:ich

호의
好意
こうい

ㅎk
호의적 好意的 こういてき

🇨 好意 hǎoyì   🇻 hảo ý 하오 이   오:ao 의:y

호흡
呼吸
こきゅう

ㅎk ㅎk
인공 호흡 人工呼吸 じんこうこきゅう

🇨 呼吸 hūxī ㊂x ㊁..   🇻 hô hấp 호 헙   읍:âp

혼
🇰 kon 🇨 hun 🇻 hỗn, hôn

혼돈
混沌
こんとん

🇰k
혼돈 시대 混沌時代 こんとんじだい

🇨 混沌 hùndùn　🇻 hỗn độn 혼 돈

혼란
混乱
こんらん

🇰k
사회적 혼란 社会的混乱 しゃかいてきこんらん

🇨 混乱 hùnluàn　🇻 hỗn loạn 혼 로안 안:oan

혼잡
混雜
こんざつ

🇰k 압:ats
교통 혼잡 交通混雜 こうつうこんざつ

🇨 混杂 hùnzá ⓑ..　🇻 hỗn tạp 혼 땁

혼전
混戰
こんせん

🇰k
혼전 상태 混戰狀態 こんせんじょうたい

🇨 混战 hùnzhàn　🇻 hỗn chiến 혼 찌엔 안:iên

혼례
婚礼
こんれい

🇰k
혼례 의상 婚礼衣装 こんれいいしょう

🇨 婚礼 hūnlǐ　🇻 hôn lễ 혼 레 예:e

혼약
婚約
こんやく

🇰k
약혼 반지 婚約指輪 こんやくゆびわ

🇨 婚约 hūnyuē ⓐ..　🇻 hôn ước 혼 으억 약:ước

혼인
婚姻
こんいん

ㅎk

혼인 관계 婚姻関係 こんいんかんけい

⊕ 婚姻 hūnyīn Ⓥ hôn nhân 혼 년 인:nhân

화 ⊖ ka, wa, (ga) ⊕ hua, he, huo
　　　Ⓥ hóa, hoa, hỏa, họa

화석
化石
かせき

ㅎk

고대 화석 古代化石 こだいかせき

⊕ 化石 huàshí ⓘ.. Ⓥ hóa thạch 화 타익 역:ach

화장
化粧
けしょう

ㅎk 앙:yo-

화장 도구 化粧道具 けしょうどうぐ

⊕ 化妆 huàzhuāng Ⓥ hóa trang 화 짱

화학
化学
かがく

ㅎk ㅎg

화학 성분 化学成分 かがくせいぶん

⊕ 化学 huàxué ⓢx ⓘ.. Ⓥ hóa học 화 혹 역:oc

화음
和音
わおん

화:wa(예외)

불협 화음 不協和音 ふきょうわおん

⊕ 和音 héyīn Ⓥ hòa âm 화 엄 음:âm

화합
和合
わごう

화:wa(예외) ㅎg 압:o-

민족 화합 民族和合 みんぞくわごう

⊕ 和合 héhé ⓘ.. Ⓥ hòa hợp 화 헙 압:ợp

화해 和解 わかい	화:wa ㅎk 애:ai
	화해 요구 和解要求 わかいようきゅう
	⊕ 和解 héjiě　Ⓥ hòa giải 화 자이 ㅎ:(g) 애:ai

화교 華僑 かきょう	ㅎk
	화교 조직 華僑組織 かきょうそしき
	⊕ 华侨 huáqiáo　Ⓥ Hoa kiều 화 끼에우 요:iêu

화려 華麗 かれい	ㅎk
	화려한 인생 華麗な人生 かれいなじんせい
	⊕ 华丽 huálì　Ⓥ hoa lệ 화 레 여:ê

화력 火力 かりょく	ㅎk
	화력 자원 火力資源 かりょくしげん
	⊕ 火力 huǒlì ⊙..　Ⓥ hỏa lực 화 륵 역:ực

화장 火葬 かそう	ㅎk 앙:o-
	화장 문화 火葬文化 かそうぶんか
	⊕ 火葬 huǒzàng　Ⓥ hỏa táng 화 땅

화원 花園 はなぞの	(훈독)
	화원의 관리 花園の管理 はなぞののかんり
	⊕ 花园 huāyuán®　Ⓥ hoa viên 화 비엔 원:iên

화법 画法 がほう	ㅎk
	수채 화법 水彩画法 すいさいがほう
	⊕ 画法 huàfǎ ⊕f ⊕..　Ⓥ họa pháp 화 팝 ㅂ:ph 업:ap

환

[日] kan [中] huan [V] hoan

환영
歡迎
かんげい

[ㅎ]k **영:**ei

환영회 歡迎会 かんげいかい

[中] 欢迎 huānyíng [V] hoan nghênh 환 응엔 영:nghênh

환호
歡呼
かんこ

[ㅎ]k [ㅎ]k

환호의 목소리 歡呼の声 かんこのこえ

[中] 欢呼 huānhū [V] hoan hô 환 호

환희
歡喜
かんき

[ㅎ]k [ㅎ]k

환희의 노래 歡喜の歌 かんきのうた

[中] 欢喜 huānxǐ [ㅎ]x [V] hoan hỉ 환 히 의:i

활

[日] kath [中] huo [V] hoạt

활력
活力
かつりょく

[ㅎ]k [ㄹ]ts

활력 증진 活力増進 かつりょくぞうしん

[中] 活力 huólì [ㄹ].. [ㄱ].. [V] hoạt lực 홧 륵 역:ưc

활동
活動
かつどう

[ㅎ]k [ㄹ]ts [ㅇ]-

봉사 활동 奉仕活動 ほうしかつどう

[中] 活动 huódòng [ㄹ].. [V] hoạt động 홧 동 왈:oat

활발
活発
かっぱつ

[ㅎ]k [ㄹ]ts [ㅂ]p(h) [ㄹ]ts
활발한 성격 活発な性格 かっぱつなせいかく

[中] 活泼 huópō [ㄹ].. [ㄹ].. [V] hoạt bát 홧 밧 왈:oat 알:at

활성
活性
かっせい

[ㅎ]k [ㄹ]ts **엉:**ei
활성화 活性化 かっせいか

[中] 活性 huóxìng [ㄹ].. [V] hoạt tính 홧 띤 왈:oat 엉:inh

황

[日] o-, ko- [中] huang [V] hoàng, hoàng, hoang

황실
皇室
こうしつ

[ㅎ]k **왕:**o- [ㄹ]ts
황실 행사 皇室行事 こうしつぎょうじ

[中] 皇室 huángshì [ㄹ].. [V] hoàng thất 황 텃 일:ât

황족
皇族
こうぞく

[ㅎ]k **왕:**o-
황족 일가 皇族一家 こうぞくいっか

[中] 皇族 huángzú [ㄱ].. [V] hoàng tộc 황 똑

황후
皇后
こうごう

[ㅎ]k **왕:**o- [ㅎ]g
황후의 방문 皇后の訪問 こうごうのほうもん

[中] 皇后 huánghòu [V] hoàng hậu 황 허우 우:âu

황금
黄金
おうごん

황:o-**(예외)** [ㄱ]g
황금 시대 黄金時代 おうごんじだい

[中] 黄金 huángjīn [ㄱ]j [V] hoàng kim 황 낌 음:im

황토
黄土
おうど、こうど

황:o-(예외)

황토 요법 黄土療法 おうどりょうほう

㊥ 黄土 huángtǔ　Ⓥ hoàng thổ 황토

황혼
黄昏
たそがれ

㉠g 왕:o- ㉠k

황혼 무렵 黄昏時 たそがれどき

㊥ 黄昏 huánghūn　Ⓥ hoàng hôn 황혼

황폐
荒廃
こうはい

㉠k 왕:o- ㊉h 예:ai

황폐한 거리 荒廃した街 こうはいしたまち

㊥ 荒废 huāngfèi　Ⓥ hoang phế 황폐 예:ê

회

㊐ kai ㊥ hui Ⓥ hội, hồi

회견
会見
かいけん

㉠k 외:ai

공식 회견 公式会見 こうしきかいけん

㊥ 会见 huìjiàn 외:uì ㊐j　Ⓥ hội kiến 호이 끼엔 외:ôi 연:iên

회관
会館
かいかん

㉠k 외:ai

문화 회관 文化会館 ぶんかかいかん

㊥ 会馆 huìguǎn 외:uì　Ⓥ hội quán 호이 꽌 외:ôi

회담
会談
かいだん

㉠k 외:ai

비공식 회담 非公式会談 ひこうしきかいだん

㊥ 会谈 huìtán 외:uì　Ⓥ hội đàm 호이 담 외:ôi

회비
会費
かいひ

㉠k 외:ai ㉣h

회비 무료 会費無料 かいひむりょう

🀄 会费 huìfèi 외:uí ㉥f　Ⓥ hội phí 호이 피　외:ôi ㅂ:ph

회원
会員
かいいん

㉠k 외:ai

명예 회원 名誉会員 めいよかいいん

🀄 会员 huìyuán 외:uí　Ⓥ hội viên 호이 비엔　외:ôi ㅇ:v 원:iên

회의
会議
かいぎ

㉠k 외:ai

긴급 회의 緊急会議 きんきゅうかいぎ

🀄 会议 huìyì 외:uí　Ⓥ hội nghị 호이 응이　외:ôi 의:nghi

회귀
回帰
かいき

㉠k 외:ai

원점 회귀 原点回帰 げんてんかいき

🀄 回归 huíguī 외:uí　Ⓥ hồi quy 호이 뀌　외:ôi

회복
回復
かいふく

㉠k 외:ai ㉣h

명예 회복 名誉回復 めいよかいふく

🀄 回复 huīfù 외:uí ㉥f ㉠..　Ⓥ hồi phục 호이 푹　외:ôi ㅂ:ph 옥:uc

회상
回想
かいそう

㉠k 외:ai 앙:o-

과거 회상 過去回想 かこかいそう

🀄 回想 huíxiǎng 외:uí　Ⓥ hồi tưởng 호이 뜨엉　외:ôi 앙:ương

회생
回生
かいせい

㉠k 외:ai 앵:ei

전력 회생 電力回生 でんりょくかいせい

🀄 回生 huíshēng 외:uí　Ⓥ hồi sinh 호이 씬　외:ôi 앵:inh

회춘
回春
かいしゅん

ⓗk 외:ai ㅊs

회춘 효과 回春效果 かいしゅんこうか

🀄 回春 huíchūn 외:uí 🇻 hồi xuân 호이 쑤언 외:ôi ㅊ:x 운:uân

효

🇯 ko- 🀄 xiao 🇻 hiệu, hiếu

효과
效果
こうか

ⓗk

선전 효과 宣伝効果 せんでんこうか

🀄 效果 xiàoguǒ ⓗx 🇻 hiệu quả 히에우 꽈 요:iêu

효력
効力
こうりょく

ⓗk

법적 효력 法的効力 ほうてきこうりょく

🀄 效力 xiàolì ⓗx ㄱ.. 🇻 hiệu lực 히에우 륵 요:iêu 역:ực

효율
效率
こうりつ

ⓗk ㄹts

학습 효율 学習効率 がくしゅうこうりつ

🀄 效率 xiàolǜ ⓗx ㄹ.. 🇻 hiệu suất 히에우 쑤엇 요:iêu 율:uât

후

🇯 ko- 🀄 hou 🇻 hào, hậu

후방
後方
こうほう

ⓗg ㅂh 앙:o-

후방 지원 後方支援 こうほうしえん

🀄 后方 hòufāng ⓑf 🇻 hậu phương 허우 프엉 우:âu ㅂ:ph 앙:ương

후배
後輩
こうはい

ⓗk 애ːai

후배 육성 後輩育成 こうはいいくせい

⊕ 后辈 hòubèi　Ⓥ hậu bối 허우 보이　우ːâu 애ːôi

후세
後世
こうせい

ⓗk

후세로의 유산 後世への遺産 こうせいへのいさん

⊕ 后世 hòushì　Ⓥ hậu thế 허우 테　우ːâu

후예
後裔
こうえい

ⓗk

황제의 후예 皇帝の後裔 こうていのこうえい

⊕ 后裔 hòuyì　Ⓥ hậu duệ 허우 주예　우ːâu

훈

ⓙ kun　⊕ xun　Ⓥ huấn, huân

훈련
訓練
くんれん

ⓗk

신병 훈련 新兵訓練 しんぺいくんれん

⊕ 训练 xùnliàn　ⓙx　Ⓥ huấn luyện 후언 루엔　운ːuân 연ːuyên

훈육
訓育
くんいく

ⓗk

훈육 과정 訓育過程 くんいくかてい

⊕ 训育 xùnyù　ⓙx　ⓙ..　Ⓥ huấn dục 후언 죽　운ːuân 육ːuc

훈장
勳章
くんしょう

ⓗk 앙ːyo-

노동 훈장 労働勲章 ろうどうくんしょう

⊕ 勋章 xūnzhāng　ⓙx　Ⓥ huân chương 후언 즈엉　운ːuân 앙ːương

흡   ⓙ kyu- ⓒ xi ⓥ hap

흡수
吸水
きゅうすい

ⓗk 읍:yu-

흡수력 吸水力 きゅうすいりょく

ⓒ 吸水 xīshuǐ ⓢx ⓑ.. ⓥ hấp thụ 헙 투 읍:âp

흥   ⓙ ko- ⓒ xing ⓥ hưng

흥망
興亡
こうぼう

ⓗk ⓞ- ⓑb

흥망성쇄 興亡盛衰 こうぼうせいすい

ⓒ 兴亡 xīngwáng ⓢx ⓑw ⓥ hưng vong 흥 봉 ⓑ:v

흥분
興奮
こうふん

ⓗk ⓞ- ⓑh

흥분 상태 興奮狀態 こうふんじょうたい

ⓒ 兴奋 xīngfèn ⓢx ⓑf ⓥ hưng phấn 흥 펀 ㅂ:ph 운:ân

희   ⓙ ki, gi ⓒ xi ⓥ hi

희망
希望
きぼう

ⓗk ⓑb 앙:o-

희망 조건 希望條件 きぼうじょうけん

ⓒ 希望 xīwàng ⓢx ⓑw ⓥ hi vọng 히 봉 의:i ㅁ:v 앙:ong

희생
犧牲
ぎせい

[ㅎ]g **엉:**ei

희생 정신 犧牲精神 ぎせいせいしん

[中] 牺牲 xīshēng [ㅎ]x [V] hi sinh 히 씬 의:i 앵:inh

MEMO

MEMO

MEMO

한일언어 속
일본어